Modellversuche zur beruflichen Bildung
Heft 33

Thomas Stahl, Michaela Stölzl (Hrsg.)

BILDUNGSMARKETING IM SPANNUNGSFELD VON ORGANISATIONSENTWICKLUNG UND PERSONALENTWICKLUNG

Herausgeber: Bundesinstitut für Berufsbildung · Der Generalsekretär

Die Deutsche Bibliothek - CIP-Einheitsaufnahme

**Bildungsmarketing im Spannungsfeld von
Organisationsentwicklung und Personalentwicklung** / Thomas
Stahl ; Michaela Stölzl (Hrsg.). Hrsg.: Bundesinstitut für
Berufsbildung, Der Generalsekretär. - Bielefeld : Bertelsmann,
1994
  (Modellversuche zur beruflichen Bildung ; H. 33)
  ISBN 3-7639-0512-X
NE: Stahl, Thomas [Hrsg.]; Bundesinstitut für Berufsbildung <Berlin;
  Bonn>; GT

Vertriebsadresse:
W. Bertelsmann Verlag GmbH & Co. KG
Postfach 100633
33506 Bielefeld
Telefon: (0521) 9 11 01-0
Telefax: (0521) 9 11 01-79
Bestell-Nr.: 105.033

Copyright 1994 by Bundesinstitut für Berufsbildung, Berlin und Bonn
Herausgeber: Bundesinstitut für Berufsbildung · Der Generalsekretär
              10702 Berlin
Redaktionelle Bearbeitung: Barbara Krech
Umschlagsgestaltung: Hoch Drei, Berlin
Verlag: W. Bertelsmann Verlag, Bielefeld

ISBN 3-7639-0512-X

Gedruckt auf chlorfrei gebleichtem Papier

Vorwort

Betrachten wir die Modernisierungsprozesse kleiner und mittlerer Unternehmen, so zeigt sich ein sehr uneinheitliches Bild. Neben Betrieben, die sich außerordentlich rasch und innovativ auf die neuen Markt- und Technologieentwicklungen einstellen, gibt es solche, die große Probleme bei diesen Umstellungen haben. In beiden Fällen ergeben sich Probleme, die entstehenden Qualifikationsdefizite ihrer Mitarbeiter im Umgang mit neuen Arbeits- und Technikformen autonom zu beheben.

Diesen Betrieben fehlen in der Regel die Zeit und Kompetenz zur angemessenen Gestaltung der Prozesse der Personalentwicklung und der Organisationsentwicklung. Umgekehrt sind die Bildungsträger mit ihrer bisherigen Geschäftspolitik wenig geeignet, die spezifischen Weiterbildungsprobleme der kleinen und mittleren Unternehmen zu lösen. Dies war der Ausgangspunkt, an dem das Modellvorhaben der Beruflichen Fortbildungszentren der Bayerischen Arbeitgeberverbände e.V. (bfz) "Bildungsmarketing und neue Technologien in Klein- und Mittelbetrieben" ansetzte.

Die mangelnde Kooperation zwischen Bildungsträgern und kleinen und mittleren Unternehmen wurde in diesem Ansatz als das "Nichtfunktionieren" eines bedeutsamen Marktsegments im Weiterbildungsmarkt interpretiert. Folgerichtig wurde versucht, eine neue Herangehensweise der Bildungsträger im Rahmen einer strategischen Marketingkonzeption zu entwickeln, die im Resultat zu innovativen Formen der Kooperation zwischen Betrieben und Bildungsträgern führen soll. Hierdurch soll sowohl die künftige Konkurrenzfähigkeit der kleinen und mittleren Unternehmen gefördert als auch die Modernisierung von Bildungsträgern als kompetenten Dienstleistern für Betriebe gesichert werden.

Das bildungspolitische Instrument der Modellvorhaben, die das Bundesinstitut für Berufsbildung initiiert, mißt seine Erfolge am Inhalt der erstrebten Innovation und am praktischen Transfer der Projektresultate in die Praxis der Weiterbildungslandschaft. Das heißt, bei der Bewertung der Modellvorhaben geht es immer um die Frage, inwieweit Produkte, Konzepte und Vorgehensweisen im Projekt sich in der Realität der Weiterbildungspraxis von Betrieben und Bildungsträgern bewähren.

Das bedeutet im vorliegenden Fall des "Bildungsmarketing...", daß bewertet werden muß, inwieweit sich die angezielten innovativen Konzepte der Kooperation zwischen Bildungsträgern und Betrieben zum Zwecke der verbesserten Personal- und Organisationsentwicklung in kleinen und mittleren Unternehmen in wirtschaftlich selbständiger Form auch realisieren lassen können. Ergeben sich aus den übertragbaren Vorgehensweisen, Materialien und Instrumenten des Modellvorhabens tatsächlich marktfähige Strategien für Bildungsträger, die dieses Marktsegment organisatorisch und finanziell zum Funktionieren bringen?

Die vorliegenden Resultate aus der ersten Feldphase des Modellvorhabens dokumentieren, daß die angezielte Kooperation zwischen Bildungsträgern und Betrieben immer noch schwierig ist, die praktischen Erfolge jedoch vielversprechend sind. Die Akzeptanz der kleinen und mittleren Unternehmen gegenüber neuen, vor allem beratenden Dienstleistungen der Bildungsträger nimmt zu, es wächst auch die Bereitschaft, für diese Dienstleistungen zu bezahlen. Auf der anderen Seite schlägt sich beim Bildungsträger Kundenorientierung in zunehmender Prozeßorientierung und in eigener Personalentwicklung nieder. Der missionarische Eifer der Pädagogen wird durch Dienstleistungsethik ersetzt.

Als Zwischenbilanz zum Bildungsmarketing im Marktsegment der kleinen und mittleren Unternehmen läßt sich festhalten, daß das verfolgte Marketingkonzept des Modellvorhabens sowie die transferfähigen Produkte, die entwickelt wurden, für andere Bildungsträger praktikable Wege zur Zusammenarbeit mit den Betrieben vorzeichnen. Zugleich wird deutlich, daß der Weg zur beidseitig fruchtbaren Kooperation nicht einfach ist, nur schrittweise und über den Aufbau einer Vertrauensbasis mittelfristig zum Erfolg führt. Das bedeutet, daß bis zur Realisierung der erwünschten engen Kooperationsformen, in denen der Bildungsträger zentrale Funktionen innerbetrieblicher Personalentwicklung und Organisationsentwicklung unterstützt, beharrliche Arbeit und auch Geduld nötig sind.

Diese Publikation liefert den Bildungsträgern in Deutschland wertvolle Anregungen zur Realisierung eigener Anstrengungen im Marktsegment der kleinen und mittleren Unternehmen. Sie zeigt mit ihren empirischen Resultaten und mit den dokumentierten Fällen aber auch die Schwierigkeiten, die auf dem Weg zur erfolgreichen Kooperation mit kleinen und mittleren Unternehmen auftreten.

Gerade diese Hinweise sind nützlich für den Transfer des Konzepts, weil sie Praxiserfahrung für Anwender vorwegnehmen und den Realitätsbezug vermitteln, der Kosten und Nutzen der Umsetzung des Marketingkonzepts abschätzbar macht. Nach 3 Jahren intensiver Entwicklungs- und Umsetzungsarbeit liegen mit diesem Buch transferierbare Erfahrungen in einem zentralen Bereich der beruflichen Weiterbildung vor - immerhin arbeiten in Deutschland drei von vier Beschäftigten in kleinen und mittleren Unternehmen.

Ich verspreche mir davon praktische Impulse für Bildungsträger wie für kleine und mittlere Unternehmen und einen intensiven Dialog zwischen den Fachleuten aus Wissenschaft und Praxis.

Hermann Schmidt
Generalsekretär

Inhalt

BENT PAULSEN
Innovatives und strategisches Weiterbildungsmarketing — 7

THOMAS STAHL
Bildungsmarketing und KMU -
Ergebnisse einer empirischen Studie — 25

MICHAELA STÖLZL
Markterschließung durch Kommunikation
Ein Konzept zur Kommunikationspolitik für Bildungsträger als Angebot an
Klein- und Mittelbetriebe — 179

ECKART SEVERING
Funktionen externer Bildungsberater für die Bildungsplanung in
kleinen und mittleren Betrieben — 229

Fallbeispiele

ERNST-MICHAEL AHLGRIMM
Vom Standardseminar zur Firmenschulung — 239

GERD BLUMENSCHEIN
Vom Erstkontakt bis zur Angebotserstellung — 259

RUDI KERLER
Beratung? Gerne, nur kosten darf sie nichts! — 267

UTA LINKE
Coburger Fachtagung
Eine PR-Maßnahme zur Markterschließung im Segment KMU — 273

VERONIKA STRUHAR
Das Verhältnis von Bildungsberatung und betrieblicher Weiterbildung — 297

BENT PAULSEN

Innovatives und strategisches Weiterbildungsmarketing

Ein Konzept zur Entwicklung neuer Weiterbildungsangebote für Betriebe

	Vorbemerkung	9
1	Zur Arbeitsmarktrelevanz beruflicher Weiterbildung	10
2	Bildung und Marketing: Dimension innovativen und strategischen Bildungsmarketings	11
3	Zur ökonomischen Relevanz beruflicher Weiterbildung	13
4	Strukturmerkmale des Weiterbildungsmarktes	14
5	Innovation der Weiterbildungsangebote	17
6	Latenter Weiterbildungsbedarf: Ein neues Marktsegment	19

Vorbemerkung

Die zunehmende Verwendung des Begriffs "Bildungsmarketing" zur Kennzeichnung eines qualitativ veränderten Angebots von Trägern beruflicher Weiterbildung läßt die Vermutung entstehen, diese Einrichtungen würden erst jetzt erkennen, daß es für ihre Angebote andere Nachfrager geben könnte als die Bundesanstalt für Arbeit. Bildungsmarketing wäre danach eine Strategie zur Erschließung neuer Nachfrager. Dieses Verständnis von Bildungsmarketing wird beispielsweise deutlich in Beiträgen zahlreicher Trainer, die in einem vor kurzem veröffentlichten Sammelband unter dem Titel "Bildungsmarketing" vorgestellt wurden.[1] In diesen Beiträgen werden Beispiele vorgestellt, wie die Produkte von Trainingsfirmen, d.h. ihre Kurse, Trainingsmaßnahmen, Coaching und ähnliches, erfolgreich vermarktet werden können.

Die im folgenden dargestellte Verbindung zwischen Weiterbildungs*nachfrage* und Weiterbildungs*angebot* im Sinne eines **innovativen und strategischen Bildungsmarketings** soll dagegen verdeutlichen, daß es in der weiteren Diskussion nicht vorrangig um die kommerzielle Erschließung von Marktlücken durch Weiterbildungsanbieter geht, sondern in erster Linie um die Verbesserung der Qualität des Weiterbildungsangebots und um dessen überfällige methodische Differenzierung.

Das Bundesinstitut für Berufsbildung fördert das in diesem Buch vorgestellte Projekt als Modellversuch. Im bildungspolitischen Interesse an der Entwicklung von Weiterbildungsangeboten für die besonders qualifizierungsbedürftigen Beschäftigten in Klein- und Mittelbetrieben ist diese Förderung begründet: Berufliche Weiterbildung und ganz besonders betriebliche Weiterbildung soll einen qualifizierten Beitrag zur Bewältigung des Strukturwandels leisten; die Träger und Anbieter der beruflichen Weiterbildung müssen daher in der Lage sein, den tatsächlichen Qualifizierungsbedarf des Beschäftigungssystems zu erfassen und bei der Weiterentwicklung ihrer Bildungsangebote in den Mittelpunkt zu stellen. Es sind daher an erster Stelle die Weiterbildungsträger selbst, die nachweisen müssen, daß sie den Qualifizierungsbedarf ihrer Nachfrager befriedigen sowie die Arbeitsmarkt- und Wettbewerbsfähigkeit ihrer Klientel sichern bzw. wiederherstellen können.

---

[1] Vgl. Geißler, Harald (Hrsg.): Bildungsmarketing, Frankfurt a.M. u.a., 1993. Vgl. auch die Auswertung einer Expertenbefragung zum Verständnis von Bildungsmarketing bei Schuler, Klaus J.: "Bildungsmarketing - der neueste Schrei der Bildungsarbeit?" In: Lernfeld Betrieb, Heft 3/91, S. 14ff.

1 Zur Arbeitsmarktrelevanz beruflicher Weiterbildung

Die weiterbildungspolitische Diskussion der vergangenen Jahre ist durch eine deutliche Akzentuierung der Weiterbildungs*förderung* und der Steigerung der Weiterbildungsnachfrage gekennzeichnet: Ungleichgewichte in der Weiterbildungsbeteiligung von Personengruppen und Wirtschaftsbereichen bzw. Betriebsgrößenklassen bildeten einen zentralen Ansatzpunkt analytischer Arbeiten, aus denen Empfehlungen zum Ausbau der Weiterbildungsbeteiligung und zum Abbau von Benachteiligungen abgeleitet wurden. Beispielhaft seien hier Konzepte zur Qualifizierung von Langzeitarbeitslosen sowie Konzepte zur betrieblich-beruflichen Weiterbildung von Un- und Angelernten genannt. Diese Konzepte wurden mit Hilfe zahlreicher vom Bundesinstitut für Berufsbildung geförderter Innovationsprojekte entwickelt.

Im Hinblick auf die Arbeitsmarktrelevanz der Weiterbildung haben diese Arbeiten einen gemeinsamen Bezugspunkt: Zum einen handelt es sich um die Erprobung von Weiterbildungskonzepten im Sinne einer Strategie der *kurativen* Arbeitsmarktpolitik, womit die Wiedereingliederung von Langzeitarbeitslosen und anderen Problemgruppen des Arbeitsmarkts im Mittelpunkt steht. Zum anderen handelt es sich um Weiterbildungskonzepte im Sinne einer Strategie der *präventiven* Arbeitsmarktpolitik, womit das Ziel der Sicherung von Beschäftigungsperspektiven einer zentralen Problemgruppe des Beschäftigungssystems, die bildungsungewohnten Un- und Angelernten, im Mittelpunkt steht.

Obwohl die praktischen Resultate dieser Entwicklungsarbeiten sehr deutlich zeigen, daß die Öffnung neuer und erweiterter Zugänge zur beruflichen Weiterbildung untrennbar mit der Struktur der berufsbildenden Weiterbildungsangebote, ihrer organisatorischen, didaktischen und methodischen Differenzierung verbunden ist[2], blieb die Frage nach Innovationen der Angebots*gestaltung* eher am Rande der Diskussion.

Bei genauerer Betrachtung der Auseinanderentwicklung zwischen Beschäftigungssystem und Arbeitsmarkt sowie der Tauglichkeit der Instrumente, die zur Vermittlung zwischen beiden zur Verfügung stehen, fällt auf, daß kurative und präventive Arbeitsmarktstrategien immer näher aneinanderrücken und daß gleichzeitig sowohl vom Förderinstrumentarium des AFG als auch von den Weiterbildungsträgern bildungsferne Beschäftigte und bildungsferne Arbeitslose immer weniger erreicht werden: Aus dem Bereich der Weiterbildungsträger wird zwar in den letzten Jahren ein steigendes

---

[2] Vgl. die Empfehlungen des BIBB-Hauptausschusses zu den Themen neue Technologien in Klein- und Mittelbetrieben (1988), Kooperation in der Weiterbildung (1989) und Wiedereingliederung von Langzeitarbeitslosen (1991).

Interesse an diesem Zielgruppenbereich artikuliert, jedoch eher in der Form einer Aufforderung an die Nachfrager- bzw. Kostenträgerseite, größere finanzielle Aufwendungen hierfür zu leisten. Unsere These ist, daß eine Öffnung der beruflich-betrieblichen Weiterbildung gegenüber Problemgruppen des Arbeitsmarkts und des Beschäftigungssystems durch die AFG-Förderinstrumente zwar mehr als wünschenswert ist, aber mindestens so sehr eine Erweiterung des *Angebots*spektrums durch die Weiterbildungseinrichtungen benötigt wird.

In diesen Zusammenhang ist der Modellversuch "Bildungsmarketing und neue Technologien in Klein- und Mittelbetrieben" gestellt, über dessen laufende Arbeiten dieses Buch informiert: Der Modellversuch bezieht sich auf die arbeitsmarkt- und beschäftigungswirksamen Effekte von Weiterbildung im Kontext neuer Technologien, und er postuliert mit Blick auf die Weiterbildungsträger das Ziel einer grundlegenden Veränderung ihres Bildungsangebots für die Beschäftigten insbesondere in Klein- und Mittelbetrieben.

2 Bildung und Marketing: Dimensionen innovativen und strategischen Bildungsmarketings

Mit dem in diesem Band vorgestellten Bildungsmarketingkonzept wird eine bereits vor zehn Jahren angeregte Diskussion[3] über Marketing für den Bereich der Weiterbildung aufgegriffen und weiterentwickelt. Wie schon im ersten Bericht dieses Projekts erläutert wurde,[4] erscheint die Kombination der Begriffe *Bildung* und *Marketing* zum Kompositum "Bildungsmarketing" anstößig; Bildung wird gemeinhin im Sinne einer idealistischen Kategorie als Frucht pädagogischen Handelns begriffen. So definiert z.B. die Brockhaus-Enzyklopädie: "Bildung bedeutet (nach W. von Humboldt) Anregen aller Kräfte, damit diese sich über die Aneignung der Welt in wechselhafter Ver- und Beschränkung harmonisch-proportionierlich entfalten und zu einer sich selbst bestimmenden Individualität führen, die in Ihrer Idealität und Einzigartigkeit die Menschheit bereichert"[5].

---

3 Vgl. Sarges, Werner; Haeberlin, Friedrich (Hrg.): Marketing für die Erwachsenenbildung, Hannover 1980
4 Vgl. Stahl, Thomas: Bildungsmarketing und neue Technologien in Klein- und Mittelbetrieben, Materialien zur beruflichen Bildung Erwachsener, Heft 5, hrsg. vom Bundesinstitut für Berufsbildung, Berlin 1990, S. 6ff.
5 Der Große Brockhaus, Enzyklopädisches Wörterbuch, 19. Aufl., Mannheim 1987, S. 314

Marketing wird dagegen erst ansatzweise in der wirtschafts-wissenschaftlichen Literatur der siebziger Jahre[6] nicht mehr ausschließlich als Synonym für Warenwerbung verstanden; inzwischen rankt sich um Marketing eine selbständige wirtschaftswissenschaftliche Disziplin. Ihr Gegenstand sind unternehmerische Strategiekonzepte, in denen die Steuerung der Wechselbeziehungen zwischen Anbietern und Nachfragern im Marktgeschehen thematisiert wird und die Orientierung an der Produktwirtschaft Vorrang erhält.

Bruhn und Tilmes[7] weisen dieser Definition von Marketing das Attribut *kommerziell* zu und setzen dagegen auf der Basis früherer Studien von Kotler und Zaltman[8] den Begriff des *nichtkommerziellen* bzw. *Social-Marketing*: "Social Marketing ist die Planung, Organisation, Durchführung und Kontrolle von Marketingstrategien und -aktivitäten nichtkommerzieller Organisationen, die direkt oder indirekt auf die Lösung sozialer Aufgaben gerichtet sind"[9].

Es ist evident, daß der Terminus Bildungsmarketing entsprechend der Erläuterung in der Vorbemerkung dieser Definition nicht genügt, denn die Vermarktung von Produkten - in diesem Falle von Weiterbildungsmaßnahmen, die an nachfragende Betriebe verkauft werden sollen - ist im Wortsinn ein kommerzieller Vorgang. Gleichwohl ist, ebenfalls im Sinne der Vorbemerkung, die Nähe zum Social Marketing durch den expliziten Bezug zur Lösung sozialer Aufgaben hergestellt.

Geißler beschreibt daher folgerichtig die, wie er es nennt, *sozialtechnologischen* und *humanistischen* Dimensionen von Bildungsmarketing: Sozialtechnologisch ist danach die Anwendung von Bildungsmarketing im Kontext von Organisationslernen, d. h., es ist bezogen auf das Lernen von kollektiven Subjekten[10]; die humanistische Dimension bezieht Geißler dagegen auf das Lernen einzelner Subjekte[11]. Die Auflösung der inneren Spannung zwischen diesen beiden Dimensionen ist nach Geißler schließlich die Voraussetzung, um die Kategorie "Bildungsmarketing" in den Begriffsapparat der Erziehungswissenschaften aufnehmen zu können.[12]

Die Bedeutung innovativen und strategischen Bildungsmarketings wird unseres Erachtens jedoch erst dann vollständig erschlossen, wenn als dritte und zusätzliche Dimen-

---

6   Vgl. Management-Enzyklopädie, 4. Bd., München 1971, S. 383
7   Vgl. Bruhn, Manfred; Tilmes, Jörg: Social Marketing, Stuttgart 1989
8   Vgl. Kotler, Ph.; Zaltman, G.: "Social Marketing: An Approach to Planned Social Change". In: Journal of Marketing, Vol. 25, No. 3 (1971)
9   Bruhn/Tilmes, a.a.O., S. 21
10 Vgl. Geißler, Harald.: "Bildungsmarketing für Organisationslernen". In: Geißler, H., a.a.O., S. 72
11 Vgl. ders., a.a.O., S. 60
12 Vgl. ders., a.a.O., S. 59

sion die *ökonomische Relevanz* von beruflicher Weiterbildung in Betracht gezogen wird. Dies wird durch die im folgenden genannten Daten nachdrücklich belegt.

3 Zur ökonomischen Relevanz beruflicher Weiterbildung

Allein aus dem Haushalt der Bundesanstalt für Arbeit (BA) fließen jährlich zweistellige Milliardenbeträge zur Finanzierung von beruflichen Bildungsmaßnahmen mit dem Ziel, Anpassungs- und Eingliederungsprozesse zwischen Arbeitsmarkt und Beschäftigungssystem zu fördern; für das Jahr 1992 meldete die BA eine Ausgabenhöhe im Bereich Fortbildung und Umschulung (FuU) von knapp 18 Mrd. DM.

Zugleich ist die Zahl der Träger beruflicher Weiterbildungsmaßnahmen im Verlauf der vergangenen zehn Jahre in einem solchen Umfang gewachsen, daß es trotz vielfältiger Weiterbildungsdatenbanken kaum gelingt, einen systematischen und vollständigen Überblick über alle Einrichtungen, ihre Profile und Angebote zu erhalten.[13] Für das Jahr 1991 meldete die BA im Zusammenhang mit der Einrichtung einer Weiterbildungsdatenbank, daß auf dem Gebiet der Weiterbildung rund 110.000 private und öffentliche Bildungsträger über 300.000 Bildungsmaßnahmen angeboten haben.[14]

Weiterhin in Rechnung zu ziehen sind die Zahlen, die das Institut der deutschen Wirtschaft regelmäßig meldet: Die jährlich wachsenden Ausgaben der deutschen Unternehmen für Weiterbildung haben seit mehr als zehn Jahren die Größenordnung zweistelliger Milliardenbeträge erreicht; der Umfang der Weiterbildungsinvestitionen der deutschen Wirtschaft im Jahr 1992 wird auf 25 bis 30 Mrd. DM geschätzt.

Schließlich sind daneben noch die - statistisch nicht erfaßten - individuellen Kostenträger zu berücksichtigen, d.h. Privatpersonen, die auf eigene Kosten und ohne irgendwelche Zuschüsse ihre berufliche Zukunft durch Weiterbildung in der arbeitsfreien Zeit sichern wollen.

Man braucht sich nur dieses Ensemble von Weiterbildungskostenträgern und deren summierte Kaufkraft vor Augen zu führen, um zu erkennen, daß berufliche Weiterbildung in Deutschland einen Markt mit Umsätzen in der Größenordnung von mindestens 50 Mrd. DM und entsprechend hohem beschäftigungspolitischem Rang darstellt.

Vor dem dargestellten Hintergrund wird auch die Unentschiedenheit der bisher bekannten Versuche zur Definition von Bildungsmarketing verständlich: Zweifellos ist die kommerzielle Dimension für die Bildungsträger im Sinne der Sicherung von

---

13 In dieser Unübersichtlichkeit liegt auch weitgehend die Ursache für die großen Schwierigkeiten von Bildungsnachfragern, die Seriosität der Anbieter und die Qualität der Angebote zu beurteilen.
14 Quelle: Der Tagesspiegel, Nr. 14008, Ausgabe vom 23.10.91

Marktanteilen am bestehenden Umsatzvolumen von herausragender Bedeutung. In diesem Sinne kann Bildungsmarketing als konventionelle Vermarktungsstrategie von Bildungsträgern verstanden werden. Ebenso zweifellos ist es aber auch notwendig, ein Konzept zu entwickeln, mit dem neben den bereits erschlossenen Marktsegmenten auch die unerschlossenen latenten Weiterbildungsbedarfe der Unternehmen erreicht werden können.

Innovatives und strategisches Bildungsmarketing zielt daher sowohl auf den Zugang zu neuen Marktsegmenten in der beruflichen Weiterbildung als auch auf die Entwicklung neuer Angebote und neuer Formen der Lernorganisation in der betrieblichen Weiterbildung. Thomas Stahl verweist in seinem Beitrag zu diesem Buch darüber hinaus auf die Verankerung von Weiterbildung in der Organisationsentwicklung von Unternehmen, die mit dem Versuch zur Realisierung des Konzepts der "Lernenden Organisation" in KMU verbunden ist.

4   Strukturmerkmale des Weiterbildungsmarktes

Der Markt für berufliche Weiterbildungsangebote hat sich in den vergangenen anderthalb Jahrzehnten in zwei relativ abgeschottete Bereiche aufgeteilt, zum einen in den Bereich der *manifesten* Angebots-Nachfrage-Beziehungen und zum anderen in den Bereich der *latenten* Angebots-Nachfrage-Beziehungen.

Der dominierende Bereich der *manifesten* Angebots-Nachfrage-Beziehungen weist ein breites Spektrum an Seminaren, Kursen und Lehrgängen zur beruflichen Weiterbildung für zahlungsfähige Weiterbildungsnachfrager auf. Allerdings ist dieser Bereich für die Anbieter beruflicher Weiterbildung in Deutschland sehr spezifisch strukturiert: Auf der einen Seite besteht der in den letzten Jahren stark expandierte Teilbereich parafiskalisch finanzierter beruflicher Weiterbildungsmaßnahmen, die nach den Bestimmungen des Arbeitsförderungsgesetzes gefördert werden und sich im Bereich der FuU-Maßnahmen auf außerbetriebliche berufliche Weiterbildung konzentrieren. Auf der anderen Seite besteht der Teilbereich privatwirtschaftlich finanzierter betrieblicher Weiterbildung, der sich auf inner- bzw. überbetriebliche berufliche Weiterbildung konzentriert.

Im Hinblick auf die erzielten Umsatzanteile der Bildungsträger sind beide Teilbereiche nach Expertenschätzung nicht annähernd vergleichbar: AFG-geförderte berufliche Weiterbildungsmaßnahmen machen bei der Mehrzahl der Weiterbildungsträger allein 80 bis weit über 90 Prozent ihres Umsatzes aus; die erzielten Umsätze durch betrieblich finanzierte berufliche Weiterbildungsmaßnahmen sind dementsprechend anteilig erheblich geringer.

Insgesamt sind die Nachfrage-Angebots-Relationen in diesem Bereich durch einen eigentümlichen Doppeleffekt gekennzeichnet: So werden durch den Kostenträger BA auf der Basis von AFG und FuU-Anordnungen die Angebotsvielfalt, die Qualität und die Preise beruflicher Weiterbildungsmaßnahmen entsprechend der jeweiligen Arbeitsmarkt-Bedarfslage so nachhaltig beeinflußt, daß für viele Bildungsträger die BA gleichsam als Monopolnachfrager wirkt. Mit anderen Worten: Der monopolistische Nachfrager bestimmt Angebotsvielfalt, Qualität und Preise. Dieser Bereich des Weiterbildungsmarktes ist somit eindeutig ein Nachfragermarkt.

Gleichzeitig gibt es für die nachfragenden Unternehmen vergleichsweise geringe oder gar keine Einflußmöglichkeiten auf Angebotsvielfalt, -qualität und Preise, da sie in der Regel keine eigenen bzw. definierten Qualitätskriterien zur Beurteilung von Preis-Leistungs-Verhältnissen haben. Bereits dieses Merkmal deutet auf einen Anbietermarkt. Hinzu kommt, was als die Ursache des genannten Doppeleffekts angesehen werden kann: Angebote, die den Standards der BA genügen, lassen aus der Sicht der betrieblichen Nachfrager ein verringertes Risiko vermuten und erleichtern ihnen damit scheinbar die Entscheidung bei der Auswahl von Weiterbildungsangeboten.

Tatsächlich hat diese Konstellation jedoch dazu geführt, daß die Träger beruflicher Weiterbildung gegenüber beiden Nachfrage-Teilbereichen Bildungsangebote entwickelt haben, die im Hinblick auf Struktur, Themen und Inhalte sowie Lehr- und Lernmethoden so weitgehend standardisiert wurden, daß sie kaum voneinander zu unterscheiden sind. Mit anderen Worten: Was erfolgreich als AFG-geförderte berufliche Weiterbildung vermarktet werden konnte, bildete unverändert oder nur leicht modifiziert das Angebot für betriebliche Nachfrager. Eine solche Angebots-Nachfrage-Relation gestattet den Bildungsträgern Umsätze im Teilbereich betrieblicher Nachfrager, ohne daß hierfür zusätzliche Aufwendungen für die Entwicklung neuer Produkte erforderlich wären: Der Markt für standardisierte betriebliche Weiterbildung ist daher weitgehend ein Anbietermarkt.

Freilich kann die angesprochene Angebots-Standardisierung den ökonomischen Vorteil bieten, daß Nachfrager das Preis-Leistungs-Verhältnis verschiedener Bildungsträger vergleichen können; im Bereich der AFG-geförderten Weiterbildung entfaltet dieser Effekt sehr weitgehend seine Wirkung. Die Standardisierung hat indessen den Nachteil, daß spezifische Bedarfslagen nicht berücksichtigt werden können und darüber hinaus methodische sowie inhaltliche Innovationen des Angebots für die Träger von der Kosten- und Preisseite nur dann vertretbar sind, wenn eine hinreichende Nachfrage gesichert ist. Da jedoch die Kostenträgerschaft durch die Arbeitsämter einen dominanten preisregulierenden Einfluß hat, sind kostenerhöhende Abweichungen im Angebot nur mühsam durchzusetzen.

Folgerichtig gilt dieser Effekt auch für Weiterbildungsangebote gegenüber Betrieben; allerdings werden Modifikationen der Standardangebote aus zwei Gründen zunehmend und evidenter erforderlich: Zum einen ist beispielsweise aus den Interviews mit mittelständischen Unternehmern, die im nachfolgenden Beitrag von Thomas Stahl ausgewertet wurden, die massive Unzufriedenheit mit der mangelnden Paßgenauigkeit standardisierter Weiterbildungskurse für ihre betrieblichen Problemlagen deutlich belegt. Zum anderen verlangt die zeitliche und personelle Belastung der Betriebe eine Kombination von externen Seminaren mit Weiterbildung am Arbeitsplatz,[15] insbesondere dann, wenn gewerblich Beschäftigte beruflich weitergebildet werden sollen. Träger, die hierfür kompetente Angebote machen wollen, müssen daher notwendigerweise Entwicklungsarbeit leisten, die sich direkt auf die Weiterbildungskosten auswirken und daher vom Kunden übernommen werden müßten.

Der zweite Bereich beruflicher Weiterbildungsangebote, der weiter oben genannt wurde, betrifft den Bereich der *latenten* Weiterbildungsnachfrage. Als latent kann diese Nachfrage deshalb bezeichnet werden, weil - beispielsweise aufgrund der Verschärfung der Wettbewerbssituation und des allgemeinen Trends zur Reduzierung von Produktionskosten - ein spezifischer betrieblicher Weiterbildungsbedarf zwar unterstellt werden kann, dieser jedoch (noch) nicht zu einer zahlungsfähigen Weiterbildungsnachfrage geführt hat.

Dieser Bereich besteht ebenfalls aus zwei Teilbereichen: Zum einen geht es um den Bereich kleiner und mittlerer Betriebe, die zur rationellen Nutzung neuer Technologien auf eine Verbesserung der Qualifikationsstruktur ihrer Beschäftigten angewiesen sind, jedoch keine betriebseigene Weiterbildung organisieren können, zum anderen geht es um die Qualifizierung von bestimmten Beschäftigtengruppen in größeren und großen Unternehmen, die bisher in den betrieblichen Weiterbildungsprogrammen wenig oder gar nicht berücksichtigt wurden.

Der Bereich der Klein- und Mittelbetriebe in Deutschland kann nach den neuesten Daten der BIBB/IAB-Erhebung quantifiziert werden: Im Erhebungsjahr 1991 waren 79 Prozent aller Erwerbspersonen in Deutschland (Ost und West) in Betrieben mit unter 500 Beschäftigten tätig.[16] Der Umfang des latenten Qualifizierungsbedarfs der Beschäftigten in Klein- und Mittelbetrieben läßt sich grob einschätzen, wenn zusätzlich in Betracht gezogen wird, daß die Weiterbildungsbeteiligung von Beschäftigten

---

15 Vgl. Paulsen, Bent: "Arbeitsorientiertes Lernen im Weiterbildungsverbund." In: Berufsbildung in Wissenschaft und Praxis (BWP), 20. Jg. (1991), Heft 1, S. 31 ff.

16 Quelle: Infratest Sozialforschung: Auswertungstabelle zu Frage 5 (Betriebsgröße), unveröff. Manuskript, 1993. Die BIBB-IAB-Erhebung liefert Individualdaten der befragten Arbeitnehmer, die Rückschlüsse auf die Größe des Beschäftigungsbetriebs ermöglichen.

kleiner und mittlerer industrieller Produktionsbetriebe in den alten Bundesländern rund 16 Prozent unter der von Großbetrieben mit mehr als 1000 Beschäftigten liegt[17] und gleichzeitig von einem Anteil von mindestens 60 Prozent Un- und Angelernter an den gewerblich Beschäftigten der KMU ausgegangen werden kann[18]. Beide Faktoren sprechen dafür, daß die Weiterbildungsbeteiligungsquote der Beschäftigten in Klein- und Mittelbetrieben mindestens eine zehnprozentige Steigerungsrate erwarten läßt. Welchen Umfang der latente Weiterbildungsbedarf in größeren und großen Betrieben haben kann, wird durch einen weiteren Befund der BIBB/IAB-Erhebung 1991 indiziert, wonach genau ein Drittel aller Beschäftigten industrieller Produktionsbetriebe (alte Bundesländer) während der letzten fünf Jahre an beruflicher Weiterbildung teilgenommen hat, während die Beschäftigten im Kredit- und Versicherungsgewerbe der alten Bundesländer bereits eine Weiterbildungsquote von rund 57 Prozent aufweisen:[19] Die Einführung neuer Produktionskonzepte mit dezentralisierter Qualitätsverantwortung ("lean production"), z.B. in der Automobilindustrie, läßt sich ohne eine Qualifizierungsoffensive für die Produktionsmitarbeiter nicht realisieren; deshalb wird auch in der Fertigungswirtschaft gleichzeitig mit den angekündigten umfangreichen Personalabbaumaßnahmen eine Steigerung der Weiterbildungsbeteiligung von Hilfs- und Facharbeitern um mindestens zehn Prozent unumgänglich sein. Nach den letzten zur Verfügung stehenden Daten lag die Beteiligungsquote der Un- und Angelernten im Jahr 1988 bei 9 Prozent, die der Facharbeiter bei 21 Prozent.[20]

5 Innovation der Weiterbildungsangebote

Die vorhergegangene Darstellung der Bereiche der manifesten und latenten betrieblichen Weiterbildungsnachfrage gibt die Zielrichtung für die Weiterentwicklung des Weiterbildungsmarketings-Konzepts an. Die beschriebenen qualitativen und quantitativen Strukturmerkmale des Weiterbildungsmarktes reflektieren darüber hinaus die innovative und strategische Bedeutung dieses Konzepts. Es muß festgestellt werden, daß bisher kaum Weiterbildungsangebote entwickelt sind, die auf genau ermittelte

---

17 Quelle: Bundesinstitut für Berufsbildung: BIBB/IAB-Erhebung 1991, unveröff. Sekundärauswertung, Berlin 1993

18 Quelle: Paulsen, Bent: "Umschulung und sonstige Qualifizierungsmaßnahmen für Erwachsene in Klein- und Mittelbetrieben". BIBB-Projektbericht, Berlin 1988

19 Vgl. Anmerkung 17

20 Vgl. Kuwan, Helmut u.a.: Berichtssystem Weiterbildung. Integrierter Gesamtbericht. Hrsg. vom Bundesminister für Bildung und Wissenschaft. Bad Honnef 1990, Tabelle S. 46. Das Berichtssystem Weiterbildung erlaubt keine betriebsgrößenspezifische Diffenzierung der Teilnahmequoten. Die Daten dieser Erhebung sind daher nicht mit den Daten der BIBB/IAB-Erhebung kompatibel.

spezifische betriebliche Qualifizierungsbedarfe antworten und eine Form der Lernorganisation bieten, die den betrieblichen und individuellen Weiterbildungsmöglichkeiten entsprechen.

Die im dritten Abschnitt dargestellten Daten haben bereits unterstrichen, daß von einer allgemeinen betrieblichen oder individuellen Weiterbildungsabstinenz durchaus nicht die Rede sein kann. Dennoch hat sich in den vergangenen Jahren z.B. an der weiter oben genannten Beteiligungsquote von Un- und Angelernten in der *betrieblichen* Weiterbildung kaum etwas verändert.[21] Kaum gestiegen ist auch die Beteiligung Un- und Angelernter an FuU-Maßnahmen, obwohl diese Maßnahmeformen das ausdrückliche arbeitsmarktpolitische Ziel haben, schwervermittelbare Arbeitslose sowie durch Arbeitslosigkeit Bedrohte durch Teilnahme an beruflicher Fortbildung und Umschulung in das Beschäftigungssystem wiedereinzugliedern: Nach den Jahreszahlen für 1990 betrug der Anteil derjenigen Männer und Frauen, die an FuU-Maßnahmen teilgenommen haben und keine abgeschlossene Berufsausbildung hatten, lediglich 24 Prozent.[22]

Bei oberflächlicher Betrachtung könnte aus diesen Daten geschlossen werden, daß die Gruppe der Arbeitnehmer mit fehlender oder nicht abgeschlossener beruflicher Ausbildung, also die Un- und Angelernten, nicht weiterbildungsmotiviert sei. Dem ist entgegenzuhalten, daß die gleiche Personengruppe im Jahr 1988 mit vierzehn Prozent unter den Teilnehmern an allgemeiner Weiterbildung vertreten war, während der Teilnehmeranteil von Facharbeitern mit zwanzig Prozent nur wenig höher lag.[23]

Eine zusätzliche, weit verbreitete Deutung sowohl für die unterdurchschnittliche Weiterbildungsbeteiligung von Un- und Angelernten als auch für die unterdurchschnittlichen Weiterbildungsinvestitionen kleiner und mittlerer Betriebe wird in den spezifischen Produktionskonzepten gesehen, in die vor allem die Arbeitsplätze Un- und Angelernter eingebunden sind, und die ganz besonders in KMUs verbreitet sind, welche als Zulieferbetriebe fungieren. Beispielhaft für diese Konstellation sind Betriebe, die einen hohen Anteil von Montagearbeiten aufweisen und - überwiegend - un- und angelernte Frauen beschäftigen.[24] Ob diese Deutung indessen ausreicht, um die Gegenthese zu widerlegen, daß der Mangel an geeigneten und spezifischen Weiterbil-

---

21 Quelle: ders., a.a.O., Tabelle S. 44
22 Quelle: Bundesanstalt für Arbeit: Amtliche Nachrichten (ANBA), Jahreszahlen 1990, Austritte aus Maßnahmen zur beruflichen Fortbildung und Umschulung ..., S. 192 ff., sowie eigene Berechnungen des Verf.
23 Quelle: vgl. Anmerkung 21
24 Die Resistenz solcher Produktionsbetriebe gegenüber der Tendenz zur Aufweichung tayloristischer Produktionskonzepte wird eingehend analysiert in Moldaschl, Manfred: Frauenarbeit oder Facharbeit? Montagerationalisierung in der Elektroindustrie II. Frankfurt/Main, New York, 1991

dungsangeboten für diesen Wirtschafts- und Beschäftigungsbereich zur geringeren Weiterbildungsteilnahme geführt hat,[25] läßt bei zusätzlicher Berücksichtigung der permanent steigenden Qualitätsanforderungen der Abnehmer an die Produkte der Zulieferbetriebe zumindest erhebliche Zeifel aufkommen.[26]

6 Latenter Weiterbildungsbedarf: Ein neues Marktsegment

Die Bedeutung des innovativen und strategischen Marketingkonzepts für Weiterbildung erklärt sich vor dem bisher dargestellten Hintergrund: Weiterbildungsmarketing verlangt von den Bildungsträgern zunächst eine eingehende Analyse derjenigen Marktsegmente, die durch ihre Angebote bisher nicht erreicht werden. Diese Analyse muß sich sowohl auf den akuten als auch auf den latenten Weiterbildungsbedarf in diesen Marktsegmenten erstrecken. Schließlich müssen die Ergebnisse dieser Analysen abgeglichen werden mit dem bestehenden Angebots- und Leistungsprofil des Trägers bzw. seiner Kompetenzen für neuartige Leistungsangebote.

Auf der Basis der bisher geführten Diskussion zeichnen sich nach unserer Einschätzung folgende Schwerpunkte für die Angebotsinnovation ab: (1) Teilnehmer- und Zielgruppenorientierung in den Lehr- und Lernformen der beruflichen Weiterbildung, (2) Qualifizierung von Un- und Angelernten zur Bewältigung neuer Technologien und Fertigungskonzepte in Klein- und Mittelbetrieben und (3) Problemgruppen des Beschäfigungssystems.

(1) *Teilnehmer- und Zielgruppenorientierung*

Zahlreiche empirisch belegte Beispiele für eine differenzierte teilnehmer- und zielgruppenorientierte Weiterbildung hat die seit 1984 vom Bundesinstitut für Berufsbildung mit Mitteln des Bundesministeriums für Bildung und Wissenschaft geförderte Modellversuchsreihe zur Qualifizierung von Problemgruppen des Arbeitsmarktes geliefert. In dreizehn bundesweit gestreuten Modellversuchen war das Ziel der Arbeit, vorwiegend Langzeitarbeitslose mit Hilfe eines umfassenden Konzepts beruflicher Nachqualifizierung in Fach-Erwerbstätigkeit wiedereinzugliedern.

---

25 Diese These wird im ersten Projektbericht des Modellversuchs "Bildungsmarketing" entwickelt und erläutert; vgl. Stahl, Thomas: a.a.O, S. 12ff., mehr zu dieser These im folgenden Abschnitt.

26 Statt einer detaillierten Erläuterung der Zusammenhänge zwischen Produktqualität und Mitarbeiterqualifikation sei an dieser Stelle auf die aktuelle Debatte über Kostenreduzierungen im Zulieferbereich der KfZ-Hersteller sowie auf die Effekte der ISO-Norm 9000 verwiesen, derzufolge nicht nur die Qualität der Produkte, sondern auch die Qualifikation des Produktionspersonals Gegenstand von Auditierungsverfahren ist.

Das zentrale Problem aller Projekte war, eine für die Teilnehmer neuartige Kombination aus systematischer Zielgruppenorientierung in der Lernorganisation mit fachlicher sowie individueller Betreuung und Unterstützung der Lernenden zu entwickeln und gleichzeitig eine strikte Arbeitsmarktorientierung der Umschulungsberufe zu beachten. Mit diesem Ansatz sollten - und wie die Ergebnisse zeigen - konnten auch für schwerstvermittelbare Teilnehmer die Wiedereingliederungschancen in den Arbeitsmarkt verbessert bzw. diese Chancen überhaupt erst hergestellt werden.

Allerdings bedeutete dies auch einen überdurchschnittlichen Aufwand an Konzept- und Methodenentwicklung für die beteiligten Weiterbildungsträger, der im Rahmen herkömmlicher Umschulungsmaßnahmen nicht realisierbar gewesen wäre. Auf der Basis der ausführlich dokumentierten Entwicklungsarbeiten[27] wurden Standards für die Qualifizierung von Langzeitarbeitslosen erarbeitet,[28] die auf die Weiterbildung von Bildungsbenachteiligten ohne weiteres übertragen werden können.

Auch wenn die Zielgruppe für das Konzept des strategischen und innovativen Bildungsmarketings nicht Langzeitarbeitslose, sondern beschäftigte Produktionsfach und -hilfskräfte sind, können daher aus den Ergebnissen der Nachqualifizierungsprojekte wichtige Hinweise zur Gestaltung von Lernarrangements für die betrieblichberufliche Weiterbildung abgeleitet werden: Beispielsweise haben sich in diesen Projekten Lernorganisationsformen bewährt, die sich durch die Verbindung von fachlicher und theoretischer Unterweisung mit selbstgesteuertem Lernen über Selbstlernmedien (z.B. Kombination von Leittexten, CBT, Lernstatt) auszeichnen und damit wesentlich zur Lernmotivation der Teilnehmer beigetragen haben.

Bildungsmarketing wird, auf diese Vorarbeiten gestützt, in der Gestaltung der Bildungsangebote dadurch innovativ, daß es geeignete Lernorganisationsformen für die betrieblich-berufliche Weiterbildung von Un- und Angelernten aufgreift und weiterentwickelt. Kriterium für die Eignung dieser Lernorganisation ist, daß sie es erlaubt, trotz geringer anfänglicher Weiterbildungsmotivation der Teilnehmer einen Qualifizierungsprozeß in Gang zu setzen, der im Interesse der Individuen wie der Betriebe liegt. Eine bereits praktisch bewährte theoretische Grundlage für solche Formen der Lerorganisation bildet das Konzept der Handlungsregulation, in dem die Verarbeitung von

---

27 Vgl. die über fünfzig publizierten Berichte der Modellversuchsreihe zur beruflichen Qualifizierung von Erwachsenen, die keine abgeschlossene Berufsausbildung haben und ein besonderes Arbeitsmarktrisiko tragen. Die Berichte wurden herausgegeben vom BIBB, Abteilung 4.2.

28 Die Ergebnisse dieser Projekte bilden die Grundlage für Bundesinstitut für Berufsbildung: "Empfehlungen zur Planung und Durchführung abschlußbezogener Maßnahmen der beruflichen Weiterbildung für besondere Adressatengruppen." In: BWP, 18. Jg. (1989), Heft 3, S. 40 ff., sowie für die Empfehlung des BIBB-Hauptausschusses vom 01.02.1991: "Nachqualifizierung von Langzeitarbeitslosen - Situation, Maßnahmen, Empfehlungen". In: BWP, 20 Jg. (1991), Heft 3, S. 41 ff.

Erfahrung und die Aufstellung von heuristischen Handlungsregeln die Basis für berufliche Lernprozesse bilden.[29]

(2)   *Neue Technologien in Klein- und Mittelbetrieben*

Der rasante Zuwachs in der Anwendung rechnergestützter Technologien in kleinen und mittleren Betrieben hat zwar bei Weiterbildungsträgern ein starkes Vermarktungsinteresse für "C"-Kurse geweckt, da auch in diesen Betrieben - ebenso wie in Großbetrieben - ein wachsender Bedarf an Qualifizierungsmaßnahmen zur Bewältigung der neuartigen Anforderungen unterstellt werden konnte. Dennoch läßt die Marktentwicklung erkennen, daß die Nachfrage kleiner und mittlerer Betriebe nach den angebotenen Kursen etc. absolut und relativ weit hinter derjenigen der Großbetriebe zurückgeblieben ist.

Weiter oben wurde bereits dargestellt, daß diese Inkongruenz als das Ergebnis der besonderen Strukturmerkmale des Weiterbildungsmarktes verstanden werden kann, der bisher im Bereich der betrieblichen Weiterbildung eher ein Anbieter- als ein Nachfragermarkt ist. Entsprechend geht, wie ebenfalls weiter oben ausgeführt, das hier entwickelte Bildungsmarketingkonzept von der Annahme aus, daß die geringe Weiterbildungsbeteiligung kleiner und mittlerer Betriebe nicht Ausdruck mangelnden Problembewußtseins ist, sondern Ausdruck mangelnder Übereinstimmung zwischen betrieblicher Weiterbildungsnachfrage einerseits und dem Weiterbildungsangebot der Bildungsträger andererseits.

Erst in allerjüngster Zeit lassen sich Veränderungen des Angebotsverhaltens erkennen, beispielsweise durch die Einbeziehung von Themen, die das Qualitätsmanagement in KMU zum Gegenstand von Weiterbildungsmaßnahmen haben. Dennoch ist auch hier nach wie vor eine starke Fokussierung auf technische und kaufmännische Führungskräfte als Zielgruppen des Angebots zu erkennen: Wie schon weiter oben belegt, sind die gewerblich Beschäftigten von KMUs weiterhin eine kleine Randgruppe unter den Teilnehmern organisierter Weiterbildungsmaßnahmen. Dies ist so, obwohl die breite Einführung rechnergesteuerter Anlagen und Produktkomponenten deren Arbeitsplätze so weitgehend umgestaltet hat, daß eine wirtschaftliche Nutzung rechnergeteuerter Technik nur noch mit qualifiziertem Fertigungspersonal möglich erscheint.

Bildungsmarketing erhält in diesem Zusammenhang strategische Bedeutung, da es in der Angebotsentwicklung darum geht, den spezifischen betrieblichen Qualifizierungs-

---

29 Ausführlich dargestellt ist dieser Ansatz bei Hacker, Winfried; Skell, Wolfgang: Lernen in der Arbeit. Hrsg. Bundesinstitut für Berufsbildung, Berlin und Bonn, 1993. Die praktische Anwendung dieses Konzepts wird insbesondere in Kapitel 11, S. 228 ff. erläutert.

bedarf zu ermitteln, der - wie die in den folgenden Kapiteln ausgewerteten Interviews zeigen - häufig gleichsam hinter anderen betrieblichen Problemen versteckt ist: Gelingt es, in diesen Problemen den inhärenten "Qualifizierungskern" zu identifizieren sowie paßgenaue Bildungsangebote zu entwickeln und durchzuführen, kann Bildungsmarketing einen Beitrag zur Lösung von Wettbewerbsproblemen des Betriebs leisten. Wie in den folgenden Kapiteln ebenfalls ausgeführt, ist ein solcher Ansatz auf den Einsatz kompetenter Beratung angewiesen. Unlösbar ist daher mit der Realisierung innovativen und strategischen Bildungsmarketings die Funktion eines kompetenten Bildungsberaters verbunden. Die Wahrnehmung dieser Funktion entspricht allerdings weder dem herkömmlichen Selbstverständnis von Bildungsträgern noch gibt es bisher etablierte Studiengänge, die Bildungsberater ausbilden.[30]

Es wird daher notwendig sein, verstärkte Anstrengungen darauf zu richten, daß nicht allein der kurzfristig erzielte zusätzliche Umsatz, den der Bildungsträger durch eine betriebliche Beratung erreichen will, das einzige Kriterium für die Arbeit des Bildungsberaters sein kann, sondern auch die mittel- und längerfristigen Umsätze, die auf der Basis kompetenter Problemlösefähigkeit des Bildungsberaters entstehen können. Daß dies nicht konfliktfrei zu erreichen ist, läßt sich den Fall-Beispielen der Bildungsberater entnehmen, die in diesem Band dokumentiert sind.

Bildungsmarketing im Sinne einer Service-Leistung des Bildungsträgers macht es gleichwohl erforderlich, die Balance zwischen Umsatzorientierung und Beratungskompetenz des Bildunsträgers zu finden: Aus den bisherigen Ergebnissen des Bildungsmarketing-Modellversuchs zeichnet sich jedenfalls noch kein anderer Weg ab, wie der Konflikt zwischen unbedingt erforderlichen Kapazitäts-Investitionen des Bildungsträgers für die Entwicklung und Umsetzung des Marketingkonzepts und der Orientierung am Ertrag dieser Investitionen über fakturierbare Serviceleistungen anders gelöst werden könnte.

(3) *Problemgruppen des Beschäftigungssystems*

Bildungsmarketing kann über die beiden dargestellten Bereiche hinaus innovative und strategische Bedeutung erhalten, wenn es gelingt, die Angebote der Bildungsträger zusätzlich auf die Problemgruppen des Beschäftigungssystems auszuweiten, die von der aktuellen Konjunkturkrise besonders schwer betroffen sind. Dies gilt für ältere

---

30 Eine interessante Ausnahme stellt ein Projekt an der TU Dresden dar, mit dem ein berufsbegleitender Studiengang für Bildungsberater entwickelt und erprobt wird. Vgl. dazu Adamski, Manfred: "Berufsbegleitendes Studium für Weiterbildner" In: Paulsen, Bent; Worschech, Franz (Hrsg.): Arbeitsorientierte Weiterbildung für KMU - Strategien - Konzepte - Methoden. Nationale Strategische Eurotecnet-Konferenz 1992. Brüssel 1993, S. 335 ff.

Arbeitnehmer und Beschäftigte in den Betrieben der Fertigungswirtschaft mit einem hohen Anteil un- und angelernter Beschäftigter, sowie insbesondere für die Betriebsbereiche, in den Frauen einfache Montagetätigkeiten ausüben und schließlich für Beschäftigte mit physischen und psychischen Beeinträchtigungen. Soweit es die weiter oben referierten statistischen Quellen überhaupt zulassen, Weiterbildungsbeteiligung nach bestimmten Merkmalen der Teilnehmer auszuwerten, geben alle verfügbaren quantitativen wie qualitativen Informationen deutliche Hinweise darauf, daß der Bereich dieser Gruppen eher unentdecktes Neuland für die betriebliche Weiterbildung ist.

Deutlich erkennbar ist ebenfalls, daß sich in den kommenden Jahren die Segmentierung des Beschäftigungssystems in einen Bereich vielseitig einsetzbarer qualifizierter Fachkräfte auf der einen Seite und einen Bereich begrenzt einsetzbarer Hilfskräfte mit geringen fachlichen Qualifikationen auf der anderen Seite fortsetzen wird. Die letztgenannte Gruppe ist - wie hinreichend empirisch belegt - einem wachsenden Arbeitsplatzrisiko ausgesetzt und steht vor der Gefahr, in Dauerarbeitslosigkeit abgedrängt zu werden.

Die Träger beruflicher Weiterbildung sind vor dem dargestellten Hintergrund daher dringend gefordert, die Kompetenz zur Entwicklung von beruflichen Weiterbildungsangeboten aufzubauen, die das Auseinanderdriften beider Segmente verhindert. Mit anderen Worten: Das Spektrum der angebotenen Qualifizierungsmaßnahmen muß durch methodische und didaktische Innovation insgesamt so erweitert und ergänzt werden, daß diese Zielgruppen erreicht werden können. Auch Unqualifizierten muß der Zugang zur betrieblichen Weiterbildung eröffnet und erfolgreiche Bildungsteilnahme ermöglicht werden.

Innovatives und strategisches Bildungsmarketing kann mithin, jenseits des legitimen Geschäftsinteresses von Bildungsträgern, ihre Umsätze auszubauen oder zu sichern, aus bildungspolitischer Sicht einen entscheidenden Beitrag leisten zum Abbau von Ungleichgewichten in der Beteiligung an beruflicher Weiterbildung. Darüber hinaus trägt es zur wirtschaftsstrukturpolitischen und arbeitsmarktpolitischen Aufgabe, die Wettbewerbsfähigkeit von Betrieben zu unterstützen und Arbeitsplätze zu erhalten, bei.

THOMAS STAHL

Bildungsmarketing und KMU

Ergebnisse einer empirischen Studie

	Vorbemerkung	29
1	Bildungsmarketing als strategische Realisierung des Konzepts der "Lernenden Organisation" in KMU	31
1.1	Die "Integration des externen Faktors" als grundlegende Überlegung des Bildungsmarketing	31
1.2	Bildungsträger als integrierte Dienstleistungszentren: Organisationsentwicklung als Konsequenz des Marketing	39
2	Anlage, Vorbereitung und Durchführung der Feldphase 1	54
2.1	Konzeptionelle Überlegungen	56
2.2	Professionalisierung der Bildungsberater	58
2.2.1	Das Tätigkeitsprofil der Bildungsberater	64
2.2.2	Das Qualifikationsprofil der Bildungsberater	65
2.2.3	Die Qualifizierung der Bildungsberater im Modellvorhaben	67
2.3	Vorgehensweisen zur Markterschließung	69
2.4	Erstellung von spezifischen Weiterbildungskonzepten und -materialien für KMU	73
2.5	Das Untersuchungsdesign der Feldphase 1	75
2.6	Durchführung der Feldphase 1	79
3	Personalentwicklung in kleinen und mittleren Unternehmen; Empirische Befunde zur Situation von Entwicklungsdynamik bei den KMU	88
3.1	Technikeinführung und ihre Gründe	89
3.2	Das Verhältnis von Technikeinführung und Betriebs-/Arbeitsorganisation bei den KMU	98

3.3	Betriebliche Probleme und Problemwahrnehmung im Zusammenhang mit Personalentwicklung und Weiterbildung	103
3.3.1	Betriebliche Probleme als mittelbarer Anlaß, über Personalentwicklung und Weiterbildung nachzudenken	106
3.3.2	Artikulierte Qualifizierungsnotwendigkeiten als Resultat des Gesprächs über betriebliche Probleme	112
3.3.3	Es gibt keine betrieblichen Probleme	115
3.4	Problemwahrnehmung betrieblicher Probleme durch die Bildungsberater	116
3.5	Personalplanung und Weiterbildungsplanung in KMU	125
4	Vorläufige Resultate des Bildungsmarketing in der Feldphase 1	132
4.1	Zum Umfang der Dienstleistungen, die während der Feldphase 1 erbracht wurden	132
4.2	Zur qualitativen Aufschlüsselung der Dienstleistungsgruppen	135
4.2.1	Seminare/Schulungen/Weiterbildungsmaßnahmen	135
4.2.2	Angebotserstellung als Dienstleistung	138
4.2.3	Beratende Dienstleistungen	139
4.2.4	Integrierte Dienstleistungen	143
4.3	Keine Dienstleistungen kamen zustande	146
4.4	Gibt es statistische Zusammenhänge zwischen betrieblichen Parametern und dem Erfolg des Bildungsmarketing?	153
4.4.1	Zusammenhänge der Dienstleistungsverkäufe zu "äußeren" Strukturmerkmalen des Betriebes	153

4.4.2 Betriebliche Rationalisierungskompetenz hängt deutlich mit dem Grad der Akzeptanz von Dienstleistungen im Modellvorhaben zusammen   154

4.4.3 Organisatorische Kompetenzen im Betrieb hängen ebenso wie Planungskompetenzen im PE-Bereich eng mit der Akzeptanz der "neuen" Dienstleistungen des Trägers zusammen   154

4.4.4 Betriebliche Problemsicht und Dienst-leistungsakzeptanz   155

4.4.5 Die Problemsicht des Bildungsberaters und die Dienstleistungsakzeptanz   156

4.4.6 Vorläufige Interpretation von Faktoren, die mit den tatsächlich erbrachten Dienstleistungen zusammenhängen   158

4.5 Gründe für die Akzeptanz der Dienstleistungen   161

5 Weitere Kontakte: Markterschließung und follow-up   165

6 Weitere Perspektiven   171

Literaturhinweise   175

Vorbemerkung

Diese Veröffentlichung basiert wesentlich auf den qualitativen und qantifizierbaren Erfahrungen, die im Verlaufe des Modellvorhabens "Bildungsmarketing und neue Technologien in Klein- und Mittelbetrieben" seit 1989 gesammelt wurden. Das Projekt, durchgeführt von den Beruflichen Fortbildungszentren der Bayerischen Arbeitgeberverbände (bfz) und wissenschaftlich begleitet vom Institut für sozialwissenschaftliche Beratung in Regensburg (ISOB) wird finanziert aus den Mitteln des Bundesministers für Bildung und Wissenschaft und fachlich sowie verwaltungstechnisch durch das Bundesinstitut für Berufsbildung (BIBB) betreut.

Nach ca. 3 Jahren Laufzeit des Modellversuchs und nach Abschluß der ersten von zwei Feldphasen können die folgenden Darstellungen und Analysen als Präsentation eines Zwischenergebnisses gelten, welches trotz seiner Vorläufigkeit bereits weit mehr wiedergibt als unverbindliche Annahmen. Andererseits wird die ab Oktober 1992 beginnende Feldphase 2 mit neuen zusätzlichen Erprobungsregionen und einer teilweise geänderten Vorgehensweise sicher zusätzliche Informationen zum Bildungsmarketing im Marktsegment der KMU bringen. Entsprechend sind abschließende Beurteilungen zu Ansatz und Vorgehensweise dieser Innovationsstrategie von Bildungsträgern und Betrieben nicht vor 1994 zu erwarten.

Das gleiche gilt für die Produkte des Modellvorhabens, die aus der Entwicklungsperspektive bedeutsamer sind und die in der Projektterminologie als "Bildungsberaterkoffer" firmieren. Hierunter sind all diejenigen praktischen Materialien, Instrumente und Handlungsanleitungen zu verstehen, die es anderen Bildungsträgern ermöglichen sollen, das Konzept des Bildungsmarketing in ihrem Hause in installieren. Die praktische Transferierbarkeit der Modellresultate soll zuallererst hierüber gesichert werden.

Andererseits braucht der erfolgreiche Transfer von derartigen Produkten auch die Analyse und Beschreibung der Situation, in der diese Produkte entwickelt und erprobt wurden. Dies ist nötig, um den Produkteinsatz situationsgerecht zu gestalten und gegebenenfalls an die eigenen Bedingungen anzupassen. Er soll auch dazu dienen, die oft schmerzhaften Innovationsprozesse abzukürzen, Fehler zu vermeiden etc.

Kurz, die folgenden Erfahrungsberichte zum Entwicklungsstand des Bildungsmarketing im Modellvorhaben sind in dem Maße für andere Bildungsträger nützlich, in dem sie den Innovationsweg möglichst exakt und ungeschminkt beschreiben. Insbesondere die Informationen zu gemachten Fehlern und zu erkannten Mängeln im Realisieren des Bildungsmarketing sind hierbei bedeutsam.

Das heißt, nicht nur die wissenschaftliche Redlichkeit gebietet bei den folgenden Darstellungen das strikte Vermeiden einer stromlinienförmigen "Erfolgsstory", der

Transfergesichtspunkt des Modellvorhabens schreibt gerade die Dokumentation von Fehlern zwingend vor.

Wenn die Zwischenbilanz trotz aller Rückschläge und Irrwege dennoch positiv und vor allem für die Zukunft optimistisch ausfällt, so verdankt sich dies (wie bei allen Innovationsprozessen) weniger den genialen Einfällen einzelner oder der Gunst der Stunde, sondern der zähen und hartnäckigen Arbeit der beteiligten Bildungsberater im bfz, die trotz mannigfacher Rückschläge, Frustrationen und manchmal auch persönlicher Zweifel nie aufgehört haben, "das dicke Brett zu bohren".

Damit ist zweierlei gesagt: Erstens ist die konsequente Durchsetzung des strategischen Marketing in einem Bildungsträger zur Erschließung des Marktsegments WB in/für KMU (besonders in der Anfangsphase) ein langwieriges und schwieriges Vorhaben, welches nicht mit Patentrezepten, sondern nur mit dem persönlichen Einsatz der Bildungsberater vor Ort zu bewältigen ist. Zweitens sollte ausgedrückt werden, daß die dreijährige intensive Teamarbeit zwischen Bildungsberatern, Projektleitung, wissenschaftlicher Begleitung und den "Kontaktleuten" zur Geschäftsführung bfz nach schmerzhaften Anpassungsprozessen ein Klima der gemeinsamen Motivation erzeugt hat, welches für die Zukunft optimistisch macht.

Auch insofern ist die vorliegende Publikation Zwischenbilanz: Rückblick auf drei Jahre intensive Entwicklungs- und Erprobungsarbeit mit Höhen und Tiefen, zugleich aber erfahrungsgeleiteter Ausblick auf die Zukunft und darin vor allem "skeptischer Optimismus". Hierbei bezieht sich "Skepsis" auf die verlorengegangene Illusion schneller Erfolge in diesem schwierigen Marktsegment und "Optimismus" auf die bereits heute sichtbaren langfristigen Erfolge hinsichtlich kontinuierlicher Zusammenarbeit zwischen Bildungsträger und Betrieb. Letzteres erfordert allerdings fachliche und überfachliche Kompetenz bei den Bildungsberatern sowie deren ganzen Einsatz, es bedeutet eine Langfriststrategie beim Bildungsträger mit erheblichen finanziellen, organisatorischen und personellen Vorleistungen.

Nach wie vor gilt die Ausgangslage, daß KMU mit ca. 75 % aller Beschäftigten in Deutschland das interessanteste Marktsegment für Weiterbildungsträger darstellen.

Nach wie vor gilt aber auch die Ausgangsfeststellung, daß der Weiterbildungsbedarf in diesem Marktsegment vor allem latent und nicht manifest vorhanden ist und daß die meisten Bildungsträger große Probleme haben, sich auf diese Klientel mit Angeboten und Service einzustellen.

In Abwandlung des bekannten Marketing-Spruchs "Es gibt viel zu tun - packen wir's an!" könnte unsere Situation wie folgt zusammengefaßt werden: "Es wurde bereits viel getan und es lohnt sich, weiter anzupacken!"

1 Bildungsmarketing als strategische Realisierung des Konzepts der "Lernenden Organisation" in KMU

Eine (Re-)focusierung der Zielsetzung von Bildungsmarketing im Segment der KMU

Anhand der Literatur und vor allem auf Basis einer ersten Betriebsbefragung im Modellvorhaben[1] wurde 1990 das Marketingkonzept des Projekts in groben Zügen umrissen.[2]
Zum besseren Verständnis der empirischen Befunde und zur weiteren Anregung von Fachdebatten hierzu soll kurz auf dieses Konzept eingegangen und eine Fortentwicklung der Überlegungen vorgestellt werden.

1.1 Die "Integration des externen Faktors" als grundlegende Überlegung des Bildungsmarketing

Der zentrale Gedanke, der hinter der Strategie der "Integration des externen Faktors" steht, ist die Überwindung der Produktorientierung beim Bildungsträger zugunsten einer Kunden- und Prozeßorientierung.
Die klassische Angebotspolitik der Bildungsträger im Weiterbildungsbereich, die ein fertiges Lehrkonzept oder ein fertiges Curriculum den Betrieben anbietet, stößt insbesondere bei kleinen und mittleren Betrieben zunehmend auf Ablehnung. Dafür zeichnen im wesentlichen drei Gruppen von Ursachen verantwortlich:

- Erstens sind die Empfänger dieser Angebote in KMU in der Regel keine Fachleute der Personalentwicklung bzw. der Weiterbildung. Entsprechend schwierig ist für sie die Einschätzung der Weiterbildungsnotwendigkeiten und die Selektion adäquater Maßnahmen. Unsicherheit führt hier häufig zu genereller Ablehnung, zur Verlagerung der Weiterbildungsverantwortung in die Privatsphäre der Mitarbeiter, zur Kritik am staatlichen Bildungssystem und zu einer Tendenz, Weiterbildungsträger eher mißtrauisch zu sehen. Systematische Weiterbildungsplanung ist für die meisten dieser Betriebe ein Fremdwort, sie fühlen sich von der Flut der Anbieterbroschüren eher belästigt als informiert. Das heißt, die klassischen Werbestrategien

---

1 Stahl, T.; Stölzl, M.: Modellversuch Bildungsmarketing und neue Technologien in Klein- und Mittelbetrieben, Regensburg 1989
2 Stahl, T.: Bildungsmarketing und neue Technologien in Klein- und Mittelbetrieben, Berlin 1990

treffen auf eine Klientel, die nur sehr schwer eine Verbindung zwischen den Weiterbildungsangeboten und ihrer täglichen Betriebsrealität herstellen kann.[3]

- Zum zweiten wird das berufliche Lernen und insbesondere das kontinuierliche Lernen in den Betrieben, in denen seine Bedeutung erkannt wird, immer mehr zu einer Tätigkeit, die mit dem Betriebsablauf, mit der Organisation und den Arbeitsprozessen integriert abläuft und damit nicht so ohne weiteres durch externe Lehrgänge bedient werden kann.

Stichworte wie "arbeitsplatznahes Lernen", "Integration von Arbeiten und Lernen", Betriebe als "Lernende Organisation" machen deutlich, daß gerade in lernintensiven Betrieben derartige Prozesse als außerordentlich bedeutsam für Organisationsentwicklung erkannt sind und gerade deshalb vorwiegend in den Betriebsalltag integriert werden sollen.[4]

Führungsrollen im Betrieb übernehmen Weiterbildungsfunktionen und Weiterbildung wird zum Führungsinstrument. Das heißt, wenn Betriebe mit der strategischen Bedeutung von Personalentwicklung Ernst machen, muß das bedeuten, daß Weiterbildungsprozesse so nah wie möglich am Arbeitsgeschehen stattfinden, daß Rückkoppelung zwischen Lernen und Arbeiten, aber auch zwischen Lernen und Organisationsveränderungen stattfinden.[5]

Der Begriff des Lernens erfährt hier einen Bedeutungswandel. Es geht nicht nur um das Lernen von individuellen Mitarbeitern zum Zwecke einer besseren Handhabung vorgegebener Arbeitsaufgaben. Es geht vielmehr darüber hinaus um das Lernen ganzer Unternehmen zum Zwecke der aktiven Anpassungs- und Innovationsleistung in sich ändernden Märkten. Natürlich sind auch hierfür die individuellen Lernprozesse zentral, aber Lerngegenstände und Lernziele verändern sich stark. Wenn Unternehmenslernen der Zweck ist, dann liegt der Schwerpunkt des individuellen Lernens nicht im Erlernen bestimmter Technologien, sondern im Erlernen der spezifischen Anwendung dieser Technologie für das Unternehmen. Die effiziente Arbeitshandlung und ihre kreative Verbesserung läßt sich am ehesten

---

3　Vgl. u.a. Bardeleben, R. et al: Weiterbildungsaktivitäten von Klein- und Mittelbetrieben im Vergleich zu Großbetrieben, in: BWP 6/1989, S. 3 ff; Paulsen, B.; Weiterbildung und Organisationsentwicklung in Klein- und Mittelbetrieben, in: BWP 3/4(1987), S. 102 ff.

4　Vgl. z.B. Paulsen, B.: Arbeitsorientiertes Lernen im Weiterbildungsverbund, in: BWP 1/1991, S. 31 ff. Meyer-Dohm, P.; Bildungsarbeit im lernenden Unternehmen, in: Meyer-Dohm, P. und Schneider P. (Hrsg.); Berufliche Bildung im lernenden Unternehmen - Neue Wege zur beruflichen Qualifizierung, Stuttgart, Dresden 1991, S. 19-31, insbes. S. 27 f.

5　Vgl. Meyer-Dohm, P.: Lernen im Unternehmen - Vom Stellenwert betrieblicher Bildungsarbeit, in: Meyer-Dohm, P. und Schneider P. (Hrsg.); Berufliche Bildung im lernenden Unternehmen - Neue Wege zur beruflichen Qualifizierung, Stuttgart, Dresden 1991, S. 195-211, insbes. S. 202 ff.

am Arbeitsplatz in der Arbeitsumgebung erlernen. Wenn große Betriebe, wie z.B. Mercedes-Benz in Gaggenau, ihre Lehrwerkstätten weitgehend auflösen und die Ausbildungsprozesse direkt in die Produktion verlegen, so ist dies ein Indikator für diese Tendenz in fortschrittlichen Unternehmen.[6]
Es ist zugleich ein Indikator für die zunehmende Ablehnung externer "Lehrgangskonzepte" für die Weiterbildung der Mitarbeiter im Betrieb.[7]

- Zum dritten wird die inhaltliche Ausrichtung, die Organisation und die Kostenkalkulation der Weiterbildungsangebote externer Träger immer noch stark von schulorientierten Grundsätzen bestimmt. Die Anwendungsseite im Betrieb wird wenig reflektiert.

Die Lehrinhalte orientieren sich entsprechend an Vollständigkeitsüberlegungen zu einem bestimmten "Lehrstoff", sie sind technik- oder wissenschaftszentriert und nicht anwendungsorientiert. Organisation der Lehre orientiert sich am Schulklassenprinzip, das trifft auch auf die Kostenkalkulation zu. Jahrelange Erfahrungen der Träger mit AFG und Arbeitsverwaltung haben diese Orientierung eher befestigt. Ganz abgesehen davon, daß derartige Lehrformen in Relation zu den aktuellen Qualifikationserfordernissen in modernen Betrieben nicht adäquat sind, ist es für KMU undenkbar, mehrere Mitarbeiter für längere Zeit zu entbehren und die anfallenden Kosten dafür aufzubringen.

Der Weiterbildungsmarkt im Segment der beruflichen Weiterbildung für KMU ist somit auch durch eine doppelte Problematik für Bildungsträger charakterisiert:

- Einerseits gibt es die immer noch bedeutsame Zahl von KMU, für die systematische Mitarbeiterweiterbildung ein Fremdwort ist. Hier bestehen die Anstrengungen des Marketing vor allem in Markterschließungsprozessen. Diese haben auch im Modellvorhaben bis heute einen großen Stellenwert. Werbestrategien, Gesprächsführung und das Anknüpfen an ablehnende Argumentationsfiguren sind Stichworte dieser Tätigkeit.

- Andererseits stehen wir vor dem Paradox, daß mit wachsendem Bewußtsein in den Betrieben bezüglich der unternehmensstrategischen Bedeutung von Personalentwicklung und Weiterbildung eine sinkende Akzeptanz der klassischen externen Weiterbildungsangebote "von der Stange" einhergehen.

---

6 Vgl. Fischer, H.P.: Vom Anbieter- zum Käufermarkt. Zur Dezentralisierung betrieblicher Bildung, Vortrag, Hamburg 1991
7 Vgl. Stahl; T., Stölzl, M.: Regensburg 1989

Für die Projektaktivitäten besteht die praktische Schwierigkeit der Bildungsberater in der Tatsache, daß sie in einer vollkommen heterogenen Betriebswelt operieren, in der sie mit inadäquaten, veralteten Ansichten ebenso konfrontiert werden wie mit den innovativsten Anforderungen, für die u.U. der eigene Träger noch keinen Präzedenzfall bietet.

Bevor diesen Schwierigkeiten und den bislang sichtbaren Lösungen weiter nachzugehen ist, soll zunächst das Prinzip der "Integration des externen Faktors" weiter erläutert werden.

Zur Bearbeitung der skizzierten Probleme im Marktsegment erscheint eine Marketingstrategie notwendig, die von vornherein die Betriebsverantwortlichen und die betroffenen Mitarbeiter in die Erstellung der Dienstleistung mit einbezieht.

Drei Stufen eines integrierten Dienstleistungsprozesses lassen sich dabei identifizieren, die sowohl im Paket als auch als einzelne Leistung des Bildungsträgers eine neue Qualität der Zusammenarbeit mit den Betrieben anzielen:

Abbildung 1:

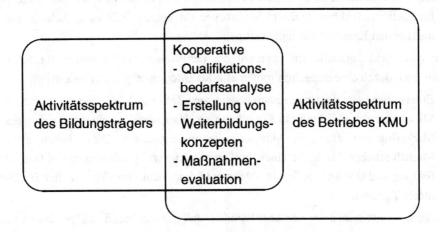

- Qualifikationsbedarfsanalyse und Bildungsberatung kennzeichnen den sachlich ersten Schritt des strategischen Marketing. Ein neues kooperatives Modell der Bedarfsanalyse wird vorgestellt, welches externes Expertentum ebenso wie betriebsinternes Know-how nutzt, um optionale Personalentwicklungsplanung in Gang zu setzen. Mitarbeiterakzeptanz und notwendige Motivation zur Bewältigung der Technologieimplementation und der Weiterbildungshürden werden über die Mitarbeiterbeteiligung an dieser Planung zusätzlich sichergestellt.

Abbildung 2: Qualifikationsbedarfsanalyse (potentialorientiert)

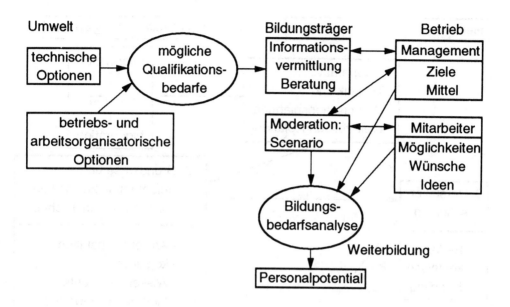

Eine derart durchgeführte Qualifikationsbedarfsanalyse wird zugleich permanenter Prozeß der Organisationsentwicklung und der Personalentwicklung nach dem Verständnis vom Unternehmen als "Lernende Organisation". Innerbetriebliche Weiterbildungskreise (Rüdenauer 1990) wären ein Beispiel derartiger Innovation.

- Erstellung und Durchführung "maßgeschneiderter Weiterbildung" auch für kleine und mittlere Betriebe zu finanzierbaren Preisen und in adäquaten Organisationsformen.

Abbildung 3: Integriertes Gesamtkonzept mit verschiedenen Trägern und Lernorten

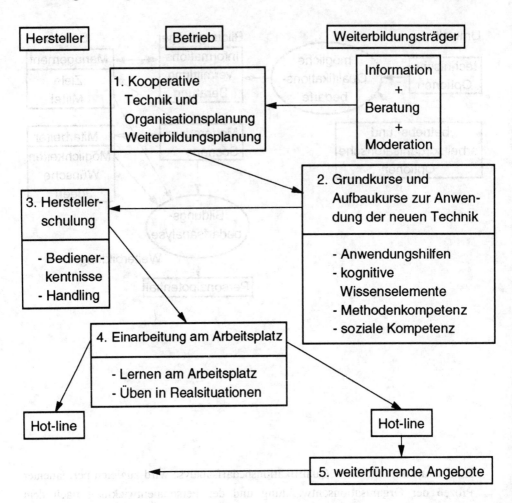

Die o.a. Bedarfsanalyse muß neben der Ermittlung der Qualifizierungsbedarfe auch die finanziellen und organisatorischen Schranken des Betriebes erfassen und entsprechend in realisierbare Curricula münden.

Neben der Bereitstellung flexibel kombinierbarer Weiterbildungsmodule sieht das Marketingmodell des Modellvorhabens die Organisation von Lernortkombinationen und auch von gestuften Trägerkombinationen vor. Insbesondere die externe Unterstützung des Lernortes Arbeitsplatz, die Unterstützung des Selbstlernens und die sinnvolle Integration von Herstellerschulungen in ein Gesamtkonzept des Lernens sollen Weiterbildung auch für kleine und mittlere Betriebe wieder finanzierbar und organisierbar machen.

Bezüglich der bedeutsamen Entwicklung neuer Tätigkeits- und Lerninhalte im Betrieb und den berufspädagogischen Methoden zur Durchführung des Lernens soll hier nur erwähnt werden, daß diese Lernmodule und ihre Kombination zu Gesamtcurricula die neuen Qualifizierungserfordernisse bezüglich hybrid angelegter Facharbeitertätigkeiten zu berücksichtigen haben. Methoden- und Sozialkompetenz werden hierbei ebenso wichtig wie kognitive Fähigkeiten und fachübergreifende Kenntnisse (Sonntag 1985). Vor diesen Inhalten, aber auch vor der Perspektive des arbeitsplatznahen Lernens (Paulsen 1991) ist der Einsatz der entsprechenden CBT, ...).[8]

Der Einsatz von kombinierbaren Modulen trägt zur Finanzierbarkeit und zur Organisierbarkeit des speziellen Angebots bei.

- Die gemeinsame Maßnahmenbewertung und Evaluation nach Abschluß der Weiterbildung dient der Qualitätssicherung und der Vorbereitung weiterer Maßnahmen. Im Zentrum dieser Bewertung stehen gemeinsam entwickelte Erfolgskriterien, die den Weiterbildungserfolg an den praktischen Umsetzungen des Gelernten im Betriebsalltag vor dem Hintergrund der Betriebsziele messen.

---

8 Vgl. Decker, F.: Aus- und Weiterbildung am Arbeitsplatz. Neue Ansätze und erprobte berufspädagogische Programme, München 1985, Lexika-Verlag, Weiterbildung - Strukturen und Aspekte, Bd. 7; Reetz, L.; Zum Konzept der Schlüsselqualifikationen in der Berufsbildung, Teil I, in: BWP 18(1989)5, S. 3-10, Teil II, in: BWP 18(1989)6, S. 24-30; Lennartz, D.: Thesen zu Schlüsselqualifikationen und Qualifizierungskonzepte, in: Laur-Ernst, U. (Hrsg.); Neue Fabrikstrukturen - veränderte Qualifikationen. Ergebnisse eines Workshops. BIBB-Reihe: Tagungen und Expertengespräche zur beruflichen Bildung, Heft 8, Berlin 1991; Zimmer, G. (Hrsg.): Interaktive Medien für die Aus- und Weiterbildung; Marktübersicht, Analysen, Anwendung (Reihe Multimediales Lernen in der Berufsbildung, Bd. 1), Nürnberg 1990; Zimmer, G.: Neue Weiterbildungsmethoden mit multimedialen Lernsystemen, in: BWP 20(1991)5, S. 2-9

Abbildung 4: Modulkonzept für "maßgeschneiderte" Weiterbildung

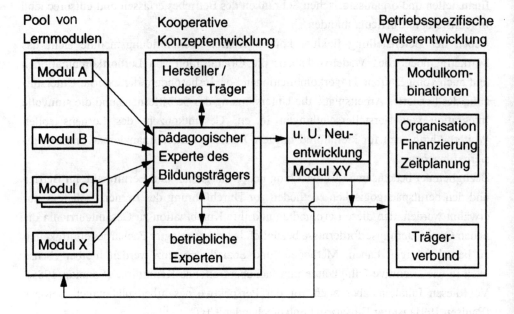

Die Weiterbildungsträger müssen lernen, daß weder die gängigen Instrumente zur Messung der Teilnehmerakzeptanz noch lernzielorientierte Tests mit abschließender Zertifizierung für den Betrieb interessant sind. Die zumindest plausible Verknüpfung von Weiterbildung und ökonomischen Parametern muß das Ziel der gemeinsamen Evaluationsbemühungen sein. Derartige gemeinsame Plausibilitätsebenen lassen sich Veränderungen der Arbeitsqualität und -produktivität herstellen.[9]

Die Zusammenarbeit von Betrieb und Bildungsträger im Rahmen der drei Schritte soll im Idealfall als Rückkopplungsschleife stabilisiert und langfristig angelegt sein.

Verstetigung der Kooperation im Sinne einer langfristigen und multidimensionalen Dienstleistungsproduktion/-konsumtion läßt sich über Evaluation bzw. Nachsorge sicherstellen. Diese Evaluation wirft neue Weiterbildungsbedarfe etc. auf.

---

9 Vgl. Bronner, R. und Schröder, W.: Weiterbildungserfolg. Modelle und Beispiele systematischer Erfolgssteuerung; Handbuch der Weiterbildung für die Praxis in Wirtschaft und Verwaltung, Bd. 6, München und Wien 1983; Will, H.; Winteler, A. und Krapp, A.: Von der Erfolgskontrolle zur Evaluation, in: Will, H.; Winteler, A. und Krapp, A. (Hrsg.): Evaluation in der beruflichen Aus- und Weiterbildung. Konzepte und Strategien, Schriftenreihe Moderne Berufsbildung, Bd. 10, Heidelberg 1987, S. 11-42, insbes. S. 35-40

Abbildung 5:

Dieser knappe Abriß der Dienstleistungen, die im Rahmen des Bildungsmarketing eine neue Qualität der Zusammenarbeit zwischen Bildungsträger und Betrieb bewerkstelligen sollen, macht bereits deutlich, daß sich das Dienstleistungsspektrum der Bildungsträger stark in Richtung Betriebsberatung verschiebt.[10] Das hat Auswirkungen auf die innere Struktur der Bildungsträger.

1.2 Bildungsträger als integrierte Dienstleistungszentren: Organisationsentwicklung als Konsequenz des Marketing

Die weiter oben dargestellten Kooperationsschritte zwischen Bildungsträger und Betrieb im Marketingprozeß verweisen zunächst auf die notwendige Verfügbarkeit von neuen beratenden Dienstleistungen beim Bildungsträger.

Sowohl zur Bedarfsanalyse wie zur Konzipierung und Organisation der betriebsspezifischen Weiterbildungsmaßnahme als auch zur Maßnahmenbewertung sind beratende Dienstleistungen notwendiger Bestandteil des Angebotes. Diese Beratungen setzen technische, arbeitsorganisatorische, pädagogische und sozialwissenschaftliche Kenntnisse voraus.

Hier werden mehrere Fragen der Professionalisierung dieser neuen Funktion im Bildungsbereich aufgeworfen. Es müssen Fragen nach dem Qualifikationsprofil und den entsprechenden Curricula zur Herstellung dieses Profils und Fragen nach den Kompetenzgrenzen beantwortet werden. Vergleichbar wichtig ist die Klärung der Finanzierbarkeit dieser Beratungsleistung. Unmittelbare Bezahlung durch den Kunden

---

10 Vgl. Kailer, N.: Möglichkeiten der Kooperation zwischen Weiterbildungsinstitutionen und Unternehmen, in: ders., Neue Ansätze der betrieblichen Weiterbildung in Österreich, Bd. II, Wien 1987, S. 123 ff.

sowie Mischfinanzierung über Kursgebühren werden erprobt. Materialien und Instrumente zur Unterstützung dieser Beratungsleistung müssen verfügbar sein.
Im Rahmen des Projekts wird ein "Bildungsberaterkoffer" erstellt, der kundenorientierte Angebote, Leitfäden zur Bildungsbedarfsanalyse, Hinweise zur Curriculumplanung, Hinweise zur Maßnahmenevaluation, Hilfen für Gesprächsführung etc. enthalten soll.
Ein neuer Typ von Mitarbeiter wird damit zur Realisierung des strategischen Marketing beim Bildungsträger zentral: der "Bildungsberater" oder der "Bildungsmanager". Dieses neue Berufsbild gemeinsam mit den neuen Leistungsanforderungen stellt die Bildungsträger vor Probleme der Reorganisation und der Personalentwicklung.
Während das pädagogische Stammpersonal der Bildungsträger zunehmend beratende und organisatorische Funktionen der "Bildungsberatung" (und damit des Marketing) übernehmen muß, lassen sich die reinen Dozententätigkeiten im Sinne einer kapazitären Flexibilität zunehmend über externe Experten abdecken. Insbesondere für das Stammpersonal sind tiefgreifende Professionalisierungsbemühungen der Bildungsträger notwendig.
Für den Bildungsträger bedeutet die derart verstandene Marketingkonzeption die Abkehr von der Produktorientierung und die Hinwendung zur Kundenorientierung. Diese Veränderung, die in den meisten Produktions- und Dienstleistungsbetrieben gegenwärtig Raum greift, scheint bei Bildungsträgern auf allen Ebenen besonders schwierig durchsetzbar.
Die klassische Vorstellung der Berufspädagogik von der heilsamen Verbreitung wertegesättigter und wissenschaftlich elaborierter Curricula in einer wenig informierten Anwenderszene läßt sich nur langsam verändern. Hinzu tritt die Tatsache, daß derartige Vorgehensweisen bis heute im Bereich AFG-Weiterbildung von der Arbeitsverwaltung honoriert werden. Die Erfahrungen mit Bildungsmarketing zeigen, daß derartige Tradierungen bei der notwendigen Umstrukturierung der Arbeitsorganisation des Bildungsträgers nicht einfach zu überwinden sind.
Maßgeschneiderte Weiterbildung für Betriebe bedeutet projektbezogene Prozeßorientierung, die u.U. mit den produktbezogenen Linienstrukturen kollidiert. Laterale Vernetzung aller Bereiche des Bildungsträgers wird bedeutsam, etwa bei der Nutzung der Betriebskontakte, die in unterschiedlichen "Sparten" des Bildungsgeschäfts anfallen. (Beispiel: Vermittlung von Praktikanten im AFG-Markt vs. Weiterbildung von Mitarbeitern im Betrieb)

Abbildung 6:

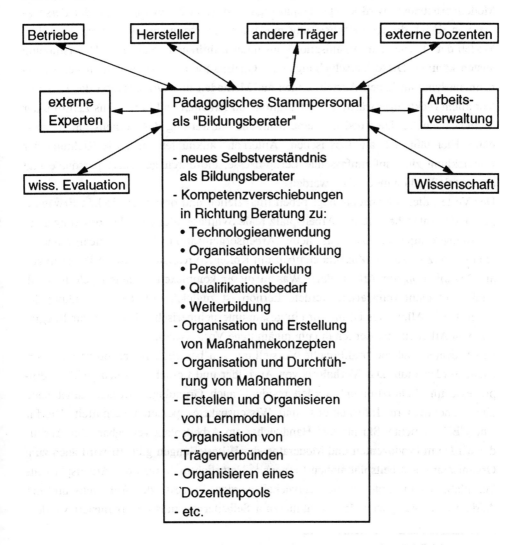

Auch Bildungsträger müssen sich vor dem Hintergrund der betrieblichen Bedarfe zur "Lernenden Organisation" entwickeln, deren Mitarbeiter- und Strukturflexibilität den Herausforderungen der Zukunft gewachsen ist. Dies verlangt vom Bildungsträger bezüglich Investitionen und Organisation langfristiges Denken und Planen, auch in den Bereichen Organisationsentwicklung und Personalentwicklung.

Diese Zusammenfassung der Überlegungen zum spezifischen Marketingkonzept des Modellvorhabens[11] wird komplementär ergänzt durch Überlegungen aus der Perspektive von KMU, die eine Realisierung moderner Unternehmensentwicklung nach dem Modell der "Lernenden Organisation" nur unter Zuhilfenahme externer Unterstützung leisten können. Diese Verschiebungen im Qualifikationsspektrum und in der Unternehmensdynamik haben Auswirkungen auf Methoden und Organisation des Lernens. Vor allem rückt gegenwärtig die Integration von Arbeiten und Lernen ins Zentrum der Methodendebatte. Dies bedeutet eine deutliche Aufwertung des Lernens am Arbeitsplatz. Hier läßt sich am klassischen "Anlernen" anknüpfen, aber die Richtung der Entwicklung zielt auf umfassende Lernprozesse, die durch geeignete personale und apersonale Medien unterstützt werden.[12]

Der Vorteil dieses Konzepts liegt neben finanziellen und organisatorischen Erwägungen in der Tatsache, daß der Arbeitsplatz reale Synthese aller Einzelanforderungen an Handlungskompetenz ist. Das heißt Arbeitsorganisation, Technologieanwendung, laterale Netzwerke (die Zusammenarbeit mit Kollegen) realisieren ihre Anforderungen an Qualifikation am Arbeitsplatz. Was in dieser komplexen Situation gelernt wird, muß nicht mehr transferiert werden. Lernort ist zugleich Ort der Anwendung des Gelernten.[13] Allerdings ist hierfür ein gesamtunternehmerisches Konzept zur Integration von Arbeiten und Lernen die unumgängliche Voraussetzung.

Das bedeutet, daß die traditionelle Vorstellung von beruflichen Lernprozessen überdacht werden muß. Das Verhältnis von Ausbilder und Lerner wird neu gefaßt: Lernprozesse im "Schulzimmer" werden residual, auch Grundlagen werden zunehmend über standardisierte Informations- und Wissenspakete apersonal vermittelt. Hierfür sind CBT-Elemente, Skripte und Handbücher am Arbeitsplatz verfügbar. Der Ausbilder wird zum Produzenten und Moderator, der Hilfestellungen gibt. Er wird auch zum Organisator des arbeitsplatznahen Lernens.[14] Natürlich muß auch der Arbeitsplatz als Lernplatz erst im Unternehmen entwickelt werden. Prozesse des Anlernens und der Ausbau einer geeigneten Infrastruktur zum Selbstlernen müssen organisiert werden.

---

11 Vgl. ausführlich T. Stahl 1990

12 Vgl. Witzgall, E.; Wöcherl, H.: Qualifizierungskonzept für Lernungewohnte in mittleren Industriebetrieben. Projektbericht für das Bundesinstitut für Berufsbildung, Dortmund 1989; Schlottau, W.: Ausbilden und Lernen am Arbeitsplatz - ein Entwicklungsprozeß. Ziele und Aktivitäten des Arbeitskreises "Dezentrales Lernen", in: BWP 21(1992)4, S. 40-44;

13 Vgl. Fischer, H.-P.: Lernen am Arbeitsplatz, in: Jahrbuch Weiterbildung 1991, S. 132-135;

14 Vgl. Ohm, Ch. und Treeck, W.: Arbeits- und organisationswissenschaftliche Aspekte des Einsatzes von Lernsoftware, in: Zimmer, G. (Hrsg.): Interaktive Medien für die Aus- und Weiterbildung; Marktübersicht, Analysen, Anwendung (Reihe Multimediales Lernen in der Berufsbildung, Bd. 1) Nürnberg 1990, S. 93-101, insbes. S. 99

Linienmanager werden als Tutoren und Helfer beim Lernen bedeutsam. Experten müssen zu Multiplikatoren entwickelt werden.

Grundlegende Einstellungen der Manager müssen sich ändern. Lernen und Arbeiten müssen als gleichermaßen bedeutsame Tätigkeiten für den Erfolg des Unternehmens begriffen werden. Sowohl Manager als auch Weiterbildner erfahren eine reziproke Rollenerweiterung: Manager übernehmen Trainingsleistungen und Weiterbildner übernehmen Führungsaufgaben.

Abbildung 7:

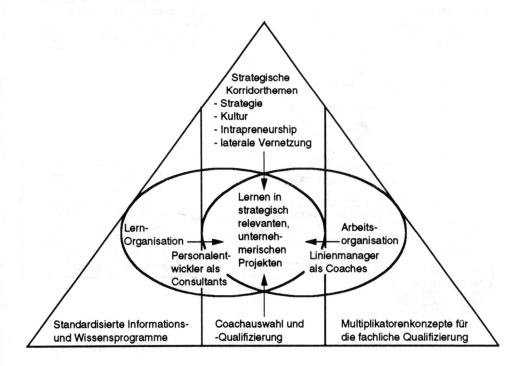

(vgl. T. Sattelberger) [15]

---

[15] Vgl. Sattelberger, T:; Lernen auf dem Weg zur Lernenden Organisation, in: Geißler, H. (Hrsg.): Neue Qualitäten betrieblichen Lernens, Frankfurt/M., Bern, New York, Paris 1992, S. 61

Schließlich bedeutet das Zusammenwirken von Lernen und Arbeiten auch Strukturveränderungen der Organisation im Sinne einen Lernens der Organisation. Task-force, Qualitätszirkel, Weiterbildungskreise und Planungsrunden können organisatorische Instrumente zur Systematisierung des Organisationslernens sein.[16]

Abbildung 8: Strategische Orientierung der Personalentwicklung

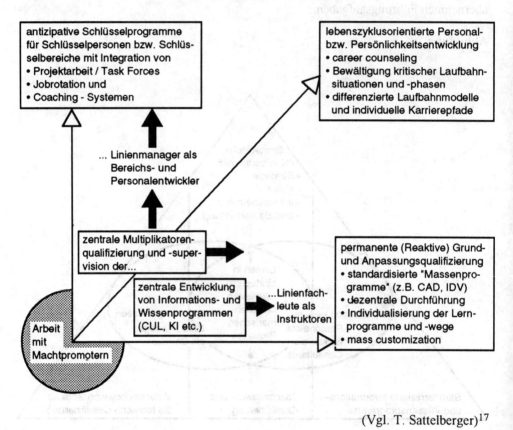

(Vgl. T. Sattelberger)[17]

---

16 Vgl. hierzu: Debener, S. und Siehlmann, G.: Arbeitsorientiertes Lernen - lernorientiertes Arbeiten, in: Lernfeld Betrieb 5+6/1990, S. 44-46; Siehlmann, G.; Debener, S. und Ross, D.: Gutachten Lernorientiertes Arbeiten - Arbeitsorientiertes Lernen, hrsg. vom Bildungswerk der Hessischen Wirtschaft e.V., Frankfurt 1991

17 Sattelberger, T.: 1992, S. 77

Personalentwicklung bedeutet hierbei:
- Arbeit mit Linienexperten als Instruktoren
- Arbeit mit Linienmanagern als PE + Coaches
- Persönlichkeitsorientierte PE.

Methodisch wird in einem derartigen Verständnis von arbeitsplatznaher Weiterbildung Selbstlernen zum zentralen Element pädagogischer Ansätze. Im Rahmen der bekannten Schlüsselqualifikationskonzepte wird Selbstlernkompetenz zentral. Sie ist Voraussetzung zum Lernen am Arbeitsplatz. Sie ist auch die personale Voraussetzung für künftigen Professionalismus, wenn man dem raschen Wissensverschleiß und der Dynamik von Arbeitsmärkten erfolgreich begegnen will.[18] Entsprechende Methoden, die Selbstlernen fördern und nutzen, werden bedeutsam (Leittexte, Projekte, heuristische Regeln ...).[19]

Zentral für die Entwicklung der Betriebe zur "Lernenden Organisation" sind strukturelle, organisatorische Maßnahmen, die eine aktive Rückkoppelung von Lernen und Arbeiten ermöglichen, um die Entwicklung der Organisation als Resultat gemeinsamer Lernprozesse voranzutreiben.

Beispiele hierfür finden sich in vielen Unternehmen.[20]

Wie lassen sich diese Überlegungen in kleinen und mittleren Unternehmen realisieren?

Ergebnisse einer Untersuchung der Kommission der EG 1990:[21]

o 99,9 % aller Unternehmen in Europa haben zwischen 1 und 499 Mitarbeiter und gelten deshalb als KMU.
o Es gibt nur 0,01 % Großbetriebe in Europa.
o 71,9 % aller Mitarbeiter sind in KMU beschäftigt, 28,1 % der Beschäftigten arbeiten in Großbetrieben.

---

18 Nyhan, B.: Developing peoples ability to learn, Brüssel 1991
19 Vgl. z.B. Frey, K. 1991; Koch, J. 1992; Meerten, E. 1992; Weissker, D. 1991; Schneider, P. 1991; Witzgall, E. und Wöcherl, H. 1989
20 Debener, S.; Siehlmann, G.; Koch, J.: Arbeitsorientiertes Lernen - Lernorientiertes Arbeiten, 1992, z.B. Lernstatt Krupp, Lernstatt Magnetfabrik Dortmund; Stahl, T.; D'Aloja, P.; Nyhan, B.: The learning organisation, Brüssel 1992
21 Commission of the European Communities, Enterprise in the European Community, Brüssel 1990

Abbildung 9:

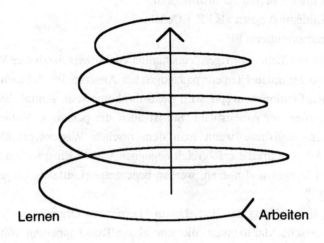

Untersuchungen aus den USA zu Beginn der 80er und in Deutschland Mitte der 80er ahre belegen, daß Beschäftigungsimpulse vor allem aus KMU kamen, während Großbetriebe immer noch Mitarbeiter freisetzen.[22] KMU sind demgemäß der bedeutendste Faktor positiver Beschäftigungswirkungen. KMU sind mit 43,7 % an der Bruttowertschöpfung in Deutschland (alte Bundesländer) beteiligt.

Das heißt, sowohl die künftige Konkurrenzfähigkeit der europäischen Wirtschaft auf dem Weltmarkt gegenüber Japan, Südostasien und den USA wie auch die Zukunft der Beschäftigten und (leider auch) der Arbeitslosigkeit, hängen entscheidend von der Entwicklung der KMU ab.

Der wachsenden Zahl von Unternehmensgründungen im Bereich KMU - die vor allem zum Beschäftigungswachstum beitragen - steht eine ebenfalls wachsende Zahl von Insolvenzen und Stillegungen im gleichen Betriebssegment gegenüber. Das Beschäftigungssaldo dieser Fluktuation ist zwar momentan positiv, aber die hohen Raten von Betriebsaufgaben aufgrund einer Insolvenz im Bereich KMU sind gleichwohl alarmierend und verlangen weitere Ursachenanalyse.

Diese Beschreibung läßt die mangelnde Managementkompetenz in diesen Betrieben erkennen, insbesondere auch im Bereich OE und PE, wenn es um die betriebliche Bewältigung der Implementation neuer Technologien geht.

---

22 Birch, D.: The contribution of small enterprises to growth and employment, in: Giersch, H. (ed.): New opportunities of entrepreneurship, Tübingen 1984, S. 1 ff.

Alle Untersuchungen in diesen Unternehmen zeigen eklatante Planungsdefizite in allen Bereichen, die mit systematischer Organisationsentwicklung und der Entwicklung des eigenen Personalpotentials zu tun haben (vgl. hierzu u.a. Paulsen, Semlinger, Evers, Fritsch, Kleine). Es gibt starke Indizien dafür, daß genau dies die entscheidenden Erfolgsfaktoren der unternehmerischen Tätigkeit in den 90er Jahren sind.

Die erwähnten Veränderungen von angebotsorientierten Marktstrukturen in kundenorientierte Marktstrukturen sowie die Anwendung datenverarbeitungsgestützter Techniklinien treffen auf kleine und mittlere Unternehmen, die einerseits günstige Modernisierungsvoraussetzungen mitbringen, die aber auch gravierende Schwächen bezüglich der Bewältigung dieser Herausforderungen zeigen:

Stärken:
- KMU waren seit jeher kundenorientiert. Als Marktnischenproduzenten sind ihnen kleine Serien, Service und Spezialanfertigungen vertraute Phänomene.

- KMU waren nie vollständig taylorisierte Betriebe. Hierarchisierung, Abteilungsabschottung, Overhead-Personal, extreme Arbeitsteilung und Trennung von Kopf- und Handarbeit wurden nie perfektioniert.

- Der Direktkontakt, die laterale Vernetzung, eine gewisse Funktionsbreite sowie Verantwortungsübernahme bei der Arbeit war für die meisten KMU immer Bedingung ihres Überlebens.

Diese gravierenden Unterschiede der KMU gegenüber Großbetrieben sollten ihnen auch heute und in Zukunft aktive Marktanpassung erlauben und die Optionen der datenverarbeitungsgestützten Techniklinien effektiv nutzbar machen.

Schwächen:
- KMU sind nicht nur wenig "taylorisiert", oft fehlt ihnen überhaupt jede Art von systematischer Organisation. Häufig finden wir das charakteristische "Spinnennetz", in dessen Zentrum der Inhaber sitzt, der nach wie vor für alles zuständig ist.
Diese Art der Arbeitsorganisation ist nicht nur wenig effektiv, sie behindert auch die nötige Funktionsintegration auf der Ebene der Mitarbeiter. Entscheidungsfähigkeit und Entscheidungsbereitschaft können in dieser Struktur nicht entstehen.

- KMU haben häufig keine Kompetenzen in den Bereichen Organisationsentwicklung und Personalentwicklung. Es gibt generell kaum langfristige Entwicklungsplanung.
- Mitarbeiterweiterbildung ist häufig auf das Management beschränkt. Selbst in ausbildungsaktiven Betrieben wird wenig für die systematische Weiterbildung der Facharbeiter/Un- und Angelernten getan. Dieser Tatbestand hat neben subjektiven Gründen im traditionellen Denken des Managements vor allem seine Gründe in Problemen bei der Organisation der Weiterbildung (Freistellungsproblem) und in der Finanzierung.

Als Konsequenz dieser Planungs- und Organisationsdefizite ist ein Scheitern der Technologieanwendung und der Modernisierung in KMU häufig anzutreffen. Zunehmende Unternehmensaufgaben in diesem Segment belegen diesen Tatbestand drastisch.

KMU treten bis heute eher selten als Nachfrager auf dem Weiterbildungsmarkt externer Träger auf; intern können sie kaum effektive Weiterbildungsarbeit leisten. Dieses Verhalten der KMU beruht nur zu einem Teil auf ihren o.a. Defiziten. Die Weiterbildungsträger verstärken die negativen Tendenzen durch einen Mangel an praxisgerechten und maßgeschneiderten Angeboten für die Weiterbildungsnotwendigkeiten in KMU.

Für Weiterbildungsträger als Kooperationspartner der Betriebe ergibt sich daraus die Notwendigkeit gemeinsamer Arbeit an der Qualifikationsbedarfsanalyse, an der Erstellung und Durchführung maßgeschneiderter Curricula und an der Bewertung der Maßnahmen vor dem Hintergrund der ökonomischen Parameter des Betriebes. Kriterium dieser Kooperation ist immer der Nutzen für den Kunden, also für den Betrieb.

Derartige Kooperationskonzepte ergeben für die gegenwärtig am Markt agierenden Weiterbildungsträger tiefgreifende Umstrukturierungsnotwendigkeiten. Die Verschiebung ihres Leistungsspektrums von der Maßnahmendurchführung zur Beratung und Betreuung beinhaltet neue Personalpolitik beim Träger ebenso wie neue, flexiblere Organisationsformen in Richtung einer Prozeßorientierung.

Aktuelle Betriebsbefragungen bei KMU belegen diese Notwendigkeit. Andererseits werden aber solche Veränderungsprozesse bis heute noch durch die nach AFG geförderten Maßnahmen mit den eher traditionell orientierten Qualitätsmaßstäben der Arbeitsverwaltung behindert.

Benötigt werden neue Kooperationsformen zwischen KMU und externen Bildungsträgern, die sich tendenziell der "Lernenden Organisation" nähern.

Abbildung 10:

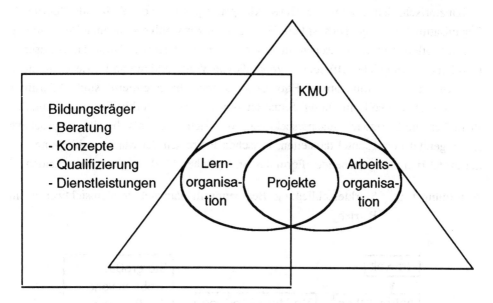

Prinzipiell übernimmt der externe Träger hier den Part der Personalentwicklungs-/ Weiterbildungsabteilung des Großbetriebes. Das heißt, er hilft bei der Entwicklung des arbeitsplatznahen Lernens, er unterstützt diese Lern- und Entwicklungsprozesse der Organisation.[23]

Diese Rolle können externe Träger allerdings nur dann übernehmen, wenn sie ihre Organisationsentwicklung stark in Richtung auf integrierte Dienstleistungen, Kundenorientierung und Projektorientierung vorantreiben. Die klassische Produktorientierung mit entsprechender Angebotspolitik wird zunehmend auch auf den Weiterbildungsmärkten obsolet.

Mit diesen Ausführungen soll verdeutlicht werden, welches die mittel- und langfristigen Entwicklungstendenzen der Bedürfnisse betrieblicher Kunden von Weiterbildungsträgern sind.

---

23 Vgl. Stahl, T.; D'Aloja, P.; Nyhan, B.: The learning organisation, Brüssel 1992

Kundenorientierung im Sinne von strategischem Bildungsmarketing ist immer auch antizipatorisch, hat immer die Entwicklungsperspektive von KMU als "Lernende Organisation" im Auge. Dies ist kein Widerspruch zur wohlverstandenen Befriedigung von aktuellen Kundenwünschen und auch kein Widerspruch zum ökonomischen Desiderat des möglichst effizienten Verkaufs von Weiterbildung an Betriebe, die noch weit von den o.a. innovativen Entwicklungsperspektiven entfernt sind. Allerdings erscheint es sinnvoll, in dieser Situation eines Auseinanderklaffens von aktuellen Realitäten und Entwicklungsperspektiven, die sich auch als bereits besprochene Heterogenität der Klientel darstellen, zwischen Prozessen der Markterschließung und der mittelfristig anzustrebenden Form des strategischen Marketing zu unterscheiden.

Abbildung 11: Markterschließung: Bearbeiten inadäquater Problemsichtweisen im Betrieb

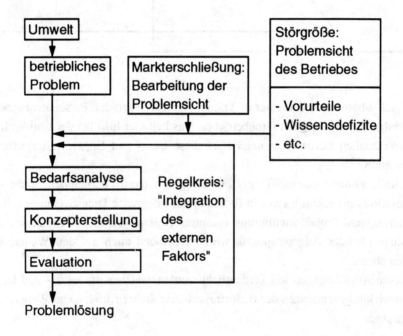

Typen betrieblicher Argumentation als Ansatzpunkt zur Markterschließung

Die aus den Expertenurteilen gebildeten Argumentationstypen[24] betrieblicher Sichtweisen zum Gegenstandsbereich neue Technologien und Weiterbildung der Mitarbeiter werden im folgenden zu Ansatzpunkten einer reflektiert-pragmatischen Markterschließung zusammengestellt. "Pragmatisch" meint dabei das Anknüpfen an vorhandene (Vor-)Urteile der Betriebe. Die Art und Zielrichtung des Anknüpfens soll in Richtung der weiter oben entwickelten Marketingstrategie der "Integration des externen Faktors" geschehen. Dieses produktive und kritische Anknüpfen bezeichnet den "reflexiven" Aspekt der Markterschließung.

Abbildung 12: Markterschließung mittels Argumentationstypen

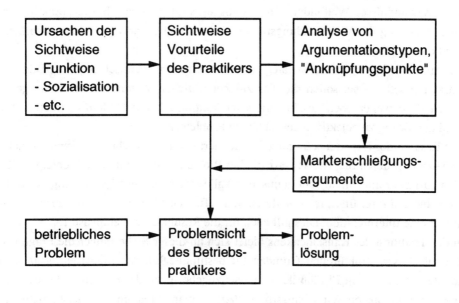

Alle einschränkenden Bemerkungen zum gegenwärtigen Stand dieses Typisierungsversuchs machen deutlich, daß diese Darstellung eher als methodische Anregung denn als fertige Gebrauchsanweisung begriffen werden soll. Ein systematisches Vorantreiben und Differenzieren der Typenbildung während der Laufzeit des Modellvorhabens-

---

24 Vgl. Stahl, T., Stölzl, M. 1990

sowie die Erstellung eines transferierbaren Instruments hierzu wird gegen Ende des Modellversuchs angestrebt.

Anwendungsorientiert ist diese Typisierung insofern, als über die Zusammenstellung weniger typischer Argumentationsgänge den Experten der Bildungsträger argumentative Anknüpfungspunkte für ihr Anliegen "Weiterbildung" gegeben werden sollen. Daß die Qualität dieser "Anknüpfungspunkte" für den Zweck Weiterbildungsmarketing durchaus unterschiedlich brauchbar ist, liegt in der Natur der Sache und ist abhängig von der Realitätsnähe der betrieblichen Sichtweisen.

Wie bereits angedeutet, ergeben sich Ansatzpunkte zu Markterschließungsstrategien im Weiterbildungsmarketing mit kleinen und mittleren Betrieben weniger aus objektiven Problemlagen der Betriebe denn aus der betrieblichen Wahrnehmung dieser Probleme. Die kognitive Einordnung dieser Weiterbildungsproblematik in bestimmte Selbstverständnisse, Weltbilder, Problemlösungsstrategien der Betriebspraktiker hat für den Zugang der Weiterbildungsträger zu dem fraglichen Weiterbildungsmarktsegment die Schlüsselfunktion.

Derartige Markterschließungsstrategien sind noch nicht identisch mit dem Bildungsmarketing selbst - sie sollen die Tür zur betrieblichen Weiterbildungsnachfrage nur öffnen. Wie weiter oben geschildert, setzt kontinuierliches Bildungsmarketing sehr wohl den Bezug zu objektiven betrieblichen Problemen voraus.

Das Resultat der Expertenbefragung[25] reflektiert bei den betrieblichen Experten naturgemäß zuerst deren Sichtweise betrieblicher Probleme und nicht diese Probleme selbst. Man darf zwar annehmen, daß in unserem Falle eine recht enge Verbindung der realen Probleme und ihrer Interpretation durch den befragten Manager besteht - aber es bleibt immer eine Interpretation. Dies gilt auch für die Resultate der Feldphase 1.

In der Tradition des Kausaldenkens bietet sich an dieser Stelle immer die Frage nach den subjektiven/strukturellen Gründen für bestimmte Interpretationsfiguren an. Man könnte z.B. nach dem Einfluß der Branchenzugehörigkeit des Betriebes, der Betriebsgröße, der regionalen Wirtschaftsstruktur/Arbeitsmarktsituation oder der betrieblichen Stellung bzw. Qualifikation des Interviewpartners auf die geäußerten Urteile fragen. Die empirischen Befunde hierzu sind bislang wenig aufschlußreich.

Ohne Vorbehalte ist hingegen das Nachzeichnen typischer Interpretationsweisen innerhalb der einzelnen Interviews möglich. Dabei wird an dieser Stelle auf den quantifizierenden Aufwand von hermeneutischen Sequenzanalysen verzichtet. Nach Abschluß der Feldphase 2 kann derartiges mit größerem inhaltlichen Gewinn ins Auge gefaßt werden.

---

25 Stahl, T.; Stölzl, M. 1989

Es geht hier lediglich um die möglichst exakte Wiedergabe betrieblicher Argumentationsweisen und der dahinterstehenden Denkmuster. Das Mittel der abstrahierenden Typisierung folgt ausschließlich qualitativ-inhaltlichen Kriterien und bezweckt die anwendungsorientierte Zusammenfassung differenzierter Äußerungen der Interviewpartner.

Die empirischen Befunde der Feldphase 1, deren Interpretation bezogen auf das skizzierte Marketingkonzept in den folgenden Kapiteln im Mittelpunkt steht, reflektieren die Dualität von realer Markterschließung und den entwickelten Formen eines zukunftsweisenden Bildungsmarketings. Diese Dualität erklärt scheinbare Widersprüche im Nachfrageverhalten der Betriebe und auch in den erfolgreichen Beratungs- und Verkaufsaktivitäten der Bildungsberater.

Spiegelt einerseits die hohe Akzeptanz der integrierten Dienstleistungen bei den Betrieben, die "Prosumer"qualitäten des Managements voraussetzen, die innovativen Tendenzen unternehmerischer Entwicklungen in den KMU wider, so drückt die Ratlosigkeit bei manchen Betrieben, die in der Bitte um fertige Weiterbildungskonzepte zum Ausdruck kommt, eine vergleichsweise traditionelle Erwartung aus. Nach unserer Erfahrung wäre es falsch, dem einen oder anderen Typus betrieblicher Erwartungen das Etikett des typischen KMU anzukleben, um fortan hierfür Marketingstrategien zu entwickeln. Den typischen Kleinbetrieb (bezüglich OE und PE) scheint es nicht zu geben. Vielmehr bietet die Realität die gesamte Bandbreite von tradierten "bildungsfernen" Betrieben bis zu Betrieben, die bereits deutliche Züge von "Lernender Organisation" tragen.[26]

Für die Praxis des Bildungsmarketing ergibt sich hieraus die Notwendigkeit, Markterschließung parallel zur "Integration des externen Faktors" zu betreiben. Für die Protagonisten dieses Marketing, die Bildungsberater, ergeben sich hohe Ansprüche an Sensibilität und Einschätzungsvermögen bezüglich der Entwicklungsprozesse im jeweiligen Partnerunternehmen. Sie müssen mit ständigen Wechselbädern unterschiedlicher Akzeptanz fertigwerden. Es ist keine Seltenheit, daß ein Betriebsgespräch am Vormittag den Bildungsberater mit hohen Erwartungen an "full service" konfrontiert, während ein anderer Betriebskontakt am Nachmittag um so elementare Fragen kreist, ob Weiterbildung für die Mitarbeiter überhaupt notwendig ist.

Neben hohen Frustrationstoleranzen ist hier vor allem notwendig, daß nicht von einem Ideal von strategischem Marketing ausgegangen werden darf, als welches die Idee der kontinuierlichen Kooperation zwischen Träger und KMU mißverstanden werden könnte.

---

26 Vgl. Kailer, N.: Bildungsarbeit im Klein- und Mittelbetrieb, Wien 1985

Kundenorientierung meint natürlich immer, daß der Betrieb auf der Basis seiner aktuellen Problemlage und auch des Bewußtseins seines Managements abzuholen ist. Noch sind wir nicht soweit, uns unsere Kunden selbst zu konstruieren. Insoweit sind vergleichsweise bescheidene Marketingerfolge, die z.B. im Verkauf einer einfachen Schulung oder selbst in der Angebotserstellung bestehen, eben Erfolge - und zwar ohne Abstrich. Wichtig ist dabei nur, daß diese Erfolge begriffen werden als *Anfang* eines Kooperationsprozesses, der Kontinuität anstrebt und nicht nur aus der Perspektive des kurzfristigen "Einmal-und-nie-wieder-Geschäfts" bewertet wird.

2 Anlage, Vorbereitung und Durchführung der Feldphase 1

Die Feldphase 1 im Modellvorhaben dauerte vom 1.10.1990 bis zum 31.3.1992.
Während dieser Zeit wurden die praktischen Marketingaktivitäten in ausgewählten Versuchsregionen mittels unterschiedlicher Verfahren dokumentiert.
Nachdem im Modellvorhaben der Entwicklungsauftrag im Vordergrund steht, wurde allerdings auch während dieser Zeit an permanenten Verbesserungen des Konzepts, der eingesetzten Instrumente und Materialien sowie an der Weiterbildung der Bildungsberater gearbeitet.
Das heißt, Evaluation versteht sich eher als formativer Prozeß denn als summative Wirkungsforschung. Dies gilt auch nach der Seite der potentiellen Kontrollgruppen. Frühzeitig wurde gemeinsam mit den Verantwortlichen im bfz entschieden, daß auch die "Nicht-Versuchsregionen" über die Entwicklungen im Projekt informiert werden und an den hierfür erstellten Materialien partizipieren.
Dies schmälert den Anspruch der Forschung im Projekt (insbesondere Wirkungsforschung ist ohne die Kontrollgruppenkonstruktion nicht möglich), neben der erwünschten Breitenwirkung im bfz ergeben sich dafür erste Erkenntnisse bezüglich des Transfers in die Alltagsrealität eines großen Bildungsträgers.
Die Feldphase 1 dokumentiert also in der Realität die ersten 1½ Jahre der gezielten praktischen Umsetzung von Bildungsmarketing auf Basis der Konzeption von der "Integration des externen Faktors" und unter Einschluß verschiedener Instrumente, Methoden und Materialien.
Es kann nicht behauptet werden, daß diese Phase den Bedingungen eines Laborversuchs bezüglich konstanter Rahmendaten auch nur nahe kam. Im Gegenteil, während der Laufzeit dieser Erprobung wurden sowohl Randbedingungen wie Instrumentvariablen gezielt weiterentwickelt. Durchaus im Sinne der Aktionsforschung veränderten sich Kenntnisstand und praktisches Handeln aller Beteiligten in dieser Zeit.

Vergleichbares gilt selbstverständlich auch für die Kundenseite unserer Marketingversuche. Neben den zu vermutenden "Zeitgeisteinflüssen", die ohnehin schwer kontrollierbar sind (in jeder Tageszeitung ist heute viel über die Notwendigkeit zur Weiterbildung zu lesen), gehört es ja geradezu zum Anspruch von Werbestrategien (die Bestandteil des Bildungsmarketing sind), Bewußtsein und Einstellungen der betrieblich Verantwortlichen in unserem Sinne zu beeinflussen. Auch hier läßt sich also schwer feststellen, welche der dokumentierten Änderungen auf betrieblicher Seite dem "Zeitgeist", der weitgestreuten "Werbung" oder den gezielten Direktkontakten zu verdanken sind. Vom Entwicklungsziel des Projekts her wiegt diese Einschränkung allerdings wenig. Genaueres soll später ausgeführt werden.

Die letzte methodologische Einschränkung bezüglich der Konstanz von Rahmenbedingungen betrifft die Organisation des Bildungsträgers selbst. Erneut ist festzustellen, daß während der Laufzeit des Projekts eine Vielzahl von Änderungen und Fortentwicklungen auf allen Ebenen des bfz eher Wandel als Beharrung ausdrücken. Dies ist einerseits banal, wenn man sich die Notwendigkeiten permanenter Innovation vergegenwärtigt, die das Bildungsgeschäft ausmachen. Veränderungen, die auf Konzept und Durchführung der dargestellten Marketingstrategie zurückgehen, sind sogar erwünscht, da sich hier die erhofften und notwendigen Konsequenzen strategischen Marketings darstellen ("Marketing als Unternehmenssteuerung durch den Markt"). Auch hierzu wird weiter unten noch ausführlicher eingegangen.

Zusammenfassend läßt sich sagen, daß die folgenden empirischen Daten, Dokumente und Analysen die Momentaufnahme eines Prozesses darstellen, die in vielen Bereichen einem hochwasserführenden Fluß gleicht.

Dieser Prozeß des Bildungsmarketing nährt sich aus mannigfachen Quellen, die nicht alle gleichermaßen kontrollierbar sind; er hat die Tendenz, an vielen Stellen seines (Ver-)Laufs sein vorgezeichnetes Bett zu verlassen, und die Beobachter werden an vielen Stellen mitgerissen und verlassen ihren neutralen Standort.

Der Mangel, den eine Momentaufnahme eines Prozesses darstellt, soll im folgenden durch ausführliche Kommentierung der Daten, ihrer Genesis und ihrer Veränderung in Grenzen gehalten werden.

Die Tatsache des aktiven Einbezugs der Forschung in die Entwicklungsprozesse des strategischen Marketings wird in unserem Verständnis von formativer Evaluation nicht als Mangel gesehen.

Die Initiierung und Steuerung von Innovationsprozessen ist Aufgabe des Instruments der Modellversuche des BIBB. Dem hat sich der Forschungsaspekt unterzuordnen.

2.1 Konzeptionelle Überlegungen

Ausgehend von dem eher kopflastigen Konzept des strategischen Bildungsmarketing[27] bestand eine wesentliche Vorarbeit in der Vermittlung dieses Konzepts mit der bfz-Linie und mit den Bildungsberatern der ausgewählten Versuchsregionen.

Nachdem das Ziel des Modellversuchs die Entwicklung *transferierbarer* Resultate ist, liegt es auf der Hand, daß bereits die Verständigung über Marketingkonzepte als zweiseitiger Prozeß zwischen Projekt und den Praktikern des Bildungsgeschäfts im bfz angelegt ist. Wie bei allen Innovationsvorhaben gilt es, den schmalen Grat zu finden, der zwischen unrealistischen Kopfgeburten der Wissenschaft und den bloßen Traditionalismen einer bequemen beharrenden Praxis verläuft. Die Schwierigkeit besteht darin, die jeweils andere Erfahrungswelt als positive Herausforderung zu begreifen und nicht in gegenseitigem, negativem Mißtrauen zu verharren.

Im konkreten Fall ging es um die Vermittlung eines zweiseitigen Prozesses zwischen Innovation und der realitätsgerechten Implementation dieser Innovation. Das heißt, es ging um das Herstellen einer Kompatibilität zwischen der bfz-Geschäftspolitik auf der Ebene der Geschäftsführung und auf der Ebene der regionalen bfz-Leitung zu den weitreichenden organisatorischen Auswirkungen der vorgestellten Marketingstrategie.

Die produktive Kontroverse, die im Zentrum dieser Kompatibilitätsbemühungen stand, läßt sich anhand der Begriffe "Verkauf" versus "Beratung" nachzeichnen. Die starke Betonung der beratenden Dienstleistungen im Rahmen des Konzepts von der "Integration des externen Faktors" gründet auf der Überzeugung, daß nur hierüber das Marktsegment der KMU für Weiterbildung erschließbar wird. Basis dafür sind eine Vielzahl von empirischen Untersuchungen und die praktischen Erfahrungen, gerade auch im bfz. Diese Hervorhebung von anzustrebenden Beratungsleistungen ist selbstverständlich kein Plädoyer gegen den Verkauf von Weiterbildungskursen, wenn dies möglich ist. Im Gegenteil, Bildungsberatung ist einerseits immer das Mittel für diesen Verkauf.

Wenn darüber hinaus andererseits auch die Beratungsleistung selbst (z.B. Erstellung einer Qualifikationsbedarfsanalyse, Durchführung von Bildungscontrolling etc.) vermarktet werden soll, so ist dies erneut kein Gegensatz zum Verkauf von Weiterbildungsmaßnahmen, sondern der Versuch einer Erweiterung der Dienstleistungspalette.

Hier soll nicht geleugnet werden, daß die erwähnte Kontroverse "Verkauf" versus "Beratung" u.U. auch durch die Vorgehensweise im Projekt geschürt wurde, als in der Phase intensiver Schulungen unserer Bildungsberater vor allem die inhaltlichen

---

27 Stahl, T. 1990

Grundlagen für die geforderte Beratungskompetenz betont wurden. Dahinter stand die richtige Annahme, daß die beruflich heterogene Gruppe dieser Bildungsberater unterschiedliche Wissensdefizite auf den Feldern betrieblicher Innovationstendenzen (Technologie, Betriebs- und Arbeitsorganisation, PE und OE) ebenso wie auf den Feldern neuerer betriebs- und berufspädagogischer Entwicklungen (neue Methoden arbeitsplatznahen Lernens, Selbstlernelemente etc.) auszugleichen hatte. Dahinter stand auch die möglicherweise falsche Überlegung, daß Verkaufen zu den selbstverständlichen Praktiken dieser Bildungsberater gehörte. (Näheres hierzu vergleiche weiter unten).

Aus Projektsicht muß also selbstkritisch eingeräumt werden, daß durch die Inhalte der Schulungen möglicherweise bei allen Beteiligten das Mißverständnis möglich wurde, Bildungsberatung sei eine Tätigkeit, die vom Verkauf von Maßnahmen völlig zu trennen sei. Daß dem nicht so ist, sollte inzwischen klar sein. Ein wichtiger Punkt in diesem Zusammenhang ist die Klarstellung, daß "Beratung" in unserem Sinne eine große Bandbreite möglicher Tätigkeiten einschließt. Diese geht von der einfachen Information zum Schulungsangebot der bfz bis zur kontinuierlichen Betreuung eines Betriebes im Sinne der Entwicklung der "Lernenden Organisation".

Natürlich muß bei der Weiterbildung der Bildungsberater die Wissensbasis für den komplexen Beratungsfall gelegt werden. Das bedeutet nicht, daß das "einfache" Verkaufsgespräch keine Beratung im Sinne unseres Marketingkonzepts wäre.

Auf der anderen Seite muß zur Debatte "Verkauf" versus "Beratung" auch gesagt werden, daß das o.a. Mißverständnis auch seine Basis in liebgewordenen Denkgewohnheiten der Praxis hat.

Das Konzept Bildungsberatung im Verständnis der "Integration des externen Faktors" hört nämlich dort noch nicht auf, wo der betriebliche Partner signalisiert, daß er mit dem vorgelegten Angebot an Weiterbildungskursen nichts anfangen kann. Im Gegenteil, hier beginnt für Bildungsberatung die eigentliche Herausforderung des *Verkaufs*. Allerdings nicht in dem Sinne, daß der Kunde zu etwas überredet werden soll, was weder seinen Vorstellungen noch seinem Bedarf entspricht. Vielmehr soll gemeinsam nach optimalen Lösungen des Weiterbildungsproblems des Betriebes gesucht werden, und diese sind dann "maßgeschneidert" zu konzipieren und durchzuführen. Die Einheit von Verkauf und Beratung beweist sich an derartigen Prozessen der kooperativen Entwicklung neuer Produkte.

Allerdings wird dabei auch die Flexibilität und Leistungskraft der Linie des Bildungsträgers auf die Probe gestellt. Was Wunder, daß man hier neben erstaunlichen Flexibilitäts- und Kreativitätspotentialen im bfz auch auf Abwehrmechanismen von verunsicherten Praktikern stößt, die zuerst den aktuellen Zusatzaufwand und weniger die mittelfristigen Marktchancen sehen, die mit dem Maßschneidern der Weiterbildung verbunden sind. Derartige Abwehrhaltungen kritisieren dann Bildungsberatung vor einem mißverstandenen Begriff des Verkaufens. Hier wird Verkaufen verkürzt auf das bloße Losschlagen bereits fertiger Produkte - ein Verfahren, das in der Tat wenig erfolgreich ist und im Verständnis von Kundenorientierung zu überwinden ist.

Inzwischen ist die Kontroverse "Verkauf" versus "Beratung" aus der Phase gegenseitiger Negation heraus und in eine produktive Auseinandersetzung gemündet. Auch hier ist die Rolle der Bildungsberater zentral. Sie müssen einerseits die unterschiedlichen Grade von Beratung nach außen praxisgerecht gestalten, das heißt, sie müssen lernen, den kurzfristigen Verkauf von Standardprogrammen *und* die langfristige Perspektive kontinuierlicher Kooperation (unter Einschluß eines kompletten Service) mit einem größer werdenden betrieblichen Kundenkreis unter einen Hut zu bringen. Und andererseits müssen sie lernen, die betrieblichen Ansprüche des "Maßschneiderns" mit den Möglichkeiten des Bildungsträgers zu vermitteln. Frustrationstoleranzen nach beiden Seiten gehören zum Qualifikationsprofil dieses Berufes.

Zusammenfassend zu den konzeptionellen Entwicklungen vor und während der Feldphase 1 läßt sich sagen, daß die (manchmal kontroverse) Zusammenarbeit mit allen Ebenen der bfz-Linie sicher zur Konkretisierung des Marketingkonzepts beigetragen hat. Insgesamt wurde die Marketingstrategie der "Integration des externen Faktors" bestätigt und von der Praxis akzeptiert. Die Vermittlung von aktuellen Geschäftsnotwendigkeiten des Bildungsträgers und der Initialisierung langfristiger Perspektiven ist als Entwicklungsprozeß gelungen. Daß dieser Prozeß an alle Beteiligten hohe Anforderungen an Flexibilität und Rollendistanz stellt, sollte ebenso erwähnt werden wie die Tatsache, daß derartige Innovationsprozesse in der Organisation nie konfliktfrei ablaufen. Wenn es gelingt, die produktiven Qualitäten dieser Konflikte zu nutzen und die destruktiven Gefahren zu bändigen, ist eine wesentliche Herausforderung strategischen Bildungsmarketings gelungen. Im bfz gibt es gute Gründe, diesen Prozeß optimistisch zu beurteilen.

2.2 Professionalisierung der Bildungsberater

Die zentrale Rolle der Bildungsberater im Marketingkonzept der "Integration des externen Faktors" wurde bereits weiter oben verschiedentlich betont. Bildungsberater bilden die Schnittstelle zwischen Bildungsträgern und den KMU. Sie sollen die angestrebten Kooperationsformen zwischen beiden Partnern im Weiterbildungsgeschäft installieren, pflegen und ausbauen. Wie angedeutet, verlangen diese Vermittlungsprozesse der Bildungsberater Kompetenzen und Innovationstransfer in Richtung auf beide Seiten der Partnerschaft, auf Betriebe wie Bildungsträger. In diesem Sinne sind Bildungsberater "changeagents", die eine strategische Position in einem wichtigen Innovationsprozeß einnehmen:

o Volkswirtschaftlich betrachtet geht es um die künftige Konkurrenzfähigkeit der KMU, die in Deutschland und in Europa des Rückgrat der Wirtschaft ausmachen.

o Für den einzelnen Betrieb geht es um den Erfolg in der Konkurrenz unter immer komplexeren Außenbedingungen.

o Für den Bildungsträger (last not least) geht es um die Erschließung und um den Ausbau von Geschäftsfeldern im Marktsegment KMU, das zu den Problemfeldern jedes Bildungsträgers zählt.

Die gesamtwirtschaftliche Sicht ist jedoch für die Praxis der Bildungsberatung unerheblich. Maßgeblich sind dagegen die Erwartungen, Anforderungen und Einschränkungen sowohl auf der Seite der Betriebe als auch auf der Seite der Bildungsträger als zentrale Bezugsgruppen[28] für die Rolle der Bildungsberater.

Die Erwartungen usw. sind gänzlich disparat, zum großen Teil nicht kompatibel, einerseits entmutigend negativ, andererseits ebenso entmutigend überoptimistisch, nur in den seltensten Fällen realistisch, in jedem Fall verwirrend und für die Individuen in dieser Rolle schwer zu bewältigen.

Auch ohne Kenntnis der soziologischen Rollenanalyse und der darin bearbeiteten Frage des Rollenkonflikts[29] macht ein Blick auf die sicherlich nicht komplette Auflistung der Erwartungen, die an Bildungsberater herangetragen werden, klar, daß diese Erwartungen nicht gleichermaßen erfüllbar sind. Enttäuschte Erwartungen auf allen Seiten und permanente Rollenkonflikte beim Bildungsberater scheinen berufsbedingtes Schicksal. Dies würde in andauernde Frustrationen der Bildungsberater münden, die trotz besten Willens nicht in der Lage sind, die konfligierenden Erwartungen ihrer Bezugsgruppen zu erfüllen. Ist die Funktion "Bildungsberatung" nicht leistbar? Definiert die Marketingkonzeption von der "Integration des externen Faktors" am Ende Kooperationsformen, die aufgrund divergierender Interessen von Bildungsträger und Betrieb gar nicht realisierbar sind? Unter diesen Voraussetzungen wäre Bildungsberatung allerdings nichts als der Brennpunkt unvereinbarer Standpunkte, der Bildungsberater wäre als Sündenbock von Strukturkonflikten bloßes Schlachtopfer.

---

28 Merton, R.K.: Social Theory and Social Structure, Glencoe, 1949, S. 110
29 Vgl. Dahrendorf, R.: Homo sociologicus, Köln 1965

Abbildung 13: Bildungsberater: the new man in the middle[30]

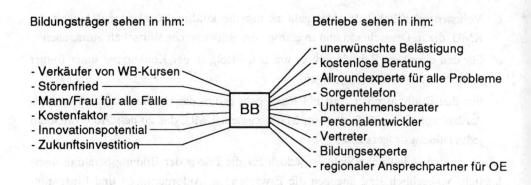

Nach den Erfahrungen des Modellversuchs während ca. 2jähriger Bildungsberaterpraxis trifft dies nicht zu. Die Inkompatibilität in den Rollenerwartungen an Bildungsberatung innerhalb und zwischen den Bezugsgruppen Betriebe und Bildungsträger verdanken sich nicht unüberbrückbaren Gegensätzen, sondern sind Resultat eines noch nicht abgeschlossenen Prozesses von Professionalisierung.

Bildungsberatung ist eine neue Berufstätigkeit, deren Leistungsspektrum, Nutzen, Grenzen und Kosten noch definiert, erprobt und auf dem Markt durchgesetzt werden müssen.

Diese Professionalisierungsprozesse neuer Berufe sind in aller Regel gekennzeichnet durch inkompatible Erwartungen der potentiellen "Kunden", einfach aus Unkenntnis über das reale Leistungsspektrum dieser neuen Berufstätigkeit. Deshalb schwanken die Erwartungen zwischen o und ¥, zwischen euphorischen Heilserwartungen und großem Mißtrauen. Dies gilt in der Durchsetzungsphase nicht nur für Bildungsberater, es gilt für alle neuen Berufe. Beispiele hierfür sind Sozialarbeiter, Umweltberater, Designer, Personalentwickler, Unternehmensberater usw. Ein frühes Beispiel wäre der spätmittelalterliche Chemiker, der das Pech hatte, als Alchimist mit Erwartungen (Gold-Produktion) konfrontiert zu werden, die er nicht erfüllen konnte, was manchem von ihnen den Kopf kostete.

---

30 In Analogie zur traditionellen Rolle des Meisters zwischen Management und Mitarbeitern vgl. u.a. Kay, E.: Middle Management, in: O'Toole, J. (Hrsg.): Work and the Quality of Life, Cambridge (Mass.) 1974

Derartiges ist zwar für die Bildungsberater nicht zu befürchten, den unterschiedlichsten Konflikten sehen sie sich aber aufgrund unklarer Tätigkeitsprofile durchaus ausgesetzt. Bevor auf die Tätigkeitsinhalte und die daraus resultierenden Qualifikationserfordernisse eingegangen wird, kann festgehalten werden, daß allein aus dem nicht abgeschlossenen Professionalisierungsprozeß bestimmte personale Handlungskompetenzen gefordert sind:

- *Rollendefinitionskompetenz*
  Selbst die ausgeführten Vorstellungen von Bildungsmarketing geben nur einen groben Rahmen ab für die Rollendefinition von Bildungsberatern. Auch die weiter oben geschilderten Schulungen und Literaturstudien konnten im Vorfeld kein klar umrissenes Tätigkeitsprofil leisten. Die ausufernden Debatten im Projekt zu Fragen der Abgrenzung von Bildungsberatung gegenüber Unternehmensberatung, Technologieberatung oder Personal- und Organisationsentwicklung sind einerseits Indikator für Rollenunsicherheiten, andererseits wurde schon dabei deutlich, daß die beteiligten Personen diese Grenzziehungen je nach Vorbildung, nach persönlichen Präferenzen und Kontrollüberzeugungen[31] unterschiedlich vornehmen.

  Der Einfluß, der den beteiligten Personen auf die Rollendefinition "Bildungsberatung" zukommt, wird durchaus belohnend und damit motivierend empfunden - dies allerdings nur, wenn internale Kontrollüberzeugungen überwiegen, wenn zielorientierte und nicht bedrohungsorientierte Personen am Werk sind. Das heißt, nachdem die Tätigkeit Bildungsberatung keine Rollensicherheit verspricht, werden nur solche Personen Arbeitszufriedenheit finden, die selbstbewußt genug sind, Unsicherheiten nicht nur auszuhalten, sondern als Gestaltungsspielräume zu begreifen, die die Entfaltung der eigenen Persönlichkeit zulassen.

  Am Rande sei erwähnt, daß in diesem Prozeß der Rollenfindung zwei Gefahren schlummern: Zum einen dürfen die Widerstände, die dieser Professionalisierung in der eigenen Organisation und beim Kunden entgegenstehen, die Bildungsberater nicht existentiell bedrohen - dann würde jedwedes innovatives Potential abgewürgt. Zum anderen tendieren erfolgreiche Innovatoren dazu, ihre definitorischen Kompetenzen zu überschätzen. Sie geraten damit in Gefahr, die eigene Organisation über ihr Innovationsfeld hinaus herauszufordern. Dies wendet sich in aller Regel gegen

---

31 Vgl. Hoff, E.: Kontrollbewußtsein, Grundvorstellungen zur eigenen Person und Umwelt bei jüngeren Arbeitern, in: Kölner Zeitschrift für Soziologie und Sozialpsychologie 34, (1982), S. 316 ff.
Mielke, R.: Interne/externe Kontrollüberzeugung, theoretische und empirische Arbeiten zum Locus of Control - Konstrukt, Bern 1982

sie selbst. Das heißt, Bildungsträger, die sich des innovativen Instruments der Bildungsberatung bedienen wollen, tun gut daran, die Grenzen der Innovation deutlich abzustecken und eventuelle Grenzverletzungen konstruktiv zu kritisieren.

- *Rollendistanz und Rollenidentifikation*

    Es erscheint banal, daß ein Prozeß der Professionalisierung Protagonisten braucht, die sich von hergebrachten Berufsrollen distanzieren können. Erst diese Distanz ermöglicht kritische Prozeßreflexion und das Ausprobieren neuer Handlungsmuster. Andererseits ist die völlige Gleichgültigkeit gegenüber der eigenen Tätigkeit ebenso kontraproduktiv für den Prozeß der Herausbildung von Bildungsberatung. Ohne die subjektive Identifikation mit der eigenen Berufstätigkeit als Bildungsberater kann es keine Innovation in dem geschilderten Feld von Beharrung und Widerstand geben. Vom Bildungsberater wird anscheinend Widersprüchliches verlangt: Einerseits die Identifikation mit seiner Tätigkeit als Movens der benötigten Hartnäckigkeit zur Bearbeitung eines dornigen Feldes. Zugleich die Distanz zur eigenen Tätigkeit und die persönliche Flexibilität, die ein Verrennen in unrealistische Handlungsalternativen verhindert und die realitätsgerechte Definition offener Handlungssegmente im Berufsprofil ins Werk setzt. Begeisterungsfähigkeit *und* kühles Kalkulieren machen den erfolgreichen Innovator aus. Bloßes Sendungsbewußtsein endet häufig auf den brennenden Scheiterhaufen dieser Welt, während der reine Opportunismus die Menschheit noch nie um einen Schritt vorangebracht hat.

Diese widersprüchlichen Anforderungen zusammen mit der Anforderung, rollendefinitorisch tätig zu werden, haben insbesondere zu Beginn der Felderprobung zu beträchtlichen Unsicherheiten und Schwellenängsten der Bildungsberater im Projekt geführt. Bis heute werden die Identifikations- und Distanzierungsprozesse von den beteiligten Individuen unterschiedlich gelöst. Mehr dazu soll später gesagt werden.

- *Frustrationstoleranz*

    Die Herausbildung neuer Berufsprofile mit neuen Handlungsfeldern hält für die Protagonisten dieses Prozesses zwei prinzipielle Quellen von Frustration bereit. Auf der einen Seite stoßen sie auf Menschen, die die neue Funktion, die Leistung der Bildungsberatung nicht verstehen, ihren Nutzen nicht erkennen und in der Konsequenz für überflüssig halten. In unserem Fall findet sich diese Frustrationsquelle häufig in den KMU bzw. in den Gesprächspartnern aus den Betrieben.

    Auf der anderen Seite stoßen sie auf Menschen, deren eigene berufliche Tätigkeit in das neue Berufsprofil hineinreicht oder doch von diesem tangiert wird. Hier wird

Bildungsberatung als Bedrohung der eigenen Existenz oder doch als Beeinträchtigung empfunden. Aggression ist die Folge. In unserem Falle findet sich diese zweite Quelle von Frustration vor allem beim Bildungsträger selbst, aber auch im Aus- und Weiterbildungsbereich der Betriebe.

Um unter diesen Bedingungen von Geringschätzung einerseits und Aggression andererseits arbeiten zu können, ist beträchtliche Frustrationstoleranz notwendig. Wichtig ist das Verständnis für die unterschiedlichen Gründe der Zurückweisung, die man erfährt, ebenso wie der ständige Versuch, diese Gründe durch eigenes Handeln zu entschärfen. Die erfahrenen Frustrationen dürfen nicht in eigene Aggressionen münden, sie sollten vielmehr Anlaß zu kreativem Handeln sein.

Es darf nicht verwundern, daß diese Forderung nach Frustrationstoleranz in vielen Fällen die persönlichen Möglichkeiten übersteigt. Es gibt in den Dokumenten zur Feldphase 1 zahlreiche Beispiele hierfür. Insbesondere die Bildungsberatertreffen wurden genutzt, um sich durch gegenseitige Schilderungen von derartigen Frustrationen zu entlasten.

Nach den geschilderten persönlichen Anforderungen, denen sich Bildungsberater in der Professionalisierungsphase gegenübersehen, ist es aus psychologischen Gründen einleuchtend, daß die Projektgruppe aus Bildungsberatern nach einigen Anlaufschwierigkeiten ein "Wir-Gefühl" entwickelte, das (mit Abstrichen) auch Projektleitung und wissenschaftliche Begleitung einschloß.

Überpointiert ließe sich das Phänomen mit einer Gruppe von Missionaren im Reich der "Heiden" vergleichen, die, zurückkehrend aus einer Welt voller Gefahren und Unverständnis sich gegenseitig Trost spendet, Wunden verbindet und neu motiviert.

Dieses Bild enthält freilich eine psychologische Verkürzung, weil es einseitig und undifferenziert ist.

Immerhin steckt, wie in jedem Psychologismus, auch ein Körnchen Wahrheit in diesem Bild: Die Bildungsberatertreffen mit ausgeprägtem "In-group-Gefühl" sind neben allem anderen wichtig zur personalen Selbstfindung der Bildungsberater im schwierigen innovativen Feld. Außerdem muß man darauf achten, daß "in-group" nicht Selbstgenügsamkeit bedeutet, sondern als beständiger Anreiz zur Außenwirkung verstanden wird.

2.2.1 Das Tätigkeitsprofil der Bildungsberater

Aus dem Marketingkonzept "Integration des externen Faktors" ergeben sich die groben Segmente beruflichen Handelns der Bildungsberater.[32] Ihre Schnittstellenfunktion zwischen Bildungsträger und Betrieb definiert die beiden wesentlichen Handlungsfelder. Als Angestellte des Bildungsträgers besteht ihre Funktion nach außen im Verkauf von Weiterbildungsmaßnahmen an Betriebe und in der Beratung der Betriebe zu allen Problemen des betrieblichen "Human-Resources-Development". Natürlich zielt auch hier Bildungsberatung im engeren Sinne auf die Vorbereitung, Durchführung und das Follow-up von Bildungsmaßnahmen ab, die gänzlich oder zum Teil vom externen Bildungsträger wahrgenommen werden sollen.

Ihr Tätigkeitsfeld nach innen, in der Organisation des Bildungsträgers, besteht vor allem in der verantwortlichen Organisation und Prozeßbegleitung der mit den Betrieben vereinbarten Bildungsmaßnahmen. Hierzu gehören Arbeiten der Curriculumentwicklung, der Dozentenakquisition, der Sicherung der Lerninfrastruktur, Terminfixierung, Bereitstellung von Lernmaterialien etc.

In der Realität des Modellvorhabens übernahmen einige der Bildungsberater auch noch Dozentenfunktionen. Der Grund war ein doppelter: Zum einen kamen nahezu alle aus der praktischen Lehrtätigkeit im bfz und wollten bzw. konnten diese Tätigkeit nicht gänzlich aufgeben. Zum anderen bemühen sich regionale bfz-Leiter in unterschiedlichster Weise um Kostendeckung - Bildungsberatung wird dort eher als Teilzeittätigkeit, neben Dozententätigkeit, gesehen.

- *Bildungsberatertätigkeit in den Betrieben*

Wie weiter oben bereits diskutiert, ist die Aufgabe des Bildungsberaters im Betriebskontakt die Eröffnung und Ausgestaltung einer Dienstleistungsbeziehung zwischen Bildungsträger und Betrieb. Ziel ist letztlich der Verkauf spezifischer Dienstleistungen des Trägers an den betrieblichen Kunden im Rahmen möglichst kontinuierlicher und längerfristig angelegter Kooperation. Dieses Ziel des Verkaufs adäquater und kontinuierlicher Dienstleistungen zur Weiterbildung der betrieblichen Mitarbeiter ist im schwierigen Marktsegment der KMU nicht einfach zu erreichen. Die im Modellvorhaben erprobte Strategie der "Integration des externen Faktors" setzt zur Erschließung und zur Bearbeitung des Marktsegments auf das Konzept der Rundumberatung/-betreuung des (potentiellen) Kunden. Darin eingeschlossen sind Beratungs- und Analysetätigkeiten zur Technikanwendung, zur Gestaltung der Arbeitsorganisation, zum Qualifikationsbedarf, zur inhaltlichen und methodischen Ausgestaltung der

---

32 Stahl, T. 1990

Weiterbildung sowie zur Organisation und Finanzierung der Weiterbildung. Nach Durchführung der gemeinsam konzipierten Weiterbildungsmaßnahme sind weitere Beratungen zum Bildungscontrolling und zur Maßnahmenevaluation notwendig. All diese Beratungsleistungen sind einerseits Bestandteil des Verkaufens von Weiterbildungsmaßnahmen, sie sind andererseits mittelfristig verkäufliche Serviceleistungen.

- *Bildungsberatungstätigkeit im Haus des Bildungsträgers*

Der externe Verkauf von maßgeschneiderten Bildungsmaßnahmen für Betriebe zieht notwendige "In-house-Aktivitäten" des Bildungsberaters beim Bildungsträger nach sich bzw. setzt diese voraus.

Spezifische Konzepte müssen erarbeitet oder aus vorhandenen Modulen zusammengestellt werden. Es ist Aufgabe des Bildungsberaters, diese curricularen Arbeiten gemeinsam mit den fachlichen Experten des Bildungsträgers vorzunehmen. Dies gilt sowohl für die inhaltliche wie für die lernmethodische Seite. Der Bildungsberater muß sich in der Folge um die Organisation der jeweiligen Maßnahme kümmern, das heißt, er trifft Terminabsprachen mit internen oder externen Dozenten, sorgt für Räume, für Lerninfrastruktur, für Materialien etc. Bildungsberater übernehmen beim Bildungsträger also Aufgaben sowohl in der Curriculumentwicklung wie im Bildungsmanagement.

Neben allen fachlichen Kompetenzen werden hier auch innovatorische Fähigkeiten verlangt. Neue Prozesse werden initiiert und gesteuert, Kollegen müssen gewonnen werden, Organisationsstrukturen müssen kreativ beeinflußt werden.

- *Der Bildungsberater als Verkäufer*

Wie ausgeführt, dienen die Berateraktivitäten beim Betrieb der Erschließung und Pflege des Marktsegments KMU. Damit stehen sie immer im engen Verhältnis zum Verkauf von Weiterbildungsmaßnahmen. Selbstverständlich agiert der Bildungsberater auch im wörtlichen Sinne als Verkäufer. Angebotserarbeitung, Verkaufsgespräch und Verkaufsabschluß sind wesentliche Tätigkeitsmerkmale der Bildungsberatung.

2.2.2 Das Qualifikationsprofil der Bildungsberater

Aus den skizzierten Tätigkeitsfeldern von Bildungsberatung ergibt sich der Umfang der Handlungskompetenzen, über die ein Bildungsberater verfügen sollte - sein Qualifikationsprofil.

- *Benötigte Kenntnisse*

Aus ihrer Schnittstellenfunktion zwischen Bildungsträgern und Betrieben ergeben sich Qualifikationsvoraussetzungen, die relativ breit angelegte Wissensbestandteile aus betrieblichen Abläufen und aus der modernen Berufspädagogik umfassen. Es ist charakteristisch für derartige Beratungsfunktionen, daß die benötigten Kenntnisse aus diesen sehr disparaten Feldern in unterschiedlicher Tiefe benötigt sind - Expertentum in einigen Feldern kann durch Übersichtswissen plus verfügbarem Expertentum in anderen Feldern ergänzt werden.

Damit sollte verdeutlicht werden, daß die folgende Liste von Sachgebieten, zu denen der Bildungsberater Kenntnisse vorweisen sollte, nicht bedeutet, daß er jeweils Experte sein muß. Hybridqualifikation meint auch hier, daß, ausgehend von einem Schwerpunkt, genügend Kenntnisse über die angrenzenden Gebiete die informierte Kommunikation mit den entsprechenden Fachleuten ermöglichen soll:

- Kenntnisse über die betriebliche Anwendung datengestützter Techniklinien in Produktion und Verwaltung;
- Kenntnisse über betriebswirtschaftliche Zusammenhänge, insbesondere Kenntnisse zur Betriebs- und Arbeitsorganisation;
- Kenntnisse zur Personalentwicklung und Organisationsentwicklung;
- Kenntnisse zu Inhalten und Methoden der Berufspädagogik;
- Kenntnisse zur Organisation und Finanzierung von Weiterbildung;
- Kenntnisse und Praxis in der Gesprächsführung (Verkaufsgespräch);
- Kenntnisse Prozeßmoderation/Metaplan ....

• *Benötigte überfachliche Kompetenzen (Schlüsselqualifikationen)*

Besonders wichtig für die Wahrnehmung der Schnittstellenfunktionen zwischen Bildungsträgern und Betrieben sind eine Reihe von Kompetenzen im sozialen, personalen und Methodenbereich. Neben den bereits weiter oben geschilderten personalen Kompetenzen, die Bildungsberater als Innovatoren gegenüber Betrieben und dem eigenen Bildungsträger haben müssen, sind es vor allem Sozialkompetenzen, die für ihre Tätigkeit erforderlich sind.

Lassen sich die geforderten Rollendefinitionskompetenzen, die Balance zwischen Rollenidentifikation und Rollendistanz sowie Frustrationstoleranz am ehesten bei Personen mit internalen Kontrollüberzeugungen, "Ich-Stärke" und Zielorientierung finden und fördern, so braucht Bildungsberatung zusätzlich vor allem Kommunikationsbereitschaft und -fähigkeit, Kooperationsbereitschaft und -fähigkeit als Grundvoraussetzung zum Gelingen ihrer Schnittstellenfunktion.

Der gleichermaßen kompetente Umgang mit unterschiedlichen Partnern aus Betrieben wie aus der Linie des Bildungsträgers sowie anderen externen Experten verlangt, neben den erwähnten breit angelegten Kenntnissen zu allen Angeboten der Weiterbildung und ihrer angrenzenden Gebiete, vor allem die Bereitschaft und Fähigkeit zum positiven Umgang mit unterschiedlichsten Interessen, Überzeugungen und Stereotypen. Das "Sich-in-den-anderen-hineinversetzen-Können" ist ebenso wichtig wie die Bereitschaft dazu.

Nachdem die Interessen der beteiligten Partner an einer Kooperation im Weiterbildungsgeschehen nicht nur unterschiedlich, sondern in Teilen auch gegensätzlich sein können, muß der Bildungsberater Konflikte aushalten und in produktive Lösungen überführen können. Verhandlungsgeschick, Sensibilität für kommunikative Beziehungsebenen und Konfliktresistenz werden bedeutsam. Auf der Methodenebene sind, neben den erwähnten fachlichen Kenntnissen als Basis des Innovationstransfers, Moderations- und Gesprächsführungskompetenz benötigt.

Diese durchaus erweiterungsfähige und relativ abstrakte Auflistung einiger Qualifikationsvoraussetzungen für die Tätigkeit als Bildungsberater findet in der Liste der im Modellvorhaben durchgeführten Qualifizierungsmaßnahmen für die Bildungsberater nur zum Teil ihre Entsprechung.

2.2.3 Die Qualifizierung der Bildungsberater im Modellvorhaben

In Vorbereitung der Feldphase, mit dem Beginn des Projekts und fortlaufend bis heute wurden eine Vielzahl von Weiterbildungsaktivitäten für und mit den Bildungsberatern durchgeführt. Daneben wurden begleitende Maßnahmen für das "Lernen am Arbeitsplatz" ergriffen.

Auf Basis der unterschiedlichen Ausgangsqualifikationen der beteiligten Bildungsberater, die von BWL über Psychologie bis zur Pädagogik oder Lehrerausbildung reichte, bestand ein erstes Ziel der Qualifizierung in der Herstellung eines mehr oder weniger einheitlichen Verständnisses von den betrieblichen Weiterbildungserfordernissen im Zuge der Einführung datengestützter Techniklinien und vor dem Hintergrund moderner Markterfordernisse. Hierzu wurden jeweils 2tägige Intensivseminare durchgeführt zu den Themen

- neue Technologien in Produktion und Verwaltung,
- Marketing und Werbung,
- Betriebs- und Arbeitsorganisation,
- moderne Personalentwicklung in KMU,
- Methoden der Gesprächsführung,
- Verkaufstraining.

Diese Schulungen wurden jeweils ergänzt durch eine Fülle von Literatur und Lernmaterial zum Selbststudium.

Als Problem dieser eher inhaltlich orientierten Qualifizierung stellte sich vor Beginn der Feldphase eine verbleibende Unsicherheit bei den Bildungsberatern heraus, wie dieses Wissen im Kontakt mit den Betrieben umzusetzen wäre.

Diese Unsicherheit artikulierte sich vordergründig im Wunsch nach weiteren fachlichen Schulungen zur Vertiefung und Verbreiterung der Wissensbasis. Ohne diesen sicher gerechtfertigten Wunsch zu denunzieren, scheint es sich hier eher um ein Problem von Verhaltensunsicherheit, von Schwellenangst zu handeln, welches den Bildungsberatern im Übergang von der gewohnten Tätigkeit als Trainer zur wenig definierten Tätigkeit als Berater zu schaffen machte. Dieses Problem wurde im Modellvorhaben eher wenig pädagogisch durch den "Sprung ins kalte Wasser" der Beratungspraxis gelöst.

Dieser Übergang ließe sich reibungsloser durch vermehrte Elemente des Verhaltenstrainings gestalten, indem man die gelernten Fachinhalte durch geeignete Rollenspiele u.ä. anwendungsrelevanter trainiert.

Das reale Problem der nie vollkommen antizipierbaren Beratungs- und Verkaufssituation, mit welchem Bildungsberater täglich konfrontiert werden und was ihnen zu Beginn verständlichen Schrecken einjagt, läßt sich nach unserer Erfahrung am ehesten über den regen Erfahrungsaustausch bearbeiten. Die anfänglich dominanten inhaltlichen Schulungen wurden deshalb im Modellvorhaben zunehmend durch die Präsentation der praktischen Erfahrungen der einzelnen Bildungsberater und durch die gemeinsame Besprechung der jeweiligen Situation abgelöst. Dieses Verfahren trug nicht nur zur fachlich-überfachlichen Kompetenzverbesserung bei, es bewirkte auch die Bearbeitung der oben angesprochenen Probleme im Professionalisierungsbereich (Rollendefinition - Frustrationsbearbeitung etc.). Der Erfahrungsaustausch wird somit zum Instrument des Lernens und der Psychohygiene, er schafft neue Motivationen durch ein "Wir-Gefühl" in der Gruppe der Bildungsberater.

Der Qualifizierungsprozeß der Bildungsberater ist ein nicht abgeschlossener Prozeß im Modellvorhaben. Auf der einen Seite stellen sich über die zunehmende Erfahrung im Beratungsgeschäft neue Qualifizierungshürden heraus, andererseits sorgt die beträchtliche Fluktuation bei den Bildungsberatern sowie der Einbezug neuer Erprobungsregionen für anhaltende Qualifizierungsnotwendigkeiten.

Nachdem diese Entwicklungen auch unter Transfergesichtspunkten bedeutsam sind, bemüht sich die Projektleitung um ökonomische, übertragbare und effiziente Formen der Qualifizierung von Bildungsberatern. Selbstlernmaterialien und Prozesse des Erfahrungsaustausches werden hierbei eine zentrale Rolle einnehmen.

2.3 Vorgehensweisen zur Markterschließung

- *Ziel: Direktkontakt Bildungsberater - Betrieb*

Bei allen beteiligten Bildungsberatern und bei der Projektleitung herrschte früh Einigkeit, daß Markterschließung und kontinuierliches Marketing im Marktsegment der KMU nur über den Direktkontakt Bildungsberater - Betrieb zu bewerkstelligen wäre. Alle anderen Werbestrategien können nur vorbereitenden Charakter haben, d.h., hierüber können Erstkontakte zuwege gebracht werden, die dann über den Bildungsberater genutzt werden.

Die Direktkommunikation Bildungsberater - Betrieb soll neben den fachlich-kommerziellen Resultaten auch ein personales Vertrauensverhältnis schaffen, welches Basis für kontinuierliche Kooperation bildet.

Unterstützung erfährt der Bildungsberater bei der Durchführung der Markterschließung durch inhaltliche Argumentationshilfen, Verhaltenstraining und Verkaufstraining. Gesprächsleitfäden zur Vorbereitung dieser Markterschließung sollen noch erstellt werden.

Nun ist allerdings in vielen KMU die Bereitschaft zu einem positiven Beratungsgespräch zu Gegenständen ihrer Personalentwicklung eher gering. Eine zentrale Frage der Markterschließung war folglich die nach einem Betriebszugang für die Bildungsberater, der ein Gespräch mit kompetenten Managern ermöglichte. Eine Vielzahl von Kommunikationswegen wurde im Vorfeld diskutiert und schließlich in regional unterschiedlicher Weise genutzt.

Aus der Häufigkeit der empirisch erfolgreichen Anbahnungen von Erstkontakten in der Feldphase 1 ragen ganz deutlich die bestehenden bfz-Kontakte zu Praktikumsbetrieben im Rahmen von AFG-Maßnahmen heraus. Die gezielten Werbekampagnen, die Mailing- und Telefonakquise kombinierten, stehen deutlich an zweiter Stelle des Erfolgs. Die restlichen Maßnahmen zur Erschließung von Erstkontakten unterliegen einer enormen Streuung.

Abbildung 14: Wodurch kam der Erstkontakt zustande?

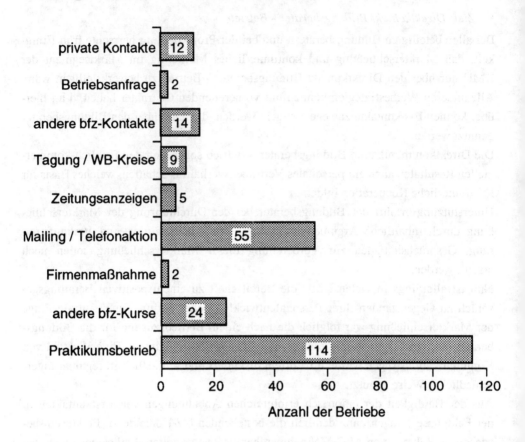

- *Bestehende Kontakte bfz - Betrieb auf allen Ebenen nutzen*

Überregional einig waren sich die Bildungsberater, daß effektive und zielgerichtete Kontaktaufnahme mit den Betrieben am ehesten über bereits bestehende Kontakte zwischen bfz und Betrieb möglich wäre. Dieser Weg sollte genutzt und ausgebaut werden.

In allen Versuchsregionen gab es seit Jahren die Zusammenarbeit zwischen bfz und Betrieben im Rahmen von Praktika bei AFG-Maßnahmen der Arbeitsverwaltung. Die Trainer oder Betreuer dieser Weiterbildungsmaßnahmen für Arbeitslose hatten auf dem Wege der Akquisition von Praktikumsplätzen und der anschließenden Betreuung der Teilnehmer während ihres betrieblichen Praktikums in der Regel einen guten Überblick über die regionale Landschaft der KMU. Sie hatten persönliche Ansprechpartner in den Betrieben kennengelernt, und sie hatten Gelegenheit, einen Blick "hinter die Kulissen" der einzelnen Betriebe zu werfen.

Es lag nahe, seitens der Bildungsberater dieses Wissen zu nutzen, um erste Informationen über Betriebe zu bekommen, um die Namen potentieller Ansprechpartner und mögliche Qualifizierungsnotwendigkeiten der Betriebe zu erfahren. Im Idealfall sollte der "AFG-Trainer" erste schriftliche Informationen in die Betriebe transportieren, über die Möglichkeit der Bildungsberatung informieren und den Kontakt des Bildungsberaters ankündigen.

An dieser Stelle sei erneut betont, daß diese Kommunikationsstrategie in der Feldphase 1 bei weitem die erfolgreichste war (vgl. weiter oben). Allerdings gab es eine Vielzahl ungeahnter Probleme zu überwinden, bis die Kooperation AFG-Trainer/Bildungsberater wie gewünscht funktionierte:

- Das Problem der widersprüchlichen Kompetenzen

  Im Vorfeld wurde vielfach vor der Kontaktaufnahme via AFG-Trainer gewarnt, da die dort bewiesenen bfz-Kompetenzen eher sozialarbeiterischer Natur wären und im Betrieb wenig Vertrauen in die Kompetenz der bfz zur Durchführung qualitativ hochwertiger beruflicher Weiterbildung wecken würden. Diese Problematik würde noch verschärft durch die zunehmend schwieriger werdende Klientel von Arbeitslosen bei rückläufiger Arbeitslosigkeit, die durch bfz-Praktika in die Betriebe transportiert würden.

  Aus den Erfahrungen der Feldphase läßt sich diese behauptete Problematik nicht bestätigen. Von wenigen Ausnahmen abgesehen, können die angesprochenen Betriebe recht genau zwischen beiden Arbeitsfeldern der bfz unterscheiden. Im Gegenteil, positive Erfahrungen mit bfz-Praktikanten ergaben günstige Anknüpfungspunkte für Gespräche mit Bildungsberatern.

- Kompetenz und Bereitschaft der AFG-Trainer zu Übernahme der Kontaktvorbereitung des Bildungsberaters

  Die Bereitschaft der AFG-Trainer, ihre Rolle in der Markterschließung KMU zu spielen, sowie ihre Kompetenz, dies zu tun, wurde im Vorfeld kontrovers eingeschätzt. Die Erfahrungen in den unterschiedlichen Regionen hierzu waren zumindest zu Beginn der Feldphase sehr verschieden. Projektleitung und wissensschaftliche Begleitung bemühten sich um Aufklärung und Verbesserung dieser Kooperation. Dabei wurde offensichtlich, daß der mangelnde Enthusiasmus der AFG-Trainer unterschiedliche Ursachen hat, die jedoch durchaus auszuräumen sind. Zuerst wurde in der Regel auf die tatsächlich beträchtliche Arbeitsbelastung hingewiesen, die keine weiteren Zusatzarbeiten zulasse. Dann wurde auf den mangelnden Informationsstand hingewiesen, der es ihnen nicht erlaubte, die erforderliche Unterstützung der Bildungsberatung zu leisten. Schließlich ergab sich in einzelnen Fällen ein Problem mit dem Berufsethos dieser Trainer, deren Hauptmotivation in der Hilfe für "ihre" Arbeitslosen liegt und die durchaus ihre Distanz zu den Zielen der Betriebe formulierten. Zur Überwindung dieser Schwierigkeiten wurden regional unterschiedliche Vorgehensweisen gewählt. Angefangen von Prämienregelungen als materiellen Anreiz für die Zusatzaufgabe über bfz-interne Informations- und Diskussionsveranstaltungen bis hin zu informell-kollegialen Vorgehensweisen der Bildungsberater reichten die Kooperationsversuche. Inzwischen scheinen hier die Anfangsschwierigkeiten überwunden, die Kooperation funktioniert generell ordentlich.

Aus Sicht des Modellvorhabens sollte versucht werden, die scheinbar disparaten Tätigkeitsfelder enger aufeinander zu beziehen. Sachliche Gründe hierfür gibt es ausreichend. Einerseits lebt erfolgreiche AFG-Qualifizierung (und damit Hilfe für die betroffenen Arbeitslosen) von der Kenntnis der betrieblichen Bedarfe, andererseits ergeben sich aus der wachsenden Bedeutung von Personalentwicklung für Betriebe gänzlich neue Einsatzfelder für sozialpädagogische Kompetenzen auch in der betrieblichen Weiterbildung. Schließlich beweisen Erfahrungen aus der Feldphase, daß auch die Bildungsberater en passant Praktikumsplätze akquirieren etc.

Der Einbezug geeigneter AFG-Trainer in Bildungsmaßnahmen für Betriebe, bei der Moderation von betrieblichen Entwicklungsprozessen oder bei der Entwicklung von Methoden zur Vermittlung von Sozialkompetenzen, würde viel an lateraler Vernetzung der Bereiche schaffen, was außerordentlich effizient für Bildungsmarketing wäre.

Bildungsmarketing muß von *allen* bfz-Mitarbeitern als Herausforderung begriffen werden, deren Bewältigung dem Fortkommen jedes einzelnen nur nützen kann.

- Mailing und Telefonakquisition

    Die klassische Strategie des Anschreibens von Betrieben mit nachfolgendem Telefonat zur Terminvereinbarung eines Beraterbesuchs wurde in allen Regionen und auf unterschiedliche Weise gehandhabt. Zum Anlaß wurden häufig die Versendungen der regionalen bfz-Angebote genommen, an die das Angebot Bildungsberatung angehängt wurde. Daneben gab es spezifische mailings zu den im Projekt entwickelten "KMU-adäquaten" Weiterbildungsangeboten. Schließlich wurden spezielle bfz-Aktionen (VBM-bfz-Teilqualifikations-Ausstellung etc.) genutzt, um brieflich und telefonisch mit den Betrieben in Kontakt zu treten.

Die Resultate dieser Werbestrategie waren, gemessen am Aufwand, eher bescheiden. In vielen Fällen führten immerhin diese Erstkontakte zu einer Terminvereinbarung mit anschließender Bildungsberatung. Der Aufwand an Zeit und auch an Geld ist jedoch beträchtlich.

- Anzeigen in der Presse und im Rundfunk sowie Werbung über den redaktionellen Teil
- Tagungen und "Unternehmerkreise"
- Sonstige Informationsverbreitungsstrategien[33].

2.4 Erstellung von spezifischen Weiterbildungskonzepten und -materialien für KMU

Ein wichtiges Instrument der Betriebsberatung zum Thema berufliche Weiterbildung ist die Präsentation eines Standardangebotes an Seminaren. Im Erstkontakt muß der Bildungsberater über die Darstellung der Leistungspalette des Trägers den Eindruck von Fachkompetenz vermitteln und Impulse zur Erkennung möglichen Weiterbildungsbedarfs liefern.

Der Themenkatalog für die erste Feldphase konzentrierte sich auf den Bereich der Technikanwendungen.

Zur Analyse des Weiterbildungsangebotes der kleinen und mittleren Unternehmen wurden zunächst die Aussagen der betrieblichen Experten ausgewertet, um dann mit Analysen des Konkurrenzangebotes ergänzt zu werden. Vor allem Gespräche mit bfz-Mitarbeitern der Zentralabteilung "Unternehmensservice", die in ständigem Kontakt mit kleinen und mittleren Unternehmen stehen, brachten wertvolle Hinweise über den Weiterbildungsbedarf dieser Zielgruppe. Das Standardangebot der Bildungsberater für die erste Feldphase umfaßt die folgenden Themen:

Praxisseminar für Entscheider:
Neue Techniken im Betrieb - Problem
bewältigung durch Weiterbildung

Praxisseminar:
PC-Vernetzung
Einführung für Entscheider am Beispiel
von NOVELL-NetWare

---

33 Vgl. die Ausführungen von Michaela Stölzl zu "Markterschließung durch Kommunikation" in einem getrennten Beitrag in diesem Band.

Praxisseminar:
Einführung in MS-DOS 4.0

Praxisseminar:
EDV-unterstütztes Rechnungswesen mit praxiserprobter Software

Modell 1: Finanzbuchhaltung

Praxisseminar:
Sachbearbeitung/EDV-Anwendung im Sekretariat

Modul 1:
Einführung EDV im Büro

Modul 2:
Textverarbeitung mit WORD für WINDOWS

Modul 3:
Kalkulation mit MS-Excel

Modul 4:
Datenbanken am Beispiel dBASE IV

Praxistraining:
Steuerungstechnik am Beispiel Pneumatik, Hydraulik, Elektropneumatik

Modul 1:
Pneumatik

Modul 2:
Hydraulik

Modul 3:
Elektropneumatik

In methodisch-didaktischer Hinsicht versucht das Seminarangebot, die typischen Probleme der kleinen und mittleren Unternehmen - Kosten/Freistellung der Mitarbeiter - zu berücksichtigen. Das Standardangebot ist zur flexiblen Handhabung aus einzelnen kleinen Modulen zusammengesetzt. Diese Module sind alle tätigkeits- und nicht anwenderorientiert aufgebaut, d.h., nur die Funktionen einer bestimmten EDV-Anwendung werden erlernt, die zur Ausübung eines bestimmten Tätigkeitsbereiches notwendig sind. Gleichzeitig stellt jedes Modul eine in sich abgeschlossene Lerneinheit dar, ergibt aber in der Kombination umfassende Kenntnisse in einem Tätigkeitsbereich. Die PC-Sachbearbeitung z.B. bietet das ganze Spektrum des notwendigen EDV-Wissens für die Sachbearbeitung an.

In kleinen und mittleren Unternehmen hat die Führungsebene in der Regel enormen Informationsbedarf. An diese Zielgruppe wenden sich die sogenannten Entscheiderseminare, die einerseits einen Überblick über Zusammenhänge von Technikeinführung, Veränderung der Betriebs- und Arbeitsorganisation und Mitarbeiterqualifizierung vermitteln, andererseits Informationen über Neuentwicklungen in diesen Bereichen.

2.5 Das Untersuchungsdesign der Feldphase 1

Projekt: Bildungsmarketing und neue Technologien in kleinen und mittleren Betrieben (KMU)
Untersuchungsdesign Feldphase 1 (ab Herbst 1990 - Frühjahr 1992)

Kurzfassung

1. Untersuchungsziel:
   Erprobung der Marketingstrategie "Integration des externen Faktors in die Dienstleistungserstellung des Bildungsträgers".

2. Hypothesen:

2.1 Bildungsmarketing im Bereich KMU wird in dem Maße erfolgreich, in dem es gelingt, vor- und nachgelagerte Beratungsleistungen mit der eigentlichen Bildungsleistung zu einem Paket individueller Betreuung zu verbinden.

2.1.1 Das direkte Gespräch Bildungsberater - KMU ist das zentrale Element des Bildungsmarketing in diesem Marktsegment.

2.1.2 Das Initiieren von betriebsinternen Qualifikationsbedarfsanalysen und deren inhaltlich-methodische Unterstützung durch die Bildungsberater führt zu weiteren Kontakten im Sinne der o.a. Marketingstrategie.

2.1.3 Das kooperative Konzipieren und Durchführen "maßgeschneiderter" Weiterbildungsmaßnahmen schafft Akzeptanz und Vertrauen in die Kompetenz des Bildungsträgers. Hierüber lassen sich organisatorische und finanzielle Lösungen erarbeiten, die für beide Seiten akzeptabel sind.

2.1.4 Gemeinsame Anstrengungen der Träger und der Betriebe zu einer Erfolgsbeurteilung nach Abschluß der Weiterbildung und betriebliche Bewährung der Qualifikation (Evaluation) führen zu Maßnahmenoptimierung und zur Fortführung der Kooperation in neuen Maßnahmen.

2.1.5 Die Durchführung der Gespräche und Beratungen verlangt neue Kompetenzen bei den Bildungsberatern zu den Gegenständen neue Technologien, neue Form der Betriebs- und Arbeitsorganisation, neue didaktische Formen in der Weiterbildung sowie allgemeine Kenntnisse der betriebswirtschaftlichen Ratio.

2.1.6 Das Angebot und die Durchführung der speziell konzipierten und für die Feldphase angebotenen Maßnahmen (....) stößt auf besonderes Interesse bei den Betrieben und erhöht deren Bereitschaft zur weiteren Zusammenarbeit.

2.2 Die Markterschließung im Marktsegment KMU hat mit vielfältigen objektiven und subjektiven Schwierigkeiten auf seiten der Betriebe zu kämpfen. Die Diagnose dieser objektiven Probleme und subjektiven Urteile der Praktiker ist eine Voraussetzung zur adäquaten Argumentation seitens der Bildungsträger.

2.2.1 Objektive Probleme bei der Mitarbeiterfreistellung, bei der Finanzierung, bei Informationsdefiziten werden im Beratungsgespräch antizipiert, diagnostiziert und einer kooperativen Lösung zugeführt.
(Beratung, Expertenvermittlung, Konzepterstellung etc.)

2.2.2 Der Einfluß subjektiver Fehlurteile der Betriebspraktiker auf deren mangelndes Nachfrageverhalten nach Weiterbildung ist beträchtlich. Formen der Überredungskommunikation, die auf diese Fehlurteile besonders eingehen, erhöhen die Chancen der Markterschließung.

2.2.3 Die Medienwahl und die Wahl der Bewerbungsformen für die Markterschließung zentriert sich um die Idee des direct-marketing.

2.2.3.1 Die direkte telefonische, schriftliche und persönliche Kontaktaufnahme zu den Betrieben steht im Mittelpunkt der Markterschließung (wie auch des Marketing) und ist am erfolgreichsten.

2.2.3.2 Die systematische Nutzung bestehender Direktkontakte der bfz (z.B. aus dem Bereich der "B"-Kurse) hilft, die "Schwellenproblematik" zu umgehen, und verbessert die Chance zum persönlichen Kontaktgespräch.

2.2.3.3 Aufbau und Nutzung von Kontakten zu "Multiplikatoreninstitutionen" ermöglichen Direktkontakte und schaffen Vertrauen in die Dienstleistung der bfz. (Unternehmerkreise, Kreditsachbearbeiter bei Banken, Verbänden etc.)

2.2.3.4 Die gezielte Nutzung lokaler regionaler Pressekontakte erhöht die Bekanntheit der spezifischen Dienstleistungen des Projekts und der bfz mittels redaktioneller Artikel zur Initiative "Bildung für KMU".

2.2.3.5 Anzeigenserien zur Dienstleistungsphilosophie gegenüber KMU mit dem Tenor "maßgeschneiderte Angebote", "Rundumbetreuung" etc. schaffen ein neues Image des bfz, welches größere Akzeptanz bei KMU verspricht.

3. Die Feldphase 1 strebt zwei allgemeine Ziele an:
- Erstens die Verbesserung der Akzeptanz der Angebote der bfz im Marktsegment KMU. Dies sollte sich in einer Vergrößerung der Teilnehmerzahlen aus diesem Bereich und in einer Nachfrage nach Beratungsleistungen ausdrücken.

- Zweitens die Untersuchung des jeweiligen Erfolges der zur Erreichung des Zieles eingesetzten Maßnahmen, Instrumente und Tätigkeiten. (Auch und gerade Mißerfolge sind hier berichtenswert und zu analysieren.)

Die systematische Verfolgung beider Ziele hängt entscheidend vom Einsatz der regionalen Bildungsberater ab. - Also von Ihrem Einsatz!

Projektleitung und wissenschaftliche Begleitung sind im wesentlichen unterstützend tätig.

Neben den wichtigen Debatten und Schulungen in der Vorbereitung der Feldphase zählt zu dieser Unterstützung auch die Vergabe von Handreichungen zur Durchführung der Feldphase. Diese Handreichungen sollen nach und nach in der Form eines "Bildungsberaterkoffers" oder "-handbuches" vorliegen.

Um für das Untersuchungsziel bestimmte Minimalvoraussetzungen sicherzustellen, sind einige wenige formelle Anforderungen zu beachten.

3.1 Das Betriebssample

3.1.1 Umfang des Samples
Innerhalb der 1½jährigen Dauer der Feldphase 1 sollten in jeder Region 60 Betriebe im Sinne unseres Marketingverständnisses beraten und betreut werden. Je nach Akzeptanz wird diese Betreuung natürlich mehr oder weniger intensiv ausfallen. Minimalkriterium für die Aufnahme in das Betriebssample ist ein zweimaliger Besuch des Bildungsberaters im Betrieb mit direktem Gespräch mit einem Betriebsverantwortlichen während der 1½ Jahre.

3.1.2 Struktur des Samples
Außer den bekannten Größenkriterien (KMU --> 500 MA) gibt es keine weiteren Selektionskriterien. Ausnahme ist Ingolstadt. In Ingolstadt sollte die Aufnahme einiger Zulieferer für Audi im Sample angestrebt werden.

3.2.3 Struktur der Beratungen/Dokumentation
Vor dem Hintergrund der angestrebten Projektziele, die Ihnen bekannt sind, ist Ihrer Kreativität bei der Gesprächsaufnahme und Gesprächsführung keine Schranke gesetzt.
Um dennoch ein Minimum an vergleichbarer Dokumentation zu gewährleisten, finden Sie in der Anlage ein knappes Erhebungsinstrument, dessen Bearbeitung während oder nach jedem Betriebsgespräch obligatorisch ist.

3.2 Ergänzende Dokumentation der Feldarbeit
Zur Erfassung der Gesamtbemühungen und der Erfolge/Mißerfolge bei der Durchführung des Bildungsmarketing ist die Dokumentation Ihrer gesamten Tätigkeit für das Projekt notwendig. Das heißt, insbesondere Ihre Werbekampagnen, Ihre Mailing-Aktionen, Ihre Telefonkontakte etc., alle diese Aktivitäten sollten Sie nachvollziehbar dokumentieren.

Unser Vorschlag hierzu:
- Alle Anzeigen, Presseartikel etc. in einen Aktenordner ablegen und kurze Bemerkung zum Zweck, Zeitpunkt etc. der Aktion.
- Jeden Schriftverkehr im Rahmen des Projektes ebenfalls in einen Aktenordner ablegen (Mailings, Kontakte zu Multiplikatoren etc.).
  Auch hier eine kurze Bemerkung zum Umfang, Rücklauf etc. des Mailings.

- Telefonaktionen sollten zumindest nach Umfang, Zwecksetzung, Standardablauf des Gesprächs etc. dokumentiert werden.

  Besondere Erfahrungen, Erfolge, Mißerfolge etc. sollten darüber hinaus festgehalten werden.
- Alle weiteren Aktionen: Multiplikatorenkontakte, Arbeitskreise etc. sind global zu skizzieren.

  Der Arbeitsaufwand für die o.a. Dokumentationen Ihrer Tätigkeiten läßt sich klein halten, wenn Sie die ohnehin notwendigen Aufzeichnungen für das bfz einfach kopieren.

3.3 Alle Fragen und Probleme, die im Rahmen der Feldphase auftauchen, sollten unmittelbar telefonisch mit der Projektleitung (Fr. Stölzl) oder gegebenenfalls mit der wissenschaftlichen Begleitung (Hr. Stahl) besprochen werden. Wenn irgend möglich, werden wir mittelbare oder unmittelbare Hilfestellung leisten.

3.4 Denken Sie bitte immer daran, daß wir uns erst im Versuchsstadium des Bildungsmarketing befinden. Fehler und Rückschläge werden sich unvermeidbar einstellen.

Lassen Sie sich nicht entmutigen, seien Sie aber jederzeit auch bereit, tradierte Vorgehensweisen zu hinterfragen und zu verändern. Wir wollen nicht mit Gewalt Recht behalten, sondern wir wollen etwas Neues entwickeln. Irrtümer bringen uns dann weiter, wenn wir sie uns eingestehen. Neugier und Lernbereitschaft bringen uns weiter als Lehrbuchdogmatismus.

2.6 Durchführung der Feldphase 1

Während der Feldphase 1 wurden zwischen dem 1.10.1990 und dem 31.3.1992 insgesamt 253 Betriebskontakte mittels der Datenerhebungsbögen (vgl. Anhang) erfaßt und ausgewertet.

Aus Termingründen konnten verspätet eingegangene Erfassungsbögen bei der vorliegenden Auswertung nicht berücksichtigt werden. Dieser Tatbestand sowie die Auskunft einiger Bildungsberater über noch nicht dokumentierte Betriebsbesuche geben Raum für die berechtigte Annahme, daß mindestens die geforderten 300 Betriebsbesuche stattgefunden haben.

Die ausstehenden Daten werden selbstverständlich für die abschließende Auswertung der Feldarbeit am Ende des Modellvorhabens verfügbar sein.

Diese 253 dokumentierten Besuche verteilen sich wie folgt auf die 5 Versuchsregionen:

Abbildung 15: Versuchsregion Marketingprojekt Feldphase 1

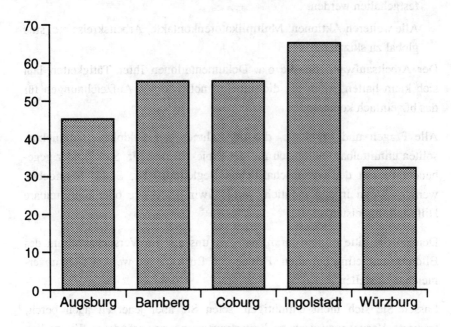

Die Frequenz der Betriebsberatungen nimmt eine charakteristische Entwicklung über die Zeit der Feldphase:

Abbildung 16: Entwicklung der Betriebsberatungen in der Feldphase 1

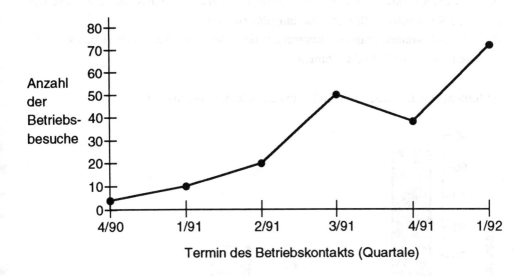

Nach relativ zögerlichem Beginn 1990 ergibt sich eine kontinuierliche Steigerung der Betriebskontakte der Bildungsberater bis zum Ende des Erfassungszeitraums. Ausnahme ist das vierte Quartal 1991.

Dieser Verlauf der Frequenz von Betriebskontakten spiegelt die weiter oben erwähnten Anfangsprobleme der Bildungsberater ebenso wider, wie die Tatsache, daß Bildungsmarketing für KMU immer noch zuerst Markterschließung bedeutet und erst zeitverzögert in Beratung und Verkauf von Dienstleistungen mündet.

Das heißt, sowohl anfängliche Schwellenängste wie das Problem, Gesprächstermine zu bekommen, und die vorgelagerte Werbe- und Kommunikationsarbeit führten zu einer ansteigenden Intensität von Betriebskontakten während der Feldphase 1. Es wird interessant sein, den weiteren Verlauf dieser Kurve in der nächsten Feldphase zu verfolgen und insbesondere deren Vergleich mit Entwicklungen in den neuen Erprobungsregionen zu analysieren.

Nach Aussage verschiedener Bildungsberater zeichnet sich bereits heute in einigen Regionen der Effekt der Markterschließung in Form von autonomen Betriebsnachfragen nach einem Beratungsgespräch ab. Dies ist Hoffnung und Bestätigung für die Bildungsberater zugleich. Es macht aber auch deutlich, daß die Erschließung dieses Marktsegments vom Bildungsträger einen "langen Atem" verlangt. Beträchtliche finanzielle und zeitliche Vorleistungen sind als Investition in die Zukunft mit Sicherheit erforderlich.

Auch in unserem Modellvorhaben dürfte es noch einige Zeit dauern, bis sich die Kurve der Betriebskontakte über die Zeit in eine Konstante verändert, die ausschließlich durch die Kapazität der Bildungsberatung determiniert wird.

Diese Betriebskontakte fanden zum weitaus überwiegenden Teil in Betrieben statt, die klassischerweise zu den KMU zählen.

Abbildung 17: Betriebe nach Größe und Sample der Feldphase 1

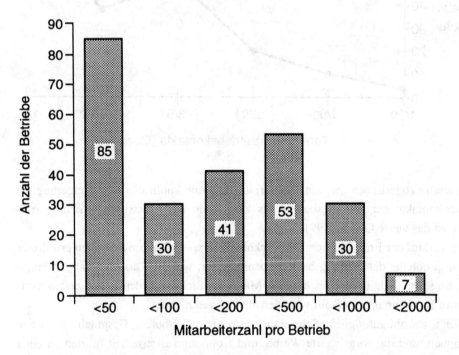

Besonders interessant ist die Tatsache, daß ein gutes Drittel der beratenen Betriebe aus der Klasse der Kleinbetriebe kommt, die als besonders schwierige Klientel für Bildungsträger gelten.

Wie bei kleinen und mittleren Betrieben nicht verwunderlich, rekrutieren sich die Gesprächspartner der Bildungsberater in den Betrieben vorwiegend aus Geschäftsführern bzw. Inhabern. Bei mittleren Betrieben waren es haupt- und nebenamtliche Personalleiter.

Nicht in allen Fällen gelang es, die Qualifikation des Gesprächspartners zu erfassen. Kaufmännische Qualifikationen überwogen deutlich.

Die befragten Firmen streuen über das gesamte Branchenspektrum. Insgesamt 43 verschiedene Wirtschaftszweige aus der dreistelligen IAB-Klassifikation sind vertreten. Wie bei Klein- und Mittelbetrieben in den genannten Regionen zu vermuten, liegt ein Schwerpunkt in den verarbeitenden Gewerben, 184 Betriebe zählen dazu. Der Maschinenbau mit 56 vertretenen Betrieben und die Elektrotechnik mit 22 Betrieben ragen hervor. Neben dem verarbeitenden Gewerbe bilden noch 21 Einzelhandelsbetriebe einen gewissen Branchenschwerpunkt des Betriebssamples.

Abbildung 18: Funktion des Gesprächspartners in der Firma

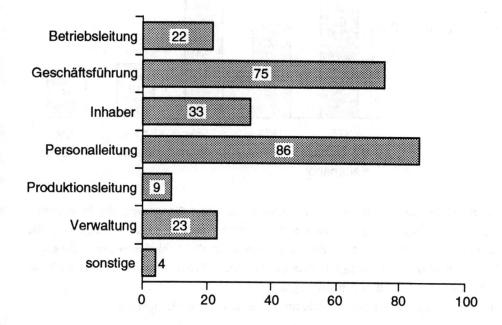

Abbildung 19: Qualifikation des Gesprächspartners in der Firma

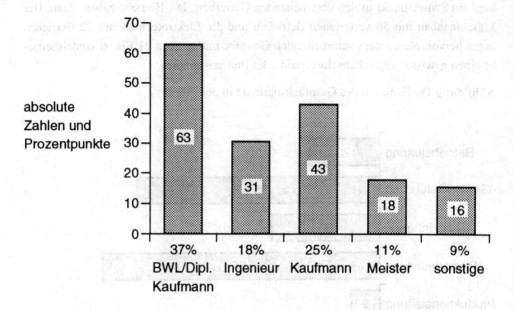

Aufgrund der noch zu geringen Fallzahlen ist in dieser Auswertung die Präsentation regionalspezifischer Aspekte noch nicht vorgesehen. Von daher erübrigt sich die Strukturanalyse der unterschiedlichen Regionen. In der Schlußauswertung hingegen kommt diesem Aspekt einige Bedeutung zu. Hier dürften sich die Trends auch als stabiler erweisen, als dies gegenwärtig der Fall ist.

Die Analyse der Feldphase 1 besteht im wesentlichen aus 3 Elementen:

1. Die quantifizierende Auswertung des Erhebungsinstruments, welches die Betriebskontakte dokumentiert, (vgl. weiter oben)

2. die Darstellung der regional unterschiedlichen Werbe- und Kommunikationsstrategien inklusive einer Wertung dieser Strategien,[34]

3. die kommentierte Darstellung einiger Beratungsfälle, die qualitativ und in die Tiefe gehend, charakteristische Verläufe von Kooperationen/Kontakten zwischen Träger und Betrieb festhalten.[35]

---

34 Vgl. hierzu den Beitrag von M. Stölzl in diesem Band.
35 Vgl. die Fallstudien im dritten Teil des Readers.

Ergänzend zu diesen Darstellungen erscheint es wichtig, noch einige Entwicklungen wenigstens zu benennen, die während der Feldphase im Modellvorhaben bzw. im Umfeld berichtenswert sind - ohne daß damit bereits jetzt Ansprüche auf eine Klärung von Wirkungen bzw. Ursachen dieser Phänomene erhoben würden.

- In die zweite Hälfte der Feldphase 1 fällt ein deutlicher Konjunkturabschwung, der sich insbesondere im metallverarbeitenden Gewerbe und hier besonders im Maschinenbau geltend macht. Es häufen sich die Stellungnahmen von Betrieben, daß vor diesem Hintergrund wenig Bereitschaft zur Investition in Weiterbildung besteht.
- Die Feldphase 1 fällt in die Zeit des Beitritts der fünf neuen Bundesländer zur alten Bundesrepublik. Dieses Faktum hat Auswirkungen auf den Arbeitsmarkt in Bayern. Insbesondere in den beiden "grenznahen" Regionen Bamberg und Coburg gibt es Auswirkungen auf dem Arbeitsmarkt und auch auf die allgemeine Wirtschaftsentwicklung.
- Im Herbst 1991 beschließt die bfz-Geschäftsführung eine organisatorische Neuerung im Umgang mit den Maßnahmen für Betriebe. Die Kompetenzen und Verantwortlichkeiten werden von der Zentrale in die Bereiche und regionalen bfz verlagert. Bildungsberatung wird damit eindeutig zur Sache der einzelnen bfz, ebenso die Kalkulation von Kosten und Ertrag dieser Funktion.
- Gegen Ende der Feldphase 1 ergibt sich eine starke Fluktuation bei den beteiligten Bildungsberatern. In 4 der 5 beteiligten Regionen wechselt jeweils eine Person innerhalb oder außerhalb der bfz ihren Job. Drei neue Bildungsberater kommen hinzu. In einer Region ist die Situation ungeklärt.

- **Zum Erhebungsinstrument und zur schrittweisen Kodierung der erhobenen Informationen**

Mit Ausnahme der Erhebung weniger Strukturmerkmale der besuchten Betriebe (Fragenkomplex 1 im Instrument) sind alle Fragen des Instruments offen formuliert. Im wesentlichen bestimmten zwei Gründe diesen Datenerfassungsmodus: Das Instrument sollte möglichst knapp gehalten werden, um den Betriebsbesuch *nicht* zu einer Interview-Situation zu verändern (aber dennoch möglichst umfangreich die Erfahrungen zu dokumentieren). Das Instrument sollte zu einer möglichst konkreten Dokumentation spezifischer Betriebsproblematiken und Betriebsberatersichten ermuntern und den innovativen Prozeß der Beratung und des Verkaufs nicht auf vorfabrizierte Kategorien reduzieren.

Mit dieser Vorgehensweise handelt sich empirische Feldforschung auf der anderen Seite das Problem der Post-fact-Kategorisierung der Antworten ein, inklusive umfangreicher Codierungs- und Recodierungsarbeiten.

Methodologisch sind selbstverständlich Probleme mit Reliabilität und Validität der recodierten Informationen verbunden. Kategorisierung und Codierung aus den qualitativen Auskünften via offene Fragen bedeutet immer auch Interpretation und Bewertung der Originalkommentare. Hierbei ist das Risiko von Fehlinterpretationen immer manifest.

Im vorliegenden Fall bemüht sich die Kategorisierung der Antworten im ersten Schritt um Originaltreue. Das heißt, die Kategorien wurden in aller Regel aus Originalkommentaren gebildet. Subsumtionen wurden sehr behutsam vorgenommen. Nachteil dieses Verfahrens ist, daß eine Reihe von Variablen mit einer Vielzahl von Ausprägungen existieren. Abstrakte und griffige Aussagen werden derart naturgemäß nicht möglich. Außerdem gibt es gelegentlich Trennschärfeprobleme zwischen einzelnen Ausprägungen einer Variablen.

Grund für dieses Verfahren ist neben den methodologischen Skrupeln der Versuch, für die weitere Arbeit im Projekt eine möglichst konkrete Deskription der Situation zu erhalten, die Identifikationen der Bildungsberater mit ihrer Tätigkeit unmittelbar erlauben.

Zusätzlich zu diesen Bemühungen um möglichst originalgetreue Kategorisierung und Codierung wurde der Versuch unternommen, die ausschließlich nominal skalierten Variablen um einige Variablen zu ergänzen, die ordinale Skalierung zulassen und somit Basis für vorsichtige varianzanalytische Verfahren zur Zusammenstellung von Beziehungen zwischen einzelnen Variablen (Tatbeständen) sind.

Die Konstruktion dieser ordinal skalierten Variablen erfolgte prinzipiell über eine Bewertung von Ausprägungen der Originalvariablen und der anschließenden Addition verschiedener Variablen zu einer abstrakteren Größe, welche graduelle Abstufungen von Technikeinsatz, Planungskompetenz im Unternehmen etc. darstellen soll. Die folgenden ordinal skalierten Variablen wurden derart gebildet:

TECHGRAD = Der Grad der Techniknutzung im Betrieb.
Diese Variable gibt unterschiedliche Grade der Nutzung von datenverarbeitungsgestützten Techniklinien im Betrieb wieder, vor der Folie einer vorgestellten Nutzung von keiner derartigen Technik bis zur computerintegrierten Fabrik (CIM/CIB).

ZIELGRAD = Der Reifegrad von Rationalisierungsüberlegungen des Betriebes in Relation zur Techniknutzung. Klassische Rationalisierungsgründe und "neue" Rationalisierungsgründe wurden gewichtet und summiert.

ORGREAG = Die gewichtete Summe der technikinduzierten Organisationsüberlegungen im Betrieb.

ORGPROSP = Die gewichtete Summe der technikunabhängigen/prospektiven Organisationsüberlegungen im Betrieb.

ORGKOMP = Der Grad an Organisationskompetenz, der im Betrieb sichtbar ist. (Gewichtete Summe aus ORGREAG + ORGPROSP).

PLANKOMP = Der erkennbare Grad an Planungskompetenz im Betrieb bezüglich Personal und Weiterbildung. Gewichtete Summe aus Auskünften zu betrieblicher Personal-/Weiterbildungsplanung.

PROBDIR = Die gewichtete Summe betrieblicher Probleme mit der Mitarbeiterweiterbildung aus der Sicht des Betriebes.

PROBINDI = Die gewichtete Summe betrieblicher Probleme, die indirekt Weiterbildungsbedarf signalisieren, aus der Sicht des Betriebes.

PROBSUBJ = Grad der betrieblichen Probleme im Personalplanungs- und -entwicklungsbereich, die vom Betrieb wahrgenommen wurden. Gewichtete Summe aus PROBDIR + PROBINDI.

BBPRODIR = Die gewichtete Summe der betrieblichen Probleme mit der Mitarbeiterweiterbildung aus der Sicht der Bildungsberater.

BBPROIND = Die gewichtete Summe der betrieblichen Probleme, die indirekt Weiterbildungsbedarf signalisieren, aus der Sicht der Bildungsberater.

BBPROBL = Der relative Grad der betrieblichen Probleme im Personalplanungs- und -entwicklungsbereich, die von den Bildungsberatern wahrgenommen wurden. Gewichtete Summe aus BBPRODIR + BBPROIND.

DIENTRAD = Die gewichtete Summe "traditioneller" Dienstleistungen, die im Zuge des Bildungsmarketing vom Betrieb in Anspruch genommen wurden (z.B. externe Standardseminare).

DIENINNO = Die gewichtete Summe "innovativer" Dienstleistungen, die im Zuge des Bildungsmarketing vom Betrieb in Anspruch genommen wurden (z.B. beratende Dienstleistungen).

DIENGRAD = Der relative Grad, der im Zuge des Bildungsmarketing vom Betrieb in Anspruch genommenen Dienstleistungen. Die gewichtete Summe von DIENTRAD + DIENINNO.

Die Gewichtungen der Ausprägungen der Originalvariablen, die in die jeweiligen ordinal skalierten Variablen eingehen, wurden auf Basis der innovativen Zielsetzung des Projekts vorgenommen und lassen sich lediglich vor Kriterien der Plausibilität diskutieren. Wenn z.B. die Inanspruchnahme "innovativer" Dienste eine höhere Gewichtung erfährt als die Inanspruchnahme "traditioneller" Dienste, so hat dies natürlich seine Auswirkungen bei der Zumessung des relativen Grades der Dienstleistungen, die vom Betrieb in Anspruch genommen wurden. Dies macht nur Sinn vor der Folie der "Integration des externen Faktors" als Kurzformel des zu erprobenden Marketingkonzeptes. DIENGRAD signalisiert immer auch den relativen Status des jeweiligen Betriebes zur Realisierung umfassender Kooperationen zwischen Bildungsträger und Betrieb.

3 Personalentwicklung in kleinen und mittleren Unternehmen heute

Empirische Befunde zur Situation und Entwicklungsdynamik bei den KMU

Im Anschluß an die Ausführungen im ersten Kapitel zur zunehmenden Bedeutung systematischer Organisations- und Personalentwicklung auch in KMU sind die Kontaktgespräche und Beratungen, die im Modellvorhaben mit den Managern dieser Firmen geführt wurden, auch Informationsquelle zum gegenwärtigen Entwicklungsstand, zu den Problemen und Problemsichten von KMU.

Aus der Sicht des Bildungsmarketing ist die vergleichsweise detaillierte Dokumentation zur Technikeinführung, zu den Rationalisierungsmotiven, zu Organisationsvorstellungen, zur Auflistung von Problemen im Personalbereich etc. von besonderer Bedeutung. Aus der Analyse dieser gegenwärtig aktuellen Themen in KMU und vor allem aus dem argumentativen Umgang mit ihnen, lassen sich gezielte Gesprächsstrategien für Beratung und Verkauf entwickeln, und der Blick des Bildungsberaters wird geschärft für mögliche Bildungsbedarfe und für Notwendigkeiten der curricularen Neuentwicklung.

Eine Hoffnung muß allerdings auf Basis unserer bisherigen Erfahrungen gründlich zerstört werden: Es gibt bislang keine Anhaltspunkte dafür, daß aufgrund sogenannter Strukturmerkmale eines Betriebes (von außen) auf dessen Weiterbildungsnotwendigkeit oder gar auf dessen Zugänglichkeit gegenüber modernen PE-Konzepten geschlossen werden kann. Zu unterschiedlich sind die spezifischen Problemlagen und zu verschieden sind Erfahrungen und Einstellungen des verantwortlichen Managers, um hier zu generalisierenden Resultaten zu gelangen. Typische Entwicklungsphasen und typische Argumentationsfiguren können dem Bildungsberater nur Hilfen sein in einem Prozeß, der stark von seinem Fachwissen und von seiner Sensibilität im Umgang mit Menschen geprägt ist.

3.1 Technikeinführung und ihre Gründe

Bereits die Antworten auf die erste Frage nach der aktuellen bzw. geplanten Nutzung von datenverarbeitungsgestützten Techniklinien verweisen auf das bekannte Phänomen der eher traditionellen, aber eben auch nicht optimalen Abfolge von Planungs- und Handlungsschritten, die in KMU in Zusammenhang von PE üblich sind.

Abbildung 20: Stadium der Techniknutzung in den Betrieben

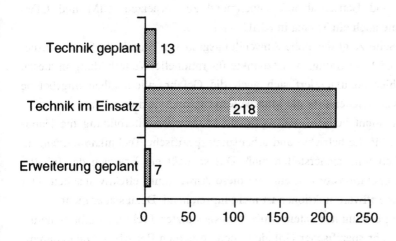

Der Bildungsberater wird in der Regel mit einer Situation konfrontiert, in der die Technik bereits beschafft ist und auch angewandt wird. In diesen Fällen hat Weiterbildung immer den Charakter von Mangelbeseitigung, sie muß unter erschwerten Bedingungen organisiert werden, Unzufriedenheit bei Management und Mitarbeitern mit der Technik und miteinander ist die Folge .

Nach den Vorstellungen der modernen Weiterbildungsplanung und Personalentwicklung wären nur 20 der 253 dokumentierten Fälle ideal für Bildungsberatung, weil hier bereits frühzeitig und vor Beschaffung der Technik bzw. deren Erweiterung die geeigneten Schritte für adäquate Mitarbeiterweiterbildung geplant und ohne Hektik ergriffen werden können.

Daß die Realität anders ist, daß die "Post-fact"-Weiterbildung überwiegt, liegt zum einen am o.a. Traditionalismus. Zum anderen ist das Instrument der Bildungsberatung für KMU immer noch neu und wenig bekannt. Aus diesem Grund besteht Hoffnung, daß sich in Zukunft die Relation zugunsten paralleler oder vorgreifender PE-Prozesse verschiebt. Gegenwärtig müssen Bildungsberatung und Bildungsträger damit leben, daß ihnen die Rolle der Feuerwehr zukommt, die erst gerufen wird, wenn schon Feuer unterm Dach ist.

Nicht verwunderlich ist der hohe Anwendungsgrad, den die datenverarbeitungsgestützten Techniken inzwischen auch in KMU haben. Das unterstützt die Behauptung von dem "latenten" Bedarf an Weiterbildung in diesen Unternehmen.

Die genutzten Techniken erstrecken sich dabei sowohl auf den Bürobereich wie auf den Fertigungsbereich oder die Konstruktion. Von besonderem Interesse für unsere Perspektive "Lernende Organisation" und moderne PE sind Tendenzen auch in KMU, Computertechnik und Betriebsabläufe zunehmend zu vernetzen. CIM und CIM-Elemente sind heute auch ein Thema in KMU.

Auf der anderen Seite zeigt der hohe Anwendungsgrad von Standardsoftware, insbesondere in Büro und Verwaltung, Ansatzpunkte für rationelle Weiterbildung in diesen Bereichen, aber hier dokumentiert sich auch die Gefahr, allenthalben angebotene Billiglösungen als ausreichend für die Mitarbeiterweiterbildung anzusehen.

In der Regel wird nicht bedacht, daß optimale Mitarbeiterweiterbildung die Handlungskompetenzen für die betriebs· und arbeitsplatzspezifische Technik*anwendung* in einem umfänglichen Sinn sicherstellen muß. Das schließt ein Erlernen der Inhalte, Methoden und Kooperationsformen ein, die diese Anwendung effektiv machen. Das bloße Bedienen der Softwarefunktionen ist nicht hinreichend. Dazu später mehr.

Für die Einführung bestimmter datenverarbeitungsgestützter Techniken gibt es natürlich eine Vielzahl sehr spezifischer Gründe in den besuchten Betrieben. Die ökonomische Sichtweise des Kaufmanns subsumiert diese disparaten konkreten Gründe in aller

Abbildung 21: CIM-Lösungen/CIM-Elemente in den befragten Betrieben

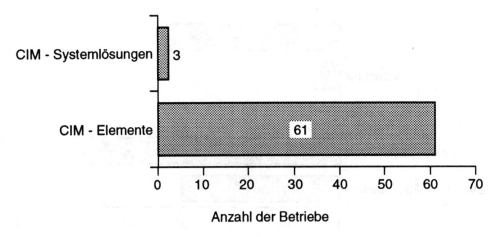

Regel unter dem Begriff "Rationalisierung". Nachdem, Betriebe in der Tat wirtschaftliche Erträge zum Ziel haben, vor deren Hintergrund Technik und Organisation bloße Mittel sind, ist diese Betrachtung korrekt - in ihrer Abstraktheit aber für das praktische Handeln der Bildungsberatung wenig aufschlußreich.

Abbildung 22: Hardwareeinsatz im Büro

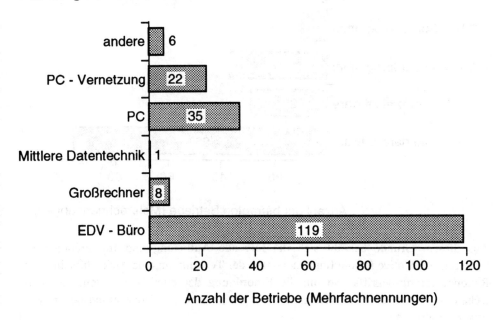

Abbildung 23: Hardwareeinsatz in der Fertigung

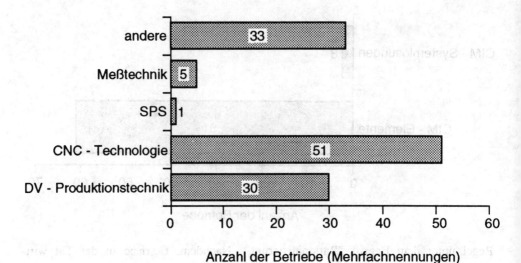

Anzahl der Betriebe (Mehrfachnennungen)

Abbildung 24: Softwareeinsatz im Büro

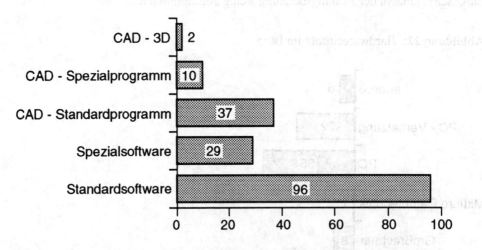

Anzahl der befragten Betriebe (Mehrfachnennungen)

Aus diesem Grunde bemüht sich die folgende Auflistung und Interpretation der betrieblichen Motive für die Implementation der Technik um eine Aufschlüsselung des Rationalisierungsbegriffs und um die Einordnung der empirischen Befunde in die Debatte um neue Rationalisierungsnotwendigkeiten vor dem Hintergrund neuer Wettbewerbserfordernisse.

Das heißt, die Bildungsberater bemühten sich um möglichst konkrete Auskünfte bezüglich der Rationalisierungsvorstellungen, die der betriebliche Partner mit der Technikeinführung verbunden hatte. Dies gelang in unterschiedlichem Maße.[36] Aus der Vielzahl von Gründen, die genannt wurden (auch hier waren Mehrfachnennungen möglich), wurden sinnvolle Subsumtionskategorien gebildet und vor der Folie "traditionelle" vs. "neue" Rationalisierungsmaßnahmen abgebildet.

Dabei bezieht sich der Terminus "traditionelle Rationalisierung" auf die klassischen Maßnahmen zur Senkung der Produktionskosten, die auf Basis der Preiskonkurrenz auf Massenmärkten die Rationalisierungsdiskussion der letzten 60 Jahre beherrschte. Diese Tradition, die vorwiegend über Maßnahmen der Arbeitszerlegung und Automatisierung (in der Tradition von Taylor und Ford) Effizenz der Produktion und Lohnstückkostenreduktion anstrebte, wird bis heute mit dem Begriff der Rationalisierung identifiziert.

Der Wandel von Massenmärkten zu Kundenmärkten sowie der beständig wachsende Kapitaleinsatz pro Arbeitsplatz (nicht zuletzt als Folge der Automatisierung) ergänzt den traditionellen Rationalisierungsbegriff um einige Facetten.

Ökonomisch betrachtet sind zwei getrennte Rationalisierungsstränge bedeutsam:

- Kundenorientierte Produktion verlangt Organisationsformen, Techniken und Prozeßsteuerung, die spezifische Einzelprodukte oder Kleinserien von hoher Qualität sehr schnell und zu ähnlich niedrigen Kosten produzieren hilft, wie dies in der Massenfertigung der Fall war. Kurz: Es geht um die Just-in-time-Produktion stets wechselnder kundenspezifisch hergestellter Einzelprodukte mit exzellenter Qualität zu Kosten, die denen der Massenfertigung entsprechen. Dieser scheinbare Widerspruch wird ermöglicht durch den Einsatz der neuen Techniken und durch Organisationsformen, die Flexibilität, "Through-put"-Orientierung und Qualitätssicherung statt Qualitätskontrolle auszeichnen. Als Stichwort für diesen komplexen Rationalisierungstrend kann "Flexibilisierung" gelten.

- Der stetig steigende Kapitaleinsatz pro Arbeitsplatz schafft das Problem der zunehmenden Kapitalbindung, welches sich negativ auf Erträge auswirkt. Auch hier sollen Prinzipien der "lean-production" rationalisierend wirken: Einführung von Just-in-time-Prinzipien in der Logistik mit der Konsequenz der Auslagerung von Lägern zu den Zulieferern reduzieren illiquide Kapitalteile und beschleunigen den Kapitalumschlag.

---

36 Interessant ist hier, daß kaufmännisch vorgebildete Bildungsberater sich tendenziell eher mit Schlagworten zu "Rationalisierung" abspeisen ließen als andere. Die gleiche Vorbildung der Gesprächspartner führte hier zu vorschneller Übereinkunft, ohne weitere Hinterfragung.

Das bedeutet Zunahme und Flexibilisierung von Planungen, Prozeßorientierung bei allen Mitarbeitern und gesteigerte Eigenverantwortung bei den Produktionsfacharbeitern.
Daneben muß die möglichst friktionsfreie Benutzung der teuren Maschinerie gewährleistet sein. Auch dies geht nur über die verstärkte Beteiligung des Maschinenbedieners an selbstverantwortlicher Pflege und Wartung der Maschinerie; Verantwortung und dispositive Fähigkeiten auf der ausführenden Ebene werden wichtiger.
Wenn diese "neuen" Rationalisierungsformen unter dem Topos "lean-production" angesprochen werden, so soll die fortwährende Gültigkeit der "traditionellen" Rationalisierungsanstrengungen damit nicht geleugnet werden.
Insofern ist es kein Wunder, wenn die betreuten Betriebe häufig sowohl traditionelle wie "neue" Rationalisierungsgründe parallel anführen, um ihre Motive zur Technikeinführung zu erläutern. Ein "Sowohl-Als-auch" ist hier durchaus möglich.

Abbildung 25: Traditionelle Rationalisierung

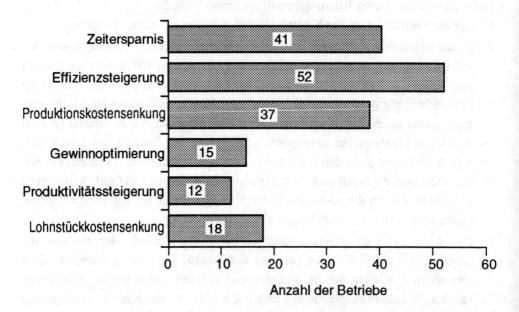

Insgesamt 175 der befragten 253 Betriebe gaben Motive für die Technikeinführung an, die mit traditionellen Rationalisierungsvorstellungen übereinstimmen. Es ist klar, daß die aufgelisteten Gründe nur besondere Seiten desselben Verhältnisses - Ertragssicherung durch Senkung der Produktionskosten - ausdrücken.

Immerhin 83 der 253 Betriebe nennen Gründe für die Einführung der Technik, die eng mit den aktuellen Marktentwicklungen zusammenhängen und die hier unter "neuen" Rationalisierungsvorstellungen subsumiert werden.

Diese Betriebe sind für Bildungsberatung und Bildungsmarketing besonders interessant, weil sich hier unmittelbar die Notwendigkeit moderner Personalentwicklung und Mitarbeiterweiterbildung in einer Weise stellen, die quantitativ mehr und qualitativ neue Kooperationen mit externen Weiterbildungsträgern erfordern.

Abbildung 26: Neue Rationalisierungsformen

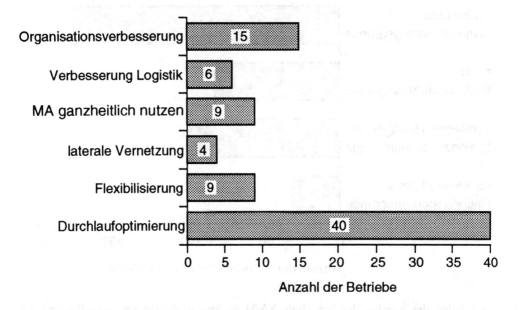

Die Analyse der vorliegenden Daten ergibt eine deutliche Korrelation (r=0,37) zwischen der Nennung von "neuen" Rationalisierungsgründen und dem unmittelbaren Weiterbildungsproblem, die der Bildungsberater im Betrieb wahrnimmt (ZIELGRAD/ BBRODIR).[37]

Daß damit noch keineswegs die unmittelbare, manifeste Nachfrage nach Weiterbildung einhergeht, zeigt die zwar positive, aber nicht signifikante Korrelation zwischen den neuen Rationalisierungsstrategien und den tatsächlich in Anspruch genommenen Dienstleistungen durch das bfz (r=0,29). In vielen Fällen bleibt auch hier der Bedarf latent. Dies drückt sich auch darin aus, daß die Wahrnehmung von unmittelbaren

---

37 Vgl. Korrelationsmatrix im Anhang sowie Erläuterung zu den ordinal skalierten Variablen weiter oben.

Weiterbildungsproblemen im Bewußtsein der betrieblichen Partner (PROBDIR) mit ihrem Rationalisierungsverständnis nur schwach korreliert (r=0,2), während dies die Bildungsberater, wie gesagt, deutlicher sehen.

Während immerhin ca. ein Drittel der Betriebe neue Rationalisierungserfordernisse sehen, sind es nur noch ca. 13 % der Betriebe, deren vorwiegendes Ziel darunter subsumierbar wäre.

Abbildung 27:

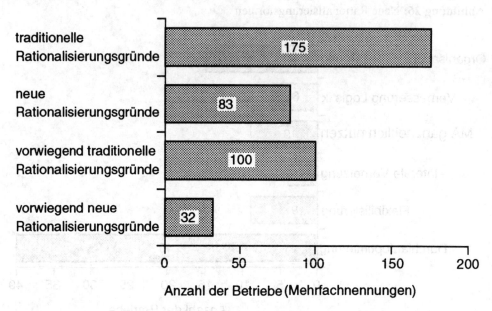

Das heißt, die meisten der besuchten KMU denken nach wie vor vor allem an die Senkung der Produktionskosten, wenn sie neue Techniken einführen.

Neben der Subsumtion von Rationalisierungsgründen unter der Modernisierungsdebatte scheint die Erwähnung einiger Einzelgründe nicht uninteressant:

Abbildung 28: Rationalisierung im einzelnen

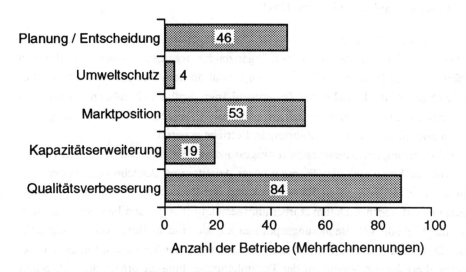

Daß Qualitätsverbesserung heute ein wichtiges Motiv für die Technikeinführung in den Betrieben ist, ist zwar nicht neu, eröffnet aber zahlreiche Möglichkeiten zur Bildungsberatung. Das gleiche gilt für das Motiv, die betriebliche Planung bzw. Entscheidungsfindung zu verbessern. Eine klassische Schwäche von KMU tritt hier zutage, die sicherlich durch die Einführung von EDV in der Verwaltung nicht zu beheben ist. Hier bieten sich Ansatzpunkte zur Erörterung von Organisations- und Personalentwicklungskonzepten.

Interessant ist, daß Umweltschutz immer noch ein untergeordnetes Rationalisierungsmotiv ist. Dies dürfte sich in Zukunft aufgrund restriktiver Gesetzgebung, aber auch aus Marketinggründen ändern.

Zusammenfassend läßt sich festhalten, daß auch in der Gruppe der KMU zunehmend neue Rationalisierungskonzepte zum Tragen kommen, die zumindest vermittelt Anlaß zur Weiterbildungsberatung und zum Verkauf von Maßnahmen sein können.

Allerdings zeigt sich bislang wenig empirische Signifikanz zu autonomer Nachfrage der Betriebe nach Weiterbildung als Konsequenz dieser Rationalisierungsüberlegungen. Hier, wie vor allem bei den eher traditionellen Betrieben, verbleibt gegenwärtig die Beweislast zur Notwendigkeit von Weiterbildung beim Bildungsträger.

3.2 Das Verhältnis von Technikeinführung und Betriebs-/ Arbeitsorganisation bei den KMU

Es ist keine neue Erkenntnis, daß neue Technikgenerationen zu ihrer effektiven Anwendung in der betrieblichen Arbeit ergänzender organisatorischer Vorhaltungen bedürfen. Das betrifft in erster Linie die Organisation der Arbeitsabläufe selbst, aber auch die Organisation betrieblicher Zusammenhänge. Schließlich müssen Personalplanungen auf die neuen Arbeitsverhältnisse abgestellt werden. - Dies ist, wie gesagt, nicht neu und gilt für Technikeinführung in Betriebe generell.

Mit der Einführung der datenverarbeitungsgestützten Techniklinien in die betriebliche Praxis wird die komplementäre Planung neuer Arbeits- und Betriebsorganisation noch bedeutsamer, ja sie wird neben der Entwicklung des Personalpotentials zum vorrangigen Planungserfordernis. Datenverarbeitungsgestützte (CA-)Techniken bieten in aller Regel eine Vielzahl von Benutzungsoptionen an, sie sind in ihrer Anwendung definierbar. Das heißt andererseits, daß die Anwendung dieser Techniken nur dort wirklich optimal erfolgt, wo bereits vor der Technikentscheidung die organisatorischen und personellen "Anwendungsvoraussetzungen" geplant und eingerichtet sind.[38]

Nicht die Technik definiert ihre Anwendung, sondern der betriebliche Anwender entscheidet mit seinen organisatorischen und personellen Strukturen, ob die Technik gemäß seinen Unternehmenszielen effizient oder ineffizient angewandt wird.[39]

Es ist andererseits bekannt, daß KMU in den Bereichen Organisationsentwicklung und Personalentwicklung Schwachstellen haben, die häufig zu Fehlentscheidungen bei der Technikwahl führen.[40]

Für Bildungsmarketing und Bildungsberatung ist es deshalb besonders interessant, genauere Informationen über die organisatorische Innovation in den Betrieben zu erhalten.

Neben den konkreten einzelnen Maßnahmen und ihrer tendenziellen "organisationsphilosophischen" Ausrichtung ist die Frage wichtig, ob Organisationsentwicklung als "technikinduziert", also nach Technikeinführung bestimmte "Notwendigkeiten" abarbeitet, oder ob proaktive Organisationsentwicklung ein autonomer Bestandteil der innovativen Unternehmensstrategie ist, der unabhängig von vermeintlichen technischen Zwängen erfolgt.

---

38 z.B. Staudt, E. (1989)
39 ders. a.a.O.
40 Vgl. v. Bardeleben, R. et al (1989); Paulsen, B. (1987), etc.

Abbildung 29: Technikinduzierte Organisationsveränderung vs. autonome Organisationsentwicklung

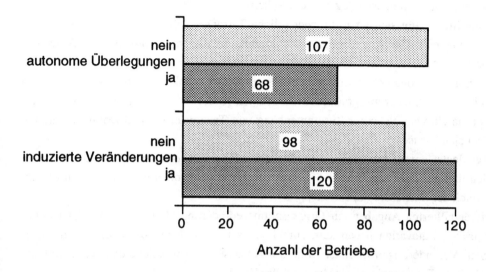

Knapp die Hälfte aller betreuten Betriebe geben organisatorische Veränderungen an, die im Betrieb *als Konsequenz* der Technikeinführung erfolgten. Nur 27 % der Betriebe stellen organisatorische Überlegungen und Planungen an bzw. treffen diesbezüglich proaktive Entscheidungen.

Obwohl sich in diesen Zahlen der erwartete Planungstraditionalismus ausdrückt, nämlich Organisation als Folgeplanung nach der Technikentscheidung, sind die Auskünfte dennoch überraschend positiv. Zunehmend werden überhaupt Notwendigkeiten zur OE erkannt und bearbeitet. In einer beträchtlichen Zahl der Betriebe geschieht dies schon proaktiv.

Es ist wenig verwunderlich, daß wir unter den Betrieben mit proaktiven Organisationsentwicklungen auch viele der Betriebe finden, die organisatorische Technikanpassung betreiben. Dieser Zusammenhang gibt Hoffnung für die Zukunft.

Tabelle 1: Proaktive Organisationsentwicklung

		nein		ja	
Technikinduzierte Organisationsveränderungen	nein	107	(42,3 %)	26	(10,3 %)
	ja	78	(30,0 %)	42	(16,6 %)

Anscheinend ist es der typische Entwicklungsgang von KMU, zuerst Organisationsanpassung zu betreiben und dann Organisationsentwicklung als eigenständigen Bestandteil von Unternehmensstrategie zu entdecken.

Allerdings ergibt sich auch die bedenkliche Tatsache, daß mit 107 Betrieben 42,3 % des Samples weder Angaben zur technikinduzierten noch zur proaktiven OE machen können.

Es gibt einen deutlichen Zusammenhang zwischen proaktiver Organisationsplanung und dem Technisierungsgrad im Unternehmen (r=0,48).[41] Dies ist besonders interessant, da ein vergleichbarer Zusammenhang von Technisierung und reaktiver Planung nicht sichtbar ist.

Dies deutet darauf hin, daß die graduelle Einführung anspruchsvoller Techniken (in Richtung auf CIM) auch bei KMU Hand in Hand geht mit proaktiven Planungen im Bereich der Betriebsorganisation.

Die detaillierten Angaben zur Organisationsveränderung als Konsequenz der technologischen Innovation geben kein einheitliches Bild. Daß es bei diesen organisatorischen Veränderungen in erster Linie um Anpassung an wirkliche oder vermeintliche technische Erfordernisse geht, liegt auf der Hand.

Die Qualität der organisatorischen Veränderungen scheint sowohl ein Mehr an Taylorismus und Arbeitszerteilung (Differenzierung) als auch ein Mehr von Funktionsintegration und Arbeitserweiterung vorzusehen. Das heißt, sowohl klassische Rationalisierungsstrategien als auch die "neuen" Rationalisierungserfordernisse drücken sich in den unterschiedlichen Organisationsanpassungen aus. Eine Tendenz läßt sich nicht erkennen.

Dieser Tatbestand drückt sich auch in den veränderten Arbeitsanforderungen für die Mitarbeiter aus. Anforderungserhöhung, Polarisierung der Anforderungen, aber auch eine Vereinfachung der Arbeit wird als Konsequenz von Technikeinsatz und Organisationsveränderung sichtbar. Immerhin ist hier eine deutliche Tendenz in Richtung auf Anforderungserhöhung erkennbar, was Ansatzpunkte für Bildungsberatung bieten sollte. Das gilt auch für die Einrichtung neuer Funktionen bzw. Positionen als Konsequenz des Technikeinsatzes.

Die Veränderungen des Personals als Konsequenz des Technikeinsatzes zeigen nur in wenigen Fällen Personalabbau. Personaleinstellung und Personalumsetzung als Konsequenz des Technikeinsatzes bestätigen die These, daß die datenverarbeitungsgestützten Technologien keineswegs "Arbeitsplatzvernichter" sind, sondern tendenziell Werkzeuge zur Realisierung neuer Rationalisierungsziele.

---

41 Vgl. Punkt 4.4

Abbildung 30: Technikinduzierte Organisationsveränderungen

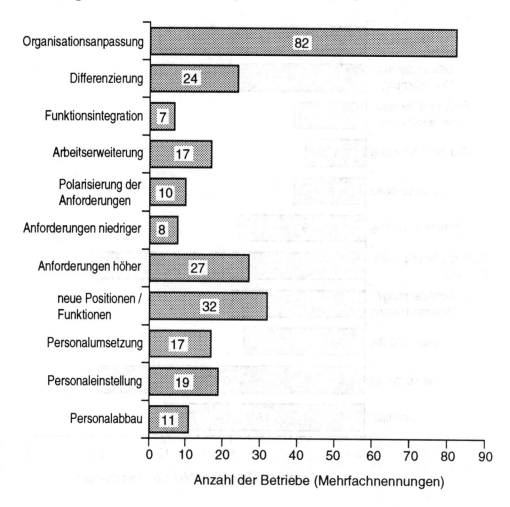

Da derartige Entwicklungen des Personalstandes aber vor allem auch konjunkturabhängig sind, läßt diese Momentaufnahme wenig Interpretation zur Tendenz zu.

Auch bei den "autonomen" Organisationsüberlegungen/-planungen gibt es in der Qualität keine einheitliche Tendenz.

Es liegt auf der Hand, daß der Anpassungsgedanke zurücktritt. Wir finden auch hier sowohl organisatorische Differenzierungsvorstellungen wie Veränderungen in Richtung Funktionsintegration.

Abbildung 31: Autonome organisatorische Planungen

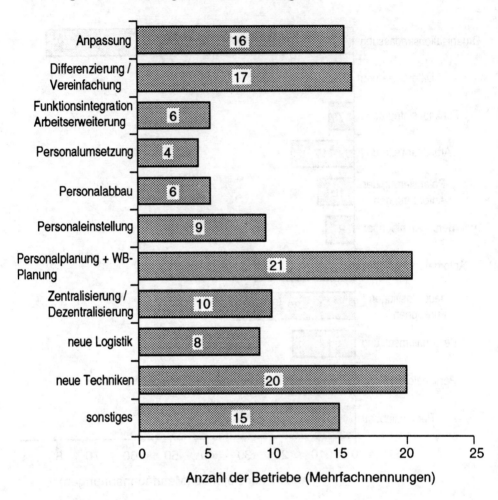

Neu ins Bild rücken Fragen der Zentralisierung/Dezentralisierung von Kompetenzen und Entscheidungen, Fragen der Logistik und vor allem der Planung von Personalentwicklung und Weiterbildung. Letztere sind naturgemäß Anknüpfungspunkte für Bildungsberatung und -marketing.

Insgesamt läßt sich auf Basis der erhobenen Daten festhalten, daß auch in KMU die Bedeutung organisatorischer Entwicklungen des Betriebes in Zusammenhang mit der Anwendung datenverarbeitungsgestützter Techniken zunehmend erkannt wird.

Anpassungen der Organisation sind bislang immer noch häufiger anzutreffen als proaktive Organisationsveränderungen als Basis für Technikanpassung. Die Qualität der Organisationsplanungen sowohl bei der Anpassungsplanung wie bei der eigenständigen Organisationsentwicklung läßt keine einheitliche Tendenz erkennen. Organisationsdifferenzierung und -entdifferenzierung werden gleichermaßen betrieben. Eine tendenzielle Erhöhung von Anforderungen an das Personal und die zunehmende Bedeutung der PE als Organisationserfordernis scheint sich abzuzeichnen.

Für Bildungsberatung bedeutsam könnte der deutliche Zusammenhang sein, der zwischen der Organisationskompetenz (insbesondere der prospektiven Organisationskompetenz)[42] und der Problemwahrnehmung in den Betrieben bezüglich PE-Notwendigkeiten[43] besteht. Die Wahrnehmung von derartigen Problemen durch den Betriebspraktiker (PROBSUBJ) korreliert hoch ($r = 0{,}55$) mit der prospektiven Organisationskompetenz (ORGPROSP).

Allerdings scheint die Wahrnehmung eher indirekt mit PE verbundener Probleme hierfür bedeutsamer zu sein (ORGPROSP/PROBINDI $r = 0{,}51$)[44] als die Wahrnehmung direkter Weiterbildungsprobleme (ORGPROSP/PROBDIR $r = 0{,}47$). Dies drückt sich erneut in der Tatsache aus, daß keinerlei statistischer Zusammenhang zwischen den Organisationskompetenzen der Betriebe und der tatsächlichen Inspruchnahme von Dienstleistungen durch Bildungsberatung oder bfz zu erkennen ist.

Im Gegenteil, prospektive Organisationskompetenz korreliert sogar negativ mit der Inspruchnahme von bfz-Diensten.

Wir haben es hier mit Betrieben zu tun, die Weiterbildung eigenständig abwickeln oder schon längerfristig mit anderen externen Partnern zusammenarbeiten. Bildungsberatung kann bei diesen Betrieben einerseits mit großem Verständnis für das Anliegen Weiterbildung rechnen. Andererseits muß gerade hier nach kreativen Wegen zur externen Unterstützung innerbetrieblicher Weiterbildung gesucht werden, um ins Geschäft zu kommen. Im Falle der Kooperation mit anderen Trägern muß das bfz den Wettbewerb über bessere Leistungen austragen.

3.3 Betriebliche Probleme und Problemwahrnehmung in Zusammenhang mit Personalentwicklung und Weiterbildung

Ohne Zweifel sind faktische Probleme im Betrieb mit nicht adäquat qualifizierten Mitarbeitern eine wesentliche Voraussetzung, um als Bildungsträger erfolgreich Serviceleistungen zu verkaufen. In manifester Nachfrage nach Weiterbildung münden

---

42 Vgl. Punkt 4.4
43 Vgl. Punkt 4.4
44 Vgl. Punkt 4.4

diese Probleme allerdings nur dann, wenn sie auch im Bewußtsein des Managements als PE-Probleme erkannt und entsprechend bewertet werden.

Nun treten derartige PE-Probleme in der Regel nicht als solche, sondern als Betriebsprobleme auf. Erst als vermittelte Ursache für Kostenprobleme, unzureichende Produktivität, Qualitätsmängel etc. kommt die mangelnde Mitarbeiterqualifikation ins Blickfeld des Managements. Je nach Bewußtseinsstand der einzelnen Manager gelingen adäquate Problemzuschreibungen - oder auch nicht.

Aus diesem Grunde ist die Frage der Bildungsberatung nach betrieblichen Problemen allgemeiner. Dies mit der Absicht, gemeinsam mit dem Management der betreuten Betriebe mögliche Zusammenhänge zwischen betrieblichen Problemen und Qualifikationsmängeln von Mitarbeitern transparent zu machen und somit diese Mängel der betrieblichen PE und dem daraus resultierenden Handlungsbedarf zuallererst ins Bewußtsein des Managements zu heben.

Dabei wird angenommen, daß die meisten betrieblichen Probleme indirekt einen Qualifizierungsmangel indizieren. Das heißt, sie werden als Chance der Bildungsberatung zur Umwandlung latenter Bildungsbedarfe in manifeste Bildungsnachfrage gesehen. Unmittelbare Anknüpfungspunkte für Verkaufsgespräche bieten naturgemäß Weiterbildungsprobleme, die vom Management selbst als solche artikuliert werden.

Trotz dieser weitgefaßten Problemperspektive, die in den Gesprächen der Bildungsberatung mit den betrieblichen Praktikern eröffnet wird, ist die Gefahr, "vom Thema abzukommen", eher gering.

Die Erfahrungen aus der Feldphase 1 zeigen, daß sowohl der betriebliche Gesprächspartner wie der Bildungsberater sich bemühen, relativ eng am Personalentwicklungsthema zu bleiben. Der Betrieb sieht im Bildungsberater den Bildungsexperten und wird von daher kaum Debatten über Finanzierungsfragen des Geschäfts führen. Auch der Bildungsberater selbst bemüht sich, die Ausflüge in fachfremde Bereiche eher abzukürzen. Dennoch ist es aufgrund der o.a. Überlegungen wichtig, die Beratungsgespräche eher breit anzulegen, um die indirekten Hinweise auf Bildungsmängel aufgreifen zu können.

Dies ist in der Feldphase 1 ausreichend geglückt. Immerhin in 79 % aller Fälle ist es dem Bildungsberater gelungen, über betriebliche Probleme zu reden, die aus Managementsicht existieren und die enger oder weiter mit Qualifizierungsfragen zu tun haben:

Abbildung 32: Cirka 79 % der besuchten Betriebe artikulieren Probleme

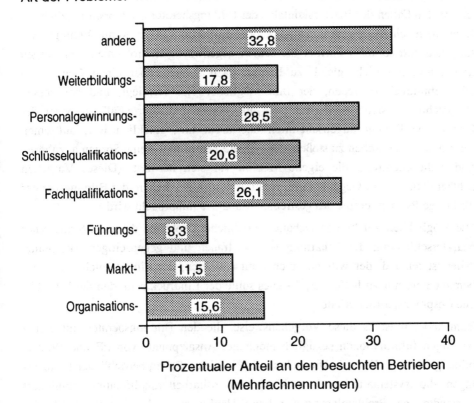

Auf die einzelnen Problemgruppen wird im folgenden genauer eingegangen. In der Übersicht zeigt sich, daß mit den Führungsproblemen, mit Problemen der Marktentwicklung und mit Organisationsproblemen Problemgruppen angesprochen werden, die eher indirekt mehr oder minder gute Anknüpfungspunkte für ein Gespräch über berufliche Weiterbildung bieten. Dies gilt auch für die Residualkategorie der "anderen" Probleme und über die Schwierigkeiten und negativen Erfahrungen, die der Gesprächspartner mit Weiterbildung verbindet.

Personalgewinnungsprobleme, Probleme mit Schlüsselqualifikationen und die festgestellten Mängel bei Fachqualifikation bieten unmittelbare Anknüpfungspunkte für Beratung und Verkauf.

3.3.1 Betriebliche Probleme als mittelbarer Anlaß, über Personalentwicklung und Weiterbildung nachzudenken

Das Erkundigen nach betrieblichen Problemen in einem sehr breiten Sinn erweist sich in den meisten Fällen der Betriebskontakte der Bildungsberater als doppelt nützlich:

- Zum einen schafft es eine günstige, kooperative Atmosphäre, wenn Bildungsberatung den betrieblichen Partner bei seinen gegenwärtigen Problemen und Sorgen abholt und ihn nicht gleich zu Beginn dazu zwingt, über einen Gegenstand (Weiterbildung) zu reden, der ihm möglicherweise fernliegt, und bei dessen Besprechung er sich unsicher fühlt. Es gibt viele dokumentierte Fälle, in denen der betriebliche Partner augenscheinlich überrascht und glücklich war, auf einen informierten Menschen zu stoßen, der sich die Zeit nimmt, seine Sorgen anzuhören und nicht unentwegt die eigene Mission vor sich herträgt. (Dieses Vorgehen schlägt dann in sein Gegenteil um, wenn, wie auch geschehen, der Bildungsberater als billige Psychotherapie des gestreßten Managers mißbraucht wird.)

Die Möglichkeit zur breiten Debatte betrieblicher Probleme dient im Sinne einer Markterschließung der Schaffung von Vertrauen und gegenseitiger Akzeptanz. "Hier ist jemand, der will mir nichts aufschwatzen, der nimmt mich ernst, der bemüht sich, mir zu helfen, etc." - Dies sollte der Eindruck sein, den der betriebliche Gesprächspartner erhält.

- Zum anderen ist es diese Vorgehensweise, die den Bildungsberater mit ersten wichtigen Informationen bezüglich möglicher Ansatzpunkte von PE und Weiterbildung versorgt. Es ist ja wirklich so, daß in vielen Fällen betrieblicher Problemlagen die systematische Entwicklung der Mitarbeiterqualifikation zumindest Bestandteil der Problemlösung sein kann. Häufig ist sie die zentrale Problemlösungsstrategie. Aufmerksames Zuhören und inhaltliches Argumentieren erfüllen also keineswegs nur Bedingungen einer psychologischen Gesprächsführung, die beim Gesprächspartner Vertrauen hervorrufen soll - sie sind vielmehr die Voraussetzung für "maßgeschneiderte" Beratungs- und Weiterbildungsangebote, die ja das Resultat des Erstgesprächs sein sollen.

Organisatorische Probleme, welcher Art auch immer, indizieren mit Sicherheit *auch* Qualifizierungsnotwendigkeiten auf den unterschiedlichen Mitarbeiterebenen, wo sich solche Probleme zeigen:

Abbildung 33: Organisatorische Probleme des Betriebes

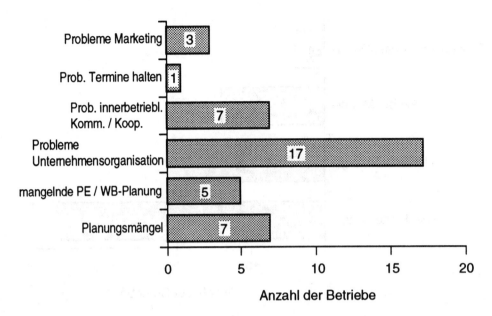

Dies gilt für angegebene Planungsmängel generell, insbesondere natürlich, wenn Mängel der Weiterbildungsplanung selbst eingeräumt wurden. Es gilt auch bei den anderen angegebenen Problembereichen, die der betriebliche Partner zur innerbetrieblichen Organisation thematisiert.

Bildungsberatung muß immer versuchen, die aktuelle Tendenz von Organisationsentwicklung im Auge zu haben, die Organisationsprobleme ganzheitlich top-down *und* bottom-up anzugehen. Das heißt, Organisationsentwicklung ist heute nicht mehr allein das Thema weniger Manager, es muß ins Bewußtsein aller Mitarbeiter gehoben werden. Damit aber ist OE und PE nur noch integriert zu betreiben. Organisationsentwicklung wird zum Thema von Bildungsberatung und Weiterbildung.

Weiterer mittelbarer Anknüpfungspunkt zu Gesprächen über Qualifizierungsnotwendigkeiten ist naturgemäß der Gegenstand Personalpolitik insgesamt.

Probleme mit der Gewinnung von Personal oder mit Personalfluktuation haben immer leicht aktualisierbare Bezüge zur betrieblichen Weiterbildung:

Abbildung 34: Probleme mit dem Personalstand/mit der Personalgewinnung

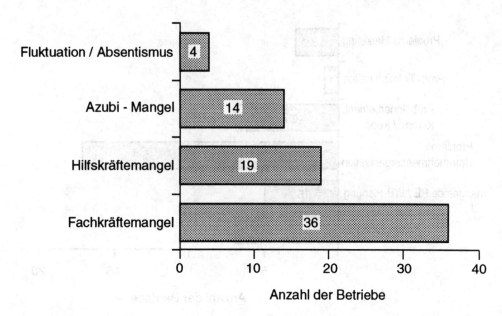

In der Feldphase 1 waren dies in unserem Betriebssample vor allem berichtete Personalengpässe bzw. Personalgewinnungsprobleme. Im Mangel an geeigneten Auszubildenden drückt sich der allgemeine Trend des Ausbildungsstellenmarktes in den alten Bundesländern aus, der heute und in den kommenden Jahren durch eine deutliche Lücke im Angebot an Auszubildenden gekennzeichnet ist. Ursachen hierfür sind die demographische Entwicklung und der ungebrochene Trend zur höheren Schulbildung und zur akademischen Ausbildung.

Nachdem in unserem Betriebssample vor allem kleine und mittlere Betriebe vertreten sind, sind Azubi-Mangel und Fachkräftemangel auf dem Ausbildungsstellen- bzw. Arbeitsmarkt früher sichtbar als in Großbetrieben. Insgesamt 36 Betriebe klagen über Fachkräftemangel, der sich auch durch Werbemaßnahmen der Firma nicht beheben läßt.

Neben den o.a. Problemen der Personalbeschaffung, die die gegenwärtige Arbeitsmarktsituation für KMU schafft, wird in dieser Situation ein klassisches Instrument der Personalpolitik der Betriebe obsolet, mit dem in der Vergangenheit betrieblichen Qualifikationsmängeln begegnet wurde: "hire and fire" löst diese Probleme nicht länger. Ansatzpunkt von Bildungsberatung ist hier die mittlerweile sehr bekannte Tatsache, daß ca. 80 % aller Beschäftigten im Jahre 2010 bereits heute auf dem Arbeitsmarkt sind. In dieser Situation können Betriebe nicht länger darauf vertrauen, neue Arbeitsfelder, neue Techniken etc. mit neuen Mitarbeitern abzudecken, die via Arbeitsmarkt oder Erstausbildung gewonnen werden. Weiterbildung aller Mitarbeiter, auch und gerade der Un- und Angelernten, ist die einzige Strategie, die die sichtbaren Fachkräftelücken schließen hilft.

Neben diesen häufig auftauchenden Problemgruppen, die KMU thematisieren, lädt die offene Frage nach betrieblichen Problemen natürlich zum Ansprechen einer Vielzahl sehr disparater Probleme ein. In der nächsten Graphik sind einige davon zusammengefaßt:

Abbildung 35: Andere Probleme des Betriebes

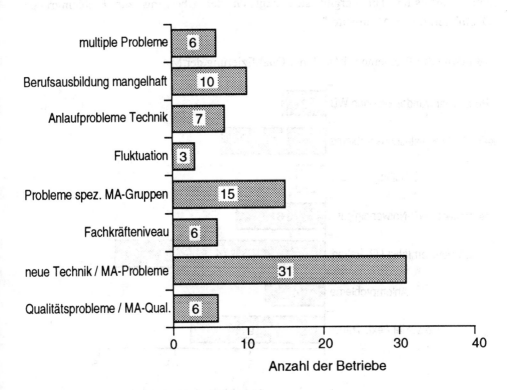

Die meisten dieser genannten Probleme bieten erneut Ansatzpunkte zur Thematisierung von Weiterbildungsnotwendigkeiten.

Immer noch gibt es vielfach Probleme der Mitarbeiterakzeptanz/-motivation bei der Implementation von neuen Techniklinien. Dies ist einerseits Indikator für nichtoptimale Planungsprozesse im Unternehmen, die auf Mitarbeiterintegration verzichten, zum anderen kann ein externer Weiterbildungsträger wie das bfz solche Probleme über

Mitarbeiterweiterbildung und über die Anregung und Moderation von Mitarbeiterrunden lösen helfen. Multiplikatorenschulung und Managertraining sind ergänzende Maßnahmen.[45]

Das Bemängeln des Fachkräfteniveaus und der Berufsausbildung ist vordergründig häufig nichts als ein Argument, mit dem Verantwortung verschoben werden soll - "schuld ist die Berufsbildungspolitik, schuld sind die faulen Mitarbeiter".

Dennoch läßt sich auch hieraus positive Weiterbildungsaktivität ableiten, wenn gemeinsam bewußtgemacht wird, daß die Betriebe (ob sie wollen oder nicht) mit den vorhandenen Personalbeständen in Zukunft leben müssen.

Dies gilt auch, wenn spezifische Mitarbeitergruppen angesprochen werden, die "nicht motivierbar" sind. Hier ergibt sich zugleich der Übergang zur Problemgruppe "Qualifizierung der Mitarbeiter".

Abbildung 36: Probleme mit/nach der Qualifizierung der MA

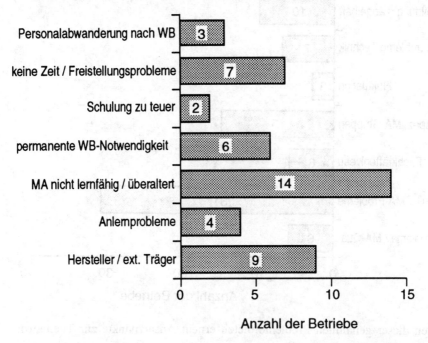

Hier haben wir es mit Problemen zu tun, die dem betrieblichen Partner beim Thema Weiterbildung einfallen, das heißt, der Partner geht von sich aus auf den eigentlichen

---

45 Vgl. Debener, S.; Siehlmann, G.; Koch, J.: Arbeitsorientiertes Lernen - Lernorientiertes Arbeiten, 1992

Gegenstand der Weiterbildungsberatung ein, er hebt aber vor allem auf negative Erfahrungen ab, auf "unüberwindbare" Probleme etc. Der erwünschte Gesprächsgegenstand droht in ein Hindernis der Bildungsberatung und des Verkaufs von Weiterbildung umzuschlagen.

Nun ergeben sich aus den Beratungsgesprächen der Feldphase 1 eine Reihe disparater Probleme, die der Betrieb hat, und entsprechend gesondert müssen sie besprochen werden. Es mischen sich wirkliche Betriebsprobleme und bloße "Zweckargumente", die den Bildungsberater "abwimmeln" sollen. Dies auseinanderzuhalten und argumentativ getrennt zu behandeln ist sicher eine schwierige Klippe für die Bildungsberatung. Generell gilt: Auch das Artikulieren von Problemen bei der Weiterbildung ist ein Signal für benötigten Service seitens des Bildungsträgers. Der Reihe nach:

- 9 Betriebe haben schlechte Erfahrungen mit externen Trägern bzw. mit Herstellerschulungen gemacht. - Die Vorstellung des Konzeptes Bildungsberatung und der maßgeschneiderten Weiterbildung beweist, daß das bfz, anders als andere Träger, sich gemeinsam mit dem Betrieb um Erfolge der Maßnahmen bemüht.

- 14 Betriebe beklagen, daß ihre Mitarbeiter nicht lernfähig seien bzw. zu alt, um umzulernen. Diese quasi biologischen Argumente sollen häufig nur den Unwillen des Partners bemänteln, berufliche Weiterbildung der Mitarbeiter systematisch zu betreiben. Andererseits läßt sich das Phänomen von Lernunwilligkeit und Traditionalismus bei vielen Mitarbeitern nicht leugnen, insbesondere wenn bei der Einführung der Techniken oder der neuen Arbeitsorganisation Fehler gemacht wurden, die Angst und Unsicherheit bei den Mitarbeitern erzeugten. Der Bildungsberater sollte Konzepte vorstellen, die altersgerecht und motivierend die benötigten Fachkenntnisse vermitteln. Erfahrungsberichte über erfolgreiche Arbeit mit älteren Arbeitslosen und schwieriger Klientel können diese Argumentation unterstützen.

- Freistellungsprobleme bei der externen Schulung von Mitarbeitern und Finanzierungsprobleme sind ernst zu nehmen. Flexible Organisation der Weiterbildung, Lernortkombination und Modulkonzepte lösen diese Probleme kreativ.

- Es gibt einen spezifischen Vorbehalt in KMU gegenüber der Weiterbildung ihrer Mitarbeiter, der eine Abwanderung in Großbetriebe befürchtet. In diesem Fall wäre Weiterbildung doppelt fatal: man befürchtet die ungewollte Mitarbeiterfluktuation nach Investitionen in deren Qualifikation. Solange Arbeitsbedingungen, Arbeitsplatzsicherheit, Bezahlung und Sozialleistungen in Großbetrieben besser sind als in KMU, ist diese Befürchtung nicht einfach von der Hand zu weisen. Andererseits trägt systematische Personalentwicklung durchaus zur Entwicklung einer motivierenden Unternehmenskultur bei. Das Betriebsklima, aber auch die Arbeitsplatzsicherheit steigen. Im übrigen beinhaltet das Konzept der maßgeschneiderten Weiterbildung eben auch eine Personalentwicklung, die Qualifizierung für die spezifischen Betriebsstrukturen vorsieht und damit nicht ohne weiteres transferierbar ist. Letztlich aber *muß* der Betrieb Weiterbildungsnotwendigkeiten im Eigeninteresse nachkommen, auch wenn die Mitarbeiterfluktuation in einer Marktgesellschaft nie auszuschließen ist - ansonsten wird er im Wettbewerb scheitern.

In unserem Betriebssample gibt es eine deutliche Korrelation ($r = 0,51$) zwischen der Nennung von Betriebsproblemen, die in einem indirekten Zusammenhang zur Weiterbildung stehen (PROBINDI), und der proaktiven Planungskompetenz in organisatorischer Hinsicht (ORGPROSP). Es gibt keine signifikanten Zusammenhänge zu den verkauften Dienstleistungen. Dies sollte aber nicht dazu verführen, auf die o.a. offenen Problemgespräche zu verzichten. Wie erläutert, setzt diese Strategie auf mittel- und langfristige Erfolge - eine Beurteilung hierfür ist in der Feldphase 1 noch nicht möglich.

3.3.2 Artikulierte Qualifizierungsnotwendigkeiten als Resultat des Gesprächs über betriebliche Probleme

Eine ganze Reihe von Betrieben äußerte spontan oder nach längerem Gespräch spezifische Qualifizierungsbedarfe oder sogar Weiterbildungsnotwendigkeiten. Derartige erkannte Weiterbildungsnotwendigkeiten sind naturgemäß eine sehr günstige Bedingung für Bildungsberatung bzw. für den Verkauf von Weiterbildungsmaßnahmen. Dies wird im vorliegenden Datensatz durch die Korrelation zwischen dem Grad der in Anspruch genommenen Dienstleistungen (DIENGRAD = eine gewichtete Variable aus allen in Anspruch genommenen Serviceleistungen)[46] und dem Maß der angegebenen Weiterbildungsnotwendigkeiten (PROBDIR) mit $r = 0,4$ deutlich. Dieser gemes-sene Zusammenhang macht aber zugleich klar, daß die Einsicht in Weiterbildungsnotwendigkeiten noch nicht identisch ist mit einer wirklichen Nachfrage bzw. mit einem abgeschlossenen Geschäft. Erst weitere Beratungsleistungen, Angebote und Überzeugungsarbeit bringen den betrieblichen Gesprächspartner zu einer positiven Entscheidung im Sinne des Bildungsträgers.

Besonders zu erwähnen ist die Tatsache, daß der Zusammenhang zwischen den "innovativen Dienstleistungen" im Projekt (Bedarfsanalyse + Curriculumdurchführung + Nachsorge) mit der Artikulation der direkten Weiterbildungsnotwendigkeit höher ist ($r = 0,46$) als der oben bezeichnete zu Dienstleistungen schlechthin. Das heißt, selbst

---

46 Vgl. Punkt 4.4

dort, wo bereits klare betriebliche Vorstellungen zu bestimmten Qualifizierungsdefiziten bestehen, wird das integrierte Dienstleistungskonzept des Projekts mehr honoriert als der "einfache" Verkauf eines Weiterbildungskurses. Im einzelnen wurden die folgenden fachlichen Qualifikationsmängel benannt:

Abbildung 37: Probleme mit spezifischen Fachkenntnissen/Fertigkeiten

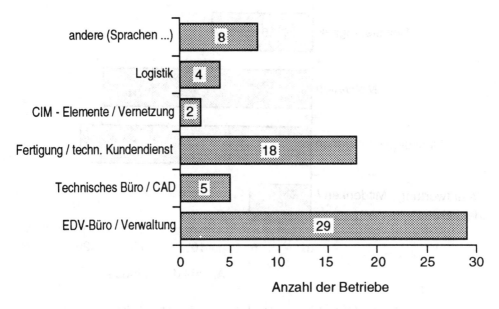

Es wurden Qualifikationsdefizite in allen Bereichen des Technologieeinsatzes im Betrieb benannt. Die hohe Zahl von 29 Betrieben, die Schulungsbedarf in Büro und Verwaltung sehen, verweist neben der Tatsache der unabgeschlossenen PC-Modernisierung im Büro kleiner Betriebe sicher auch auf einen "Interviewerbias", den die Bildungsberater transportieren. Nachdem die bfz-Regionen im Modellversuch einen Schwerpunkt in der EDV-Weiterbildung für Büro und Verwaltung haben, wurden naturgemäß derartige Angebote besonders vorgestellt.

Neben und in Verbindung mit der Nennung dieser fachlichen Qualifikationsdefizite wurde von vielen Betrieben auf Probleme im Feld der überfachlichen Qualifikation ihrer Mitarbeiter hingewiesen.

Die Debatte um die Notwendigkeit von Schlüsselqualifikationen als Bestandteil von Handlungskompetenzen zur Bewältigung der aktuellen Tätigkeitsprofile betrieblicher Arbeit ist seit geraumer Zeit den Betriebspraktikern geläufig. Gerade neue Arbeitsorganisation im Gefolge rationeller Betriebsgestaltung mit datenverarbeitungsgestützten Technologien verlangt neben soliden Fachkenntnissen ein Mehr an Entscheidungskompetenz, Verantwortung und Motivation auf den ausführenden Ebenen der betrieblichen Hierarchie.[47]

Abbildung 38: Mangelnde Schlüsselqualifikationen als Problem

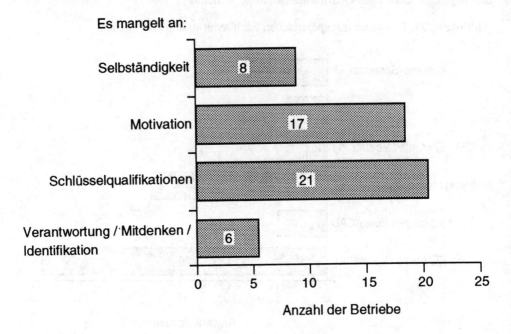

Wenn von betrieblicher Seite derartige Qualitäten an den Mitarbeitern vermißt werden, geschieht dies allerdings häufig nicht als Feststellen von Qualifikationslücken, sonders als Beklagen defizienter Charaktere oder gar als allgemeine Kulturkritik. Zudem werden derartige Forderungen nach mehr dispositiven Qualitäten der Mitarbeiter ab und zu getroffen vor dem Hintergrund tradierter Organisationsformen und eines hierarchischen Managementverständnisses, welches gar keine Entscheidungsspielräume für Mitarbeiter bietet. In jedem Fall ist das Thematisieren von Schlüsselqualifikationen seitens der Betriebe eine unmittelbare Chance für Bildungsberatung.

Nachdem es sich bei diesen Qualifikationsmerkmalen um personale Fähigkeiten und Dispositionen handelt, die sehr viel mit Betriebskultur zu tun haben, wird die Bedeutsamkeit der gemeinsamen Bewältigung dieser Weiterbildungsprojekte offensichtlich. Daneben ist klar, daß gemäß neuerer Erkenntnisse der Berufspädagogik diese Qualifikationsbestandteile während des Erlernens der Fachinhalte bzw. während der Beteili-

---

47 Vgl. Blaschke, D.: Soziale Qualifikation im Erwerbsleben, Nürnberg 1987, u.v.a.m.

gung an betrieblichen Projekten (QZ, Planungsrunden etc.) über die methodische Gestaltung des Lernens bzw. Arbeitens erworben werden.[48]
Der Bildungsberater kann hier seine eigentliche Kompetenz als pädagogischer Experte demonstrieren, Leittexte, Projekte und andere Elemente selbstverantwortlichen Lernens konzeptuell vorschlagen, vor allem aber die reale Verzahnung von Weiterbildung und Organisationsentwicklung thematisieren. Hier ist auch ein Punkt, der unter Marketinggesichtspunkten als "unique selling proposition" wichtig werden könnte. Im Unterschied zu Herstellern und anderen externen Trägern sind die bfz kompetent bei der integrierten fachlichen und überfachlichen Weiterbildung.

3.3.3 Es gibt keine betrieblichen Probleme

Rund ein Fünftel der in der Feldphase 1 besuchten Betriebe geben an, daß sie keinerlei Probleme im Bereich der Human-Ressourcen haben.

Abbildung 39: Cirka 21 % der besuchten Betriebe haben keine Probleme im HR-Bereich

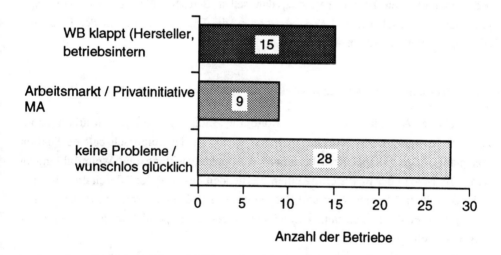

---

[48] Vgl. z.B. Fix, W.: Merkmale und Entwicklung der Projektmethode, in: BWP 13(1984)3, S. 81 bis 84; Juniorenfirmen: ein innovatives Konzept zur Förderung von Schlüsselqualifikationen, Berlin 1989, in: Ausbildung, Fortbildung, Personalentwicklung, 29; Frey, K.: Die Projektmethode, Weinheim, Basel 1991; Dunkel, D. (Hrsg.): Lernstatt. Modelle und Aktivitäten deutscher Unternehmen, Köln 1983, in: Beiträge zur Gesellschafts- und Bildungspolitik, Heft 85/86; Borretty, R.; Fink, H.; Holzapfel, H.; Klein, U.: PETRA, projekt- und transferorientierte Ausbildung, Berlin, München 1988

Nun erhebt sich natürlich die Frage, aus welchem Grund diese Betriebe dann überhaupt einem Termin mit dem Bildungsberater zustimmen und zu einem längeren Gespräch bereit sind.

Zu einem Teil ist es sicherlich die produktive Neugier von Betriebspraktikern, die ohnehin in Personalentwicklung und Weiterbildung vieles leisten, gegenüber einem neuen Konzept eines externen Bildungsträgers, das mehr verspricht als den bloßen Verkauf von Standardangeboten.

Zum anderen verkörpert sich hier das Mißtrauen bildungsungewohnter Betriebe, die sich mit dem Argument "wir brauchen nichts" gegenüber dem unbekannten Angebot in die Defensive begeben, um sich aus dieser "sicheren" Position die Argumente der Bildungsberatung gelassen anhören zu können.

Schließlich gibt es auch noch die Betriebe, die nicht vorhaben, in die Weiterbildung ihrer Mitarbeiter zu investieren (Weiterbildung ist Privatsache der Mitarbeiter), und die diese Haltung selbstbewußt demonstrieren wollen.

Daß auch das betriebliche Urteil "wir haben keine Probleme mit Weiterbildung" noch lange nicht das Ende erfolgreicher Bildungsberatung und des Verkaufs von Service bedeuten muß, beweist die Tatsache, daß selbst Betriebe, die sich als "wunschlos glücklich" bezüglich PE und WB bezeichnen, die Dienste des bfz in der Folge des Bildungsberaterkontakts in Anspruch nahmen.

3.4 Problemwahrnehmung betrieblicher Probleme durch die Bildungsberater

Ein wichtiger Ausgangspunkt für die Rolle, die Bildungsberatung im Marketingkonzept der "Integration des externen Faktors" spielt, ist das empirisch belegte Faktum von mangelnden Kompetenzen bezüglich Personalentwicklung und Weiterbildung in KMU. Im Modell der Realisierung einer "Lernenden Organisation" durch enge Kooperation zwischen Bildungsträger und Betrieb wären Problemanalysen und Bedarfsanalysen typische Felder gemeinsamen Handelns, wobei das Expertentum des Bildungsträgers eine wichtige Voraussetzung ist.

Aus diesem Grund kann sich Bildungsmarketing bereits in der Feldphase 1 nicht ausschließlich mit den Urteilen der Betriebspraktiker zu betrieblichen Problemen begnügen. Diese sind zwar wichtiger erster Indikator, sie geben jedoch vor allem die *Sichtweise* des Gesprächspartners wieder. Es ist beständige Aufgabe von Bildungsberatung, diese Sichtweise vor dem Hintergrund der eigenen Einsichten in das Betriebsgeschehen zu relativieren. Nachdem der größte Teil der Betriebskontakte in der Feldphase 1 mit Markterschließung zu tun hatte, also Erstkontakte waren oder eine Summe weniger Betriebskontakte darstellte, sind auch die Urteile der Bildungsberater über die jeweiligen Betriebe vorläufig und wenig gesichert. Will man das Urteil des betrieblichen Praktikers als (möglicherweise "betriebsblinde") Sichtweise relativieren, so muß man das auch mit dem Urteil des Bildungsberaters tun, der den Betrieb durch die Brille des PE-Fachmanns sieht oder durch die Brille des Verkäufers von Weiterbildungsmaßnahmen.

Dennoch ist es erstaunlich, in wie vielen Fällen die Urteile der Bildungsberater und die Urteile der Betriebspraktiker bezüglich der Einschätzung betrieblicher Probleme im Bereich PE und WB voneinander abweichen:

Abbildung 40: Übereinstimmung und Differenzen im Urteil der Betriebe und der Bildungsberater bezüglich Problemsicht

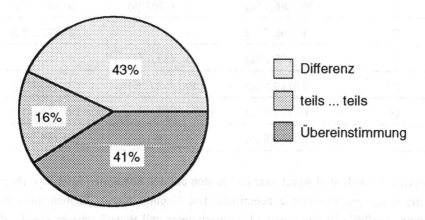

In immerhin 43 % aller Fälle konstatiert der Bildungsberater wesentliche Unterschiede zur Einschätzung des Gesprächspartners. In 41 % der Fälle wird das Urteil des Partners geteilt, und in 16 % der Fälle gibt es teilweise Übereinstimmung und teilweise Differenzen.

Nachdem es keine Möglichkeit einer Evaluation dieser Urteile vor der tatsächlichen Problemsituation der Betriebe gibt, bleibt vorläufig festzuhalten, daß sich aus dieser Situation idealerweise ein enormes beidseitiges Potential für Lernprozesse abzeichnet. Bildungsberatung als Schnittstelle zwischen Bildungsträger und KMU und zugleich zentrale Funktion im skizzierten Modell der "Lernenden Organisation" bestätigt bereits in dieser Figur ihre Bedeutung für beide Partner.

Die Differenzen in der Beurteilung beinhalten ein innovatives Potential zwischen Betrieb und Bildungsträger, von dem beide Seiten profitieren können, wenn gemeinsame Entwicklungsprozesse zum Tragen kommen.

Daneben gibt es ein weiteres interessantes Faktum bezüglich der Streuung der Urteile innerhalb der Gruppe der Bildungsberater. Zunächst macht das Datenmaterial klar, daß die Person des Bildungsberaters einen nicht unerheblichen Einfluß auf Abweichung bzw. Übereinstimmung der eigenen Urteile mit denen des Betriebspraktikers hat.

Tabelle 2: Differenzen/Übereinstimmung

Bildungsberater	Übereinstimmung	teils ... teils	Differenzen
A	10 (52,6 %)	4 (21,1 %)	5 (26,3 %)
B	14 (37,8 %)	4 (10,8 %)	19 (51,4 %)
C	20 (66,7 %)	5 (16,7 %)	5 (16,7 %)
D	4 (66,7 %)	--	2 (33,3 %)
E	2 (22,2 %)	3 (33,3 %)	6
F	2 (10,5 %)	10 (52,6 %)	7 (36,8 %)
G	6 (24,0 %)	--	19 (76,0 %)
H	17 (45,9 %)	3 (8,1 %)	17 (45,9 %)

Diese Unterschiede sind signifikant und deuten auf den erwähnten Interviewerbias hin, der die Bildungsberaterurteile beeinflußt. Die Gründe hierfür bleiben zunächst im Dunkeln. Auffällig ist eines: wenn Bildungsberater und Betriebspartner gleiche Basisqualifikation haben, tendieren die Bildungsberaterurteile eher in Richtung Übereinstimmung. In unserem Fall tendieren Diplom-Kaufleute eher zur Übernahme der Betriebsurteile als Pädagogen oder Psychologen.

Die Bildungsberater sehen zum Teil andere Probleme als die Betriebe, und sie sehen vor allem eine andere quantitative Verteilung der Problemgruppen im Sample der besuchten Betriebe:

Abbildung 41: Problemgruppen in der Sicht der Bildungsberater
(Anteil an allen Betrieben)

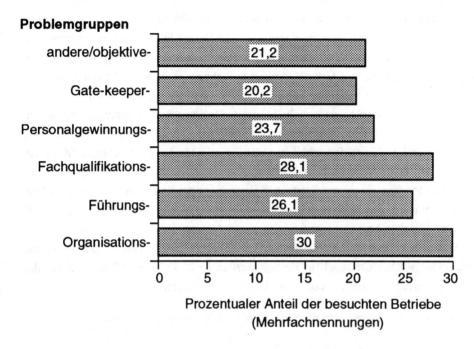

Der betriebliche Gesprächspartner (gate-keeper) selbst wird in 20 % der Fälle als Problem des Betriebes genannt. Hier drückt sich vor allem das Problem der Bildungsberater aus, in der Markterschließungsphase mit vermutlich oder wirklich falschen Vorurteilen des Gesprächspartners zu Weiterbildungsfragen umzugehen. Das Unverständnis oder der Unwille des betrieblichen Gesprächspartners gegenüber den Vorschlägen des Bildungsberaters ist sicher ein Problem von Bildungsmarketing in KMU - damit war allerdings von vornherein zu rechnen. Inwieweit dies ein betriebliches Problem darstellt, sei dahingestellt.

Große Abweichungen zeigen sich bei der quantitativen Repräsentanz der Problemgruppen Organisations- und Führungsprobleme. Die Bildungsberater sehen doppelt so häufig Organisationsprobleme im Betrieb und sogar dreimal soviel Führungsprobleme, als dies die Manager tun.

Diese Resultate kommen nicht unerwartet zustande. Naturgemäß werden solche Probleme von den verantwortlichen Managern weniger gesehen bzw. nur ungern eingeräumt, sind es doch häufig die Resultate der eigenen Arbeit bzw. der eigenen Versäumnisse. Daß Bildungsberater hier sehr sensibel und kritisch sind, hat mit ihrer

Perspektive zu tun (PE) und damit, daß sie in der eigenen Weiterbildung mit betrieblichen Organisations- und Führungsmodellen konfrontiert werden, die dem Stand innovativer Großbetriebe entsprechen. Vor dieser Folie erscheint in KMU vieles mangelhaft, was bei genauerem Hinsehen möglicherweise gut funktioniert.

Dennoch macht gerade das Auseinanderdriften der Beurteilungen zu Organisation und Führung Mut für weitere Kooperationen. Es belegt, daß die Bildungsberater eigene Standpunkte generieren und Urteilsfähigkeit aufbauen, die unbedingt notwendig sind, wenn Innovationsanschübe im Bereich PE bei KMU erreicht werden sollen.

Daneben wiegt es leicht, daß sich manche idealistischen Überschätzungen zur Einflußmöglichkeit von Bildungsberatung in Relation zum Alltag erst abschleifen müssen. Beständige Unzufriedenheit mit dem Erreichten ist ein wichtiges Motiv für Bildungsberatung im vorliegenden Marketingkonzept. Dieses Motiv sollte allerdings begleitet werden von einem wachsenden Realismus gegenüber dem aktuell Erreichbaren. Idealismus in den Zielvorstellungen muß von Geduld und Hartnäckigkeit im praktischen Handeln begleitet werden.

Die Personalgewinnungsprobleme werden annähernd gleich eingeschätzt und die aktuellen Qualifikationsmängel im Betrieb werden in 28,1 % aller Fälle gesehen, das liegt nur unwesentlich höher als die Einschätzung der Betriebe.

Abbildung 42: Bildungsberater sieht Probleme der Betriebsorganisation

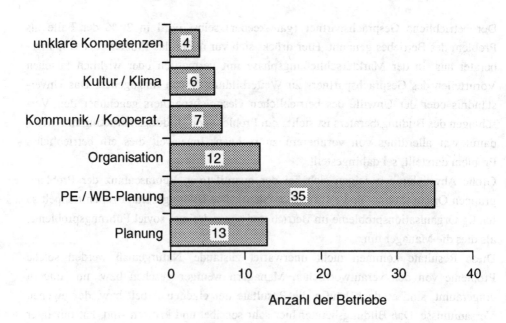

Organisatorische Probleme sehen die Bildungsberater vor allem im Bereich der Planung von PE und Weiterbildung, während die Betriebspraktiker andere Organisationsprobleme im Auge haben. Bei Betrachtung der weiter unten darzustellenden faktischen Planungen in den Bereichen PE und Weiterbildung scheint die Einschätzung der Bildungsberater hier adäquat zu sein. Wie bei der Darstellung der Problemeinschätzung durch die Betriebspraktiker besprochen, bieten sich gerade bei Organisations- und Führungsmängeln gute Anknüpfungspunkte für Bildungsberatung.

Abbildung 43: Bildungsberater sieht Probleme der Betriebsführung

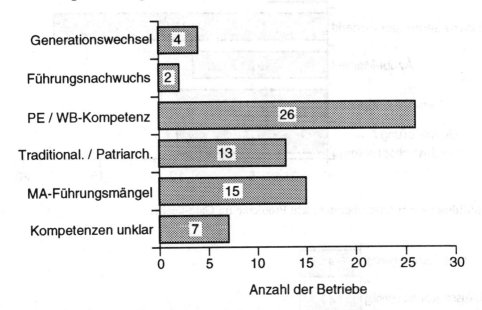

Dies ist bei den Führungsmängeln doppelt möglich: Führungstraining ist unmittelbare Zuständigkeit eines externen Bildungsträgers. Hilfen bei der Reorganisation von Führungsstrukturen im Sinne einer lateralen Vernetzung, moderierenden und partizipativen Führung kann Teil der beratenden Dienstleistungen des Bildungsträgers sein. Wie angedeutet, decken sich die Einschätzungen von Bildungsberatung und Management weitgehend bei der Beurteilung der Personalbeschaffung und der Personalstrukturprobleme.

Zur Verkaufs- und Beratungsargumentation anläßlich dieser betrieblichen Probleme wurde weiter oben schon das Notwendige gesagt. Das Gate-keeper-Problem wurde angesprochen. Es sind im wesentlichen die selben Argumentationsfiguren, die schon bei der Expertenbefragung zu Beginn des Projekts auftauchten[49], die auch hier wieder als Problem der Markterschließung erscheinen.

---

[49] Stahl, T.; Stölzl, M. 1989

Abbildung 44: Bildungsberater sieht Probleme der Personalbeschaffung/-struktur

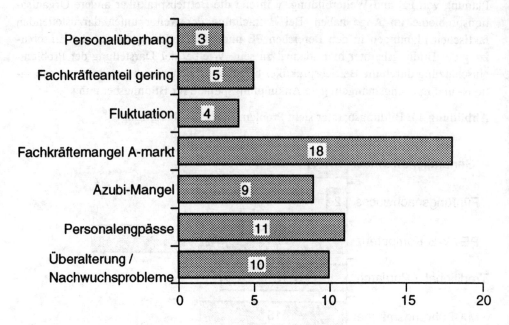

Abbildung 45: Bildungsberater sieht Probleme im Gate-keeper

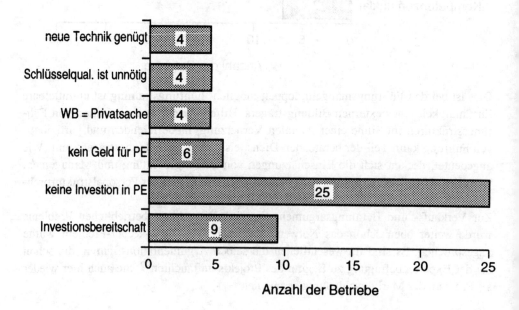

Mangelnde Investitionsbereitschaft in die Human-Ressourcen des Betriebes ist das verbreitetste Hindernis. Dies drückt sich auch aus als traditionelle Vorstellung, daß die Technikinvestition allein das gewünschte Rationalisierungsresultat bringe. Daneben wird auf die Eigenverantwortung der Mitarbeiter zur Weiterbildung verwiesen.

Neben einer Vielzahl disparater Probleme, die die Bildungsberater bei ihren Betriebsbesuchen sahen (Softwarebetreuung, Alkoholmißbrauch der Mitarbeiter, fehlende Akzeptanz der Weiterbildung bei Mitarbeitern etc.), ist vor allem der direkte Qualifizierungsbedarf zu diskutieren, den Bildungsberater in den Betrieben sehen.

Zunächst erscheint es verwunderlich, daß nur in 28 % aller Betriebe von den Bildungsberatern ein Defizit an Qualifikation bei den Mitarbeitern festgestellt wird. Vor der eingangs erwähnten These des "latenten" Weiterbildungsbedarfs in KMU erscheint dies außerordentlich wenig. Wenn Bildungsberater etwa weniger Weiterbildungsbedarf ausmachen als Organisationsprobleme der Betriebe, scheint dies sogar auf eine inadäquate Problemsicht hinzudeuten. Schließlich sind Bildungsberater nicht in erster Linie Organisationsentwickler, sie sollen Weiterbildung vermarkten.

Bei genauerem Hinsehen ist dieser Vorwurf verfehlt. In der Tat gibt die Aufnahme aktueller Weiterbildungsprobleme in den Betrieben auf Basis der Erstgespräche wenig mehr wieder als die vom Gesprächspartner genannten Probleme. Mehr ist in der Regel auch gar nicht möglich. Das heißt nicht, daß damit die realen Weiterbildungsprobleme der Betriebe ausreichend bestimmt wären. Diese Bestimmung erfordert aber Qualifikationsbedarfsanalysen, die im Erstkontakt kaum durchzuführen sind.

Aus diesem Grund sind bei Erhebung von betrieblichen Problemen im Erstkontakt die indirekten Hinweise auf Qualifikationsdefizite, die sich in Organisations-, Führungs- und anderen Problemen spiegeln, ebenso wichtig wie die manifesten Benennungen von Weiterbildungslücken. Letztere können zu unmittelbaren Geschäften führen und sind deshalb natürlich wichtig. Erstere können als Türöffner für weitere Kooperation dienen und geben eher den Umfang der wirklichen Qualifizierungsnotwendigkeit wieder als die manifeste Nachfrage.

Die kombinierte Variable aus direkten Weiterbildungsproblemen und den anderen Problemen, die der Bildungsberater sieht (BBPROBLE), korreliert signifikant mit dem Grad der Dienstleistungen, die die Betriebe in der Feldphase 1 in Anspruch nehmen (DIENGRAD) $r = 0,51$.[50] Die Tatsache, daß dabei vor allem ein Zusammenhang zwischen den integrierten Dienstleistungen und der Problemzuschreibung existiert, macht optimistisch für die Zukunft.[51]

---

50 Vgl. Punkt 4.4
51 Vgl. Punkt 4.4

Abbildung 46: Nur 28,1 % aller Betriebe haben WB-Probleme in der Sicht der Bildungsberater

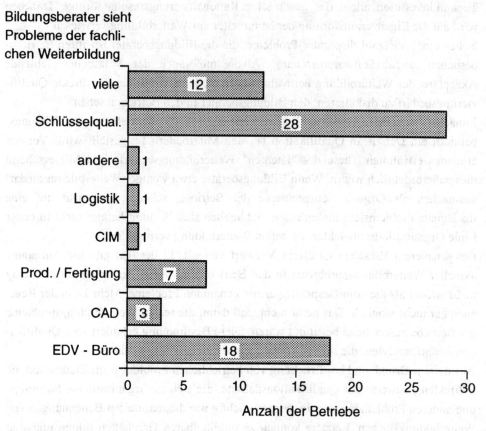

Daß Bildungsberater schließlich weit weniger Betriebe sehen, in denen keinerlei Probleme existieren, als dies die Manager tun, entspricht erneut der Perspektive PE, die Bildungsberater in manche Betriebe tragen, die dieses Problem noch nicht erkannt haben. In 13 Fällen sehen sich die Bildungsberater aufgrund der Gespräche nicht in der Lage, ein Urteil über betriebliche Probleme abzugeben.

Diese Einschätzung von Betrieben und Bildungsberatern zu aktuellen Problemlagen können in einem Bereich etwas objektiviert werden. Die Antworten auf die Frage nach Personalplanung und Weiterbildungsplanung gibt etwas von den wirklichen Mängeln der KMU im Bereich der PE wieder.

3.5 Personalplanung und Weiterbildungsplanung in KMU

Planungskompetenzen und systematische Planungen bezüglich Personal und dessen Weiterbildung gehören zu den Schwachstellen des Managements in KMU. Dies ist zumindest das Resultat zahlreicher Untersuchungen und Publikationen. Für den im Modellvorhaben erprobten Marketingansatz der "Integration des externen Faktors" sind Bestandsaufnahme und Verbesserung der Personal- und Weiterbildungsplanungen im Betrieb zentral.

Der angezielte Modernisierungsprozeß von KMU und Bildungsträgern im Sinne einer schrittweisen Realisierung von "Lernender Organisation" betrifft vor allem die strategische Integration von Personalentwicklung und Organisationsentwicklung. Systematische Planungen im Human-Ressourcen-Bereich sind Bestandteil dieser Strategie.

Auf den ersten Blick wird das Urteil der Literatur zu den gegenwärtigen, eher mangelhaften HR-Planungen in KMU nur tendenziell bestätigt.

Im Betriebssample der Feldphase 1 geben 79 (!) Betriebe an, daß sie Personalplanung bereits durchführen, und immerhin noch 62 Betriebe betreiben nach dieser Auskunft Weiterbildungsplanung. Das würde bedeuten, daß 33,5 % der besuchten KMU Personalplanung betreiben und 26,3 %, die Mitarbeiterweiterbildung planmäßig vorantreiben.

Erwartungsgemäß gibt es dabei eine große Übereinstimmung von Betrieben, die beide Arten von Planung angaben (54 Betriebe planen beide Bereiche). Ebenfalls erwartungsgemäß gibt es einen Zusammenhang von Betriebsgröße und Planungskompetenz im HR-Bereich. Die mittelgroßen Betriebe ab 100 Mitarbeitern planen in beiden Bereichen deutlich häufiger als Betriebe mit weniger als 100 Mitarbeitern. Dieser Zusammenhang gilt generell, wobei immerhin verwunderlich erscheint, daß selbst von kleinen Betrieben mit weniger als 50 Mitarbeitern 24,7 % Personalplanung und 20 % Weiterbildungsplanung betreiben.

Abbildung 47: Personal- und Weiterbildungsplanung in den Betrieben

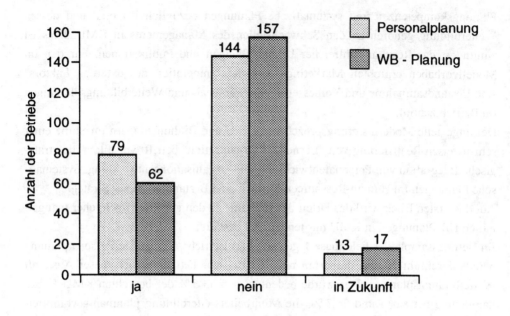

Abbildung 48:

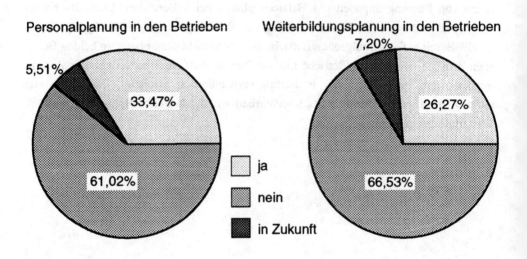

Abbildung 49: HR-Planungen in Abhängigkeit von der Betriebsgröße

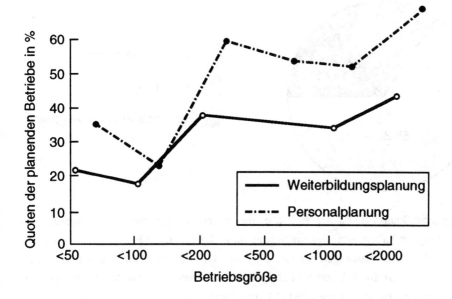

Der auffallende Knick der linearen Abhängigkeit von Planung und Betriebsgröße bei den Betrieben zwischen 50 und 100 Mitarbeitern dürfte sich weniger der besonderen Planungsunwilligkeit/-unfähigkeit gerade dieser Betriebe verdanken als dem Mißverständnis über systematische Planung bei den kleinen Betrieben unter 50 Mitarbeitern. Hierzu im folgenden mehr.

Die 13 Betriebe, die "in Zukunft" Personalplanung angehen wollen, bzw. die 17 Betriebe, die dies für Weiterbildungsplanung vorhaben, sind ein Erfolg zumindest der Sensibilisierung durch Bildungsberater. Diesen Betrieben wurde während des Kontakts klar, daß sie hier Defizite haben. Ob und wie dies im Einzelfall eingelöst wird, bleibt weiter zu beobachten.

Zu den eher optimistischen Globalauskünften bezüglich der Planungsaktivitäten der Betriebe im HR-Bereich wird einiges an korrigierenden Informationen sichtbar, wenn die tatsächlichen Planungsaktivitäten inhaltlich dargestellt werden.

Bereits die Vorstellung zum zeitlichen Planungshorizont relativiert das Planungsverständnis der Betriebe:

Abbildung 50: Planungshorizont der WB-/Personalplanung

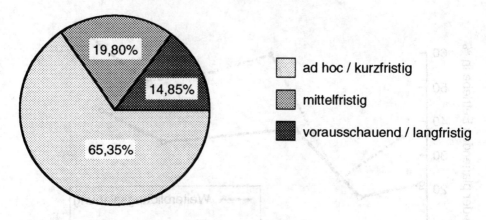

Nur insgesamt knapp 35 % der Betriebe, die angeben, Planungen zu Personal und Weiterbildung zu haben, tun dies mit mittel- bzw. langfristiger Perspektive. Gut 65 % hingegen geben an, Planungen ad hoc bzw. als kurzfristige Anpassungen an akute Bedarfslagen zu betreiben. Von wirklich systematischer Planung bleibt da wenig übrig. Vergleichbares ist zur Planungssystematik anzumerken:

Abbildung 51: Grad der Systematisierung der Planung WB/PE

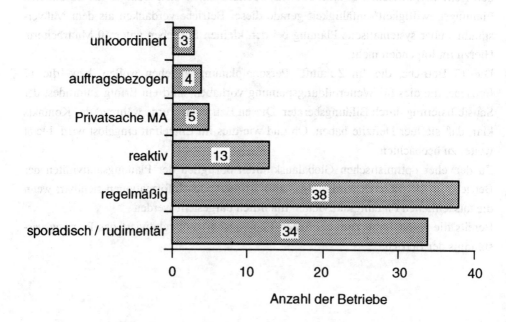

Regelmäßige, systematische Planungen finden nur in 38 Betrieben statt. Alle anderen Betriebe geben an, daß sie Planung im HR-Bereich als temporäre und nicht beständige Aufgabe betrachten. Reaktive Verfahren sind nach wie vor gängige Planungslogik.

Abbildung 52: Gibt es ein WB-Budget?

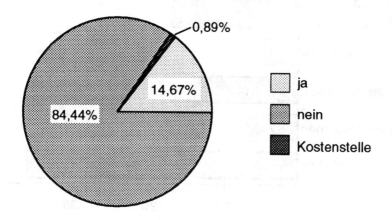

Endgültig schwindet der Optimismus bezüglich Weiterbildungsplanungen bei der Frage nach dem Weiterbildungsbudget, welches ja Voraussetzung oder Resultat systematischer Planung wäre. Nur 14,7 % der Betriebe haben dieses Budget (wobei Auskünfte zur Höhe des Budgets nur in ganz wenigen Fällen zu erhalten waren).

Hier, wie in anderen Fällen, gilt: Wenn's ums Geld geht, hört der Spaß auf. Dies demonstrieren 84,4 % aller Betriebe, die damit realen Weiterbildungsaktivitäten in KMU eher Ausdruck verleihen als die weiter oben demonstrierten Planungskompetenzen hierzu.

Dennoch sollen einige qualitative Aussagen zu den Planungsaktivitäten der Betriebe in unserem Sample nicht unkommentiert bleiben. Hier lassen sich aus dem gegenwärtigen Planungsverständnis der KMU Ansatzpunkte für Bildungsberatung gewinnen:

Abbildung 53: Unternehmensbereiche/MA-Gruppen, für die WB/Personalplanung stattfindet

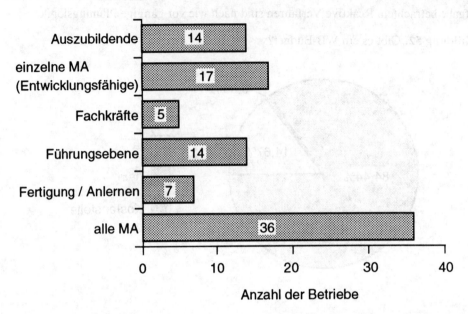

Obwohl immerhin 36 Betriebe angeben, in ihre HR-Planungen alle Mitarbeiterfunktionen einzubeziehen, gilt wohl nur für einen Teil dieser Betriebe, daß hier wirklich umfassende PE und systematische WB betrieben wird.

Immer noch charakteristisch für KMU ist die Beschränkung von Personalplanung und Weiterbildung auf bestimmte Felder wie Auszubildende, Führungskräfte oder auf spezifische Mitarbeitergruppen. Letztere Kategorie kennzeichnet einerseits ein besonderes Anpassungsproblem (z.B. an eine neue Technik) oder der häufig dilettantische Versuch, die "motivierten" Mitarbeiter zu fördern. Systematik in Relation zu betrieblichen Strategien wird hier nicht betrieben.

Für Bildungsberatung zeigt sich hier die Notwendigkeit, die Weiterbildungsnotwendigkeiten als systematische und unternehmensstrategische Aufgabe erst ins Bewußtsein zu heben. Selbst die WB-aktiven KMU denken in Anpassungskategorien selektiv, sporadisch und unkoordiniert über Weiterbildung nach. Dieser Eindruck verstärkt sich bei den Auskünften zur Planungsmethodik bzw. zur Art der Planung:

Abbildung 54: Planungsmethoden WB/PE

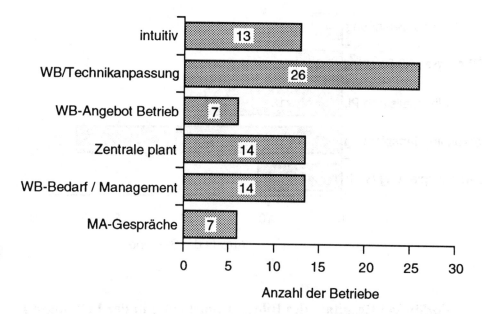

Technikanpassung bzw. zentrale Vorgaben durch Betriebsleitung und Management dominieren. Mitarbeiterbeteiligung ist nur in wenigen Fällen vorgesehen.
Klassische Personalbedarfsplanung und Laufbahnplanung überwiegen. Planungstechniken, die einen systematischen Bezug zu Unternehmensstrategien herstellen (Qualifikationsbedarfsanalysen/Bildungscontrolling etc.) sind kaum vorfindbar.
Das vorläufige Urteil aus Sicht des Bildungsmarketing zu den aktuellen Planungsaktivitäten der KMU im HR-Bereich bestätigt das Vorgehen des Konzepts von der "Integration des externen Faktors". Die Betriebe brauchen externe Unterstützung zur Entwicklung von entsprechenden Planungskonzepten und Planungsprozessen im Unternehmen. Immerhin 12 Betriebe im Sample fragen spontan nach derartiger externer Planungshilfe.
Nur diese Verzahnung von Bildungsträgern und Betrieben bereits bei der Weiterbildungsplanung führt zu den gewünschten Innovationen der betrieblichen Personalpolitik, führt andererseits zum notwendigen Verständnis der Bildungsträger gegenüber den objektiven Notwendigkeiten und Schwierigkeiten der Betriebe bei der Organisation von Weiterbildung und führt schließlich zu langfristigen Marketingerfolgen der Bildungsträger im Marktsegment KMU.

Abbildung 55: Art der Planung

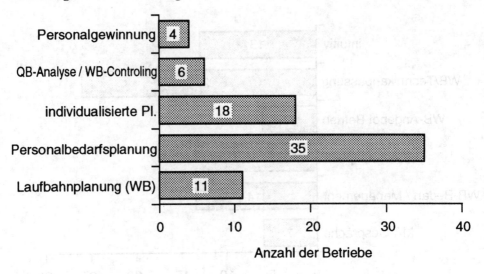

4 Vorläufige Resultate des Bildungsmarketing in der Feldphase 1

Der Bericht über die quantifizierbaren Erfolge bzw. Mißerfolge der Markterschließung und des Marketing in der Feldphase 1 muß programmatisch vorläufigen Charakter haben. Erbrachte Dienstleistungen und verkaufte Weiterbildungsmaßnahmen der bfz können nur tendenzielle Indikatoren für die langfristig angelegte Marketingstrategie sein. Bereits die zweite Feldphase ab Oktober 1992 wird zumindest in den "Altregionen" (Augsburg, Bamberg, Ingolstadt und Würzburg) Daten liefern, die mittelfristige Wirkungen des Bildungsmarketing beschreibbar machen. Die Resultate der Feldphase 1 - mit wenig Mehrfachkontakten und einer Häufung von Erstkontakten am Ende der Phase - sind noch wenig aussagekräftig bezüglich der Wirkung des Marketingkonzepts. Immerhin lassen sich quantifizierbare Tendenzen berichten, die ebenso wie die im Anschluß geschilderten Fallstudien einen ersten Aufschluß zur Akzeptanz des Konzepts der "Integration des externen Faktors" zulassen.

4.1 Zum Umfang der Dienstleistungen, die während der Feldphase 1 erbracht wurden

Ausgehend vom Marketingkonzept der "Integration des externen Faktors" erhält der Dienstleistungsbegriff, der im folgenden Anwendung findet, eine zusätzliche Erklärung.

Unter Dienstleistungen, die der Bildungsträger für den Betrieb übernimmt, werden sowohl die Beratungsleistungen der Bildungsberater in vollem Umfang subsumiert als auch die durchgeführten Weiterbildungsmaßnahmen - inklusive der "Rundum"-Serviceleistungen, die bei diesen Maßnahmen impliziert sind.

Aus der Perspektive des Modellvorhabens wurden diese Dienstleistungen in fünf Gruppen zusammengefaßt, die ihrerseits stark untergliedert dargestellt werden sollen, um einen möglichst konkreten Blick auf die tatsächlichen Dienstleistungsaktivitäten zu erlauben.

Abbildung 56: Dienstleistungsgruppen und die Anzahl bzw. Prozentzahl der Betriebe, die davon partizipierten

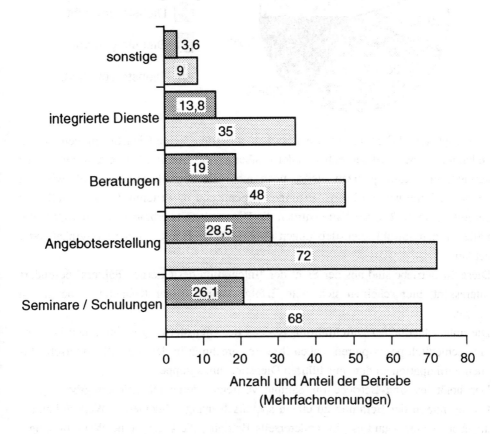

Zur Erläuterung der Dienstleistungsgruppen später mehr!
Es entspricht dem Prozeßcharakter des Marketing und der Bildungsberatung, daß sich diese Dienstleistungen während der Feldphase 1 in unterschiedlichen Graden der Durchführung befanden.

Das heißt, die Dienstleistungsdichte im gesamten Sample der besuchten Betriebe läßt sich differenzieren anhand der Durchführungsstadien, die bis zum Stichtag 31.3.1992 erreicht waren:

Abbildung 57: Dienstleistungen erbracht, geplant, vereinbart ...

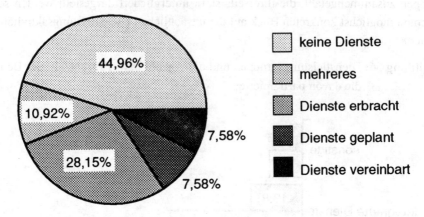

Hier zeigt sich, daß bei ca. 45 % der besuchten Betriebe keine Dienstleistungen zustande kamen. Dabei wird deutlich, daß der Erstbesuch des Bildungsberaters, wenn er ohne geschäftliche Konsequenzen bleibt, noch nicht als Dienstleistung gezählt wird. In 7,6 % der Fälle wurden Dienstleistungen geplant und in weiteren 7,6% der Fälle fest vereinbart. In 28,2 % der Fälle wurden die Dienste bereits erbracht und in 10,9 % der Fälle wurden sowohl Dienstleistungen durchgeführt als auch weitere vereinbart oder geplant.

Diese 28 Betriebe sind aus der Sicht der "Integration des externen Faktors" besonders interessant, hier scheinen sich erste Erfolge längerfristiger Kooperation bereits zu zeigen.

Die unterschiedlichen Durchführungsstadien der Dienstleistungen, an denen Betriebe unterschiedlich partizipieren, haben ihre Entsprechung in der ebenfalls unterschiedlichen Partizipation an den angeführten Dienstleistungsgruppen.

Das heißt, es sind Betriebe im Sample vertreten, deren Dienstleistungsbeteiligung bislang nur in der Beratung zu einem spezifisch maßgeschneiderten Weiterbildungsangebot bestand - und es gibt andererseits Betriebe, die bereits eine Weiterbildungsmaßnahme nach Qualifikationsbedarfsanalyse durchgeführt haben, einen Follow-up-Workshop zu dieser Maßnahme vereinbart haben und parallel weitere Maßnahmen planen etc.

Um diese graduellen Unterschiede der Dienstleistungsbeteiligung von Betrieben zu erfassen, wurden die gewichteten, ordinal skalierten Variablen DIENTRAD, DIENINNO und DIENGRAD gebildet.
DIENTRAD mißt dabei den Grad der betrieblichen Beteiligung an eher traditionellen Dienstleistungen der Bildungsträger (Standardmaßnahmen, Angebote etc.), während DIENINNO die Beteiligung an neuen Dienstleistungen gewichtet (Beratung, Analyse, integrierte Konzeptentwicklung etc.). DIENGRAD schließlich versucht, über die gewichtete Summe beider Variablen ein Maß für die gesamte Beteiligung der Betriebe an den angebotenen Dienstleistungen zu bestimmen. Die Nützlichkeit dieser Variablenkonstruktion muß sich weiter unten bei der Analyse von Zusammenhängen zwischen Betriebsmerkmalen und der Dienstleistungspartizipation erweisen.

4.2 Zur qualitativen Aufschlüsselung der Dienstleistungsgruppen

4.2.1 Seminare/Schulungen/Weiterbildungsmaßnahmen

Mit 68 Betrieben wurden während der Feldphase Weiterbildungsmaßnahmen in der Form von externen oder internen Mitarbeiterschulungen vereinbart oder bereits durchgeführt.
Dies ist sicher ein Erfolg des Bildungsmarketing und insbesondere der Bildungsberater, der selbst unter kurzfristigen Geschäftsinteressen des Bildungsträgers Beachtung verdient.
Dieser Erfolg ist für die Bildungsberater doppelt wichtig, weil hier nicht nur die Tür zum Kunden deutlich geöffnet wird, sondern weil das Konzept des Bildungsmarketing mit derartigen monetären Erfolgen auch ins Innere der Organisation des Bildungsträgers besser verkauft werden kann.
Daneben wiegt es leicht, daß für einige dieser Weiterbildungsmaßnahmen sicher das Label "maßgeschneidert" weit überzogen ist, ja daß unter diesen Erfolgszahlen auch Verkäufe von Standardmaßnahmen subsumiert sind.
An dieser Stelle sollte erneut betont werden, daß die Vorgehensweise Bildungsmarketing, die die Vision der "Lernenden Organisation" als Kooperation von KMU und Bildungsträgern propagiert, keinen Anspruch auf eine Heilslehre erhebt. Dieses Konzept lebt aus Erkenntnissen über Realität und ist Mittel für Bildungsträger zur besseren Bewältigung von Realität.
Wenn also Bildungsmarketing als Weg zur Sicherung des zukünftigen Geschäfts mit KMU realisiert werden soll, so können dabei aktuelle ökonomische Erfordernisse nicht negiert werden. Im Gegenteil, das Konzept soll sich ja als realistisch gerade in den

gegenwärtigen ökonomisch/organisatorischen Strukturen von Bildungsträgern bewähren, ohne freilich seine innovativen Seiten zu verleugnen. Aus diesen Gründen sind Verkäufe von traditionellen Standardangeboten im Rahmen des Bildungsmarketing ebenso zu begrüßen wie andere verkaufte Dienstleistungen - sie öffnen die Türen der Betriebe, sind erste Elemente von weiteren Kooperationen. Für die Bildungsträger bedeuten diese Verkäufe unmittelbar Geschäft im Marktsegment KMU. Dies bringt die dringend erforderliche Refinanzierung der Bildungsberatung zumindest teilweise zustande und ist deshalb mittelbar ökonomisch bedeutsam. Zum anderen wird die Motivation gestärkt, in diesem Geschäftsfeld zu investieren - daß Geschäfte zu machen sind, ist ja bewiesen.

Auf ein mögliches Mißverständnis muß allerdings hingewiesen werden: Aus der Tatsache, daß in diesem Marktsegment auch Geschäfte mit Standardangeboten gemacht werden, sollte nicht der Rückfall in tradiertes Bauchladenmarketing abgeleitet werden.

Immerhin können 75 % der Betriebe in unserem Sample mit den Standardangeboten nichts anfangen und außerdem verdankt sich auch der Verkauf der Seminare zum großen Teil der integrierten Vorgehensweise von Bildungsberatung, bei der der Seminarverkauf erstes Resultat von Beratungsleistungen ist. Hierzu soll später Genaueres ausgeführt werden.

Die Palette der Weiterbildungsveranstaltungen, die als Resultat des Bildungsmarketing verkauft wurden, ist sehr breit. Lediglich die EDV-Schulungen zu den unterschiedlichen Software-Anwendungen im Büro, die in 25 Betrieben verkauft wurden, stechen deutlich hervor.

Zwei Gründe sind dafür verantwortlich: Einerseits gibt es besonders in kleinen Betrieben immer noch Nachholbedarf bei der Bürorationalisierung. Insbesondere der Einsatz von PCs oder Netzwerken von PCs ist in vielen Betrieben immer noch in einer Anfangsphase. Mitarbeiter und Management sehen klar bestimmbaren Schulungsbedarf, der in der Regel mit dem Erlernen einer bestimmten Software umrissen ist. Hinzu kommt sicher andererseits, daß die bfz gerade auf diesem Gebiet hinreichende Erfahrungen vorweisen können, daß vorzeigbare (auch ganzheitlich orientierte) Kurskonzepte ebenso existieren wie technische Ausstattung, Software und geübte Dozenten. Das heißt, die Häufung von Kaufabschlüssen in EDV-WB hat auch ihren Grund in der besonderen Ausrichtung des Trägers bfz. Auch dieses Faktum ist keineswegs ein Mangel. Allerdings auch kein Grund zu selbstgefälligem Ausruhen. Die Expertise auf dem Feld EDV-Einsatz im Büro muß in Richtung einer Rundumberatung "Bürorationalisierung" ausgebaut werden und durch Weiterbildungskonzepte zur "integrierten Sachbearbeitung" abgesichert werden. Außerdem muß Vertrauen, welches auf diesem "sicheren" Feld gewonnen wird, als Kooperationschance in anderen Feldern der beruflichen Weiterbildung ausgebaut und genutzt werden.

Abbildung 58: Seminare, WB-Maßnahmen, Schulungen usw. vereinbart, geplant, bzw. durchgeführt

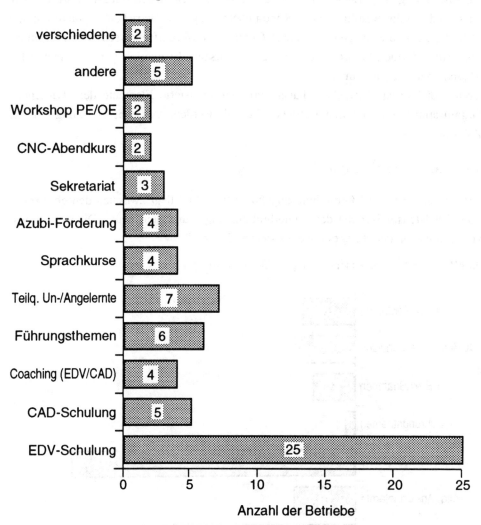

Negativ formuliert: Die Erfolge im EDV-Bereich kritisieren die relativ schwachen Erfolge im gewerblichen Bereich und in anderen Feldern der Weiterbildung. Im CAD-Bereich scheint sich immerhin einiges zu bewegen, insbesondere wenn Coaching möglich ist. Der Bereich der Un- und Angelernten wird mit Blick auf demographische

Entwicklungen, gegenwärtige Arbeitsmarktstrukturen und den Azubi-Mangel für die Betriebe immer bedeutsamer. Spezifische Konzepte und Methoden, die Lernschwierigkeiten kompensieren und Berufserfahrung gezielt einbeziehen, haben Zukunft.

Aus all den anderen Schulungen sollen die Workshops zur Organisations- und Personalentwicklung hervorgehoben werden, die in zwei Betrieben durchgeführt wurden. Dies sind bereits Resultate einer Rundumbetreuung von Betrieben. Gemeinsam mit Mitarbeitern und Management werden Qualifikationsbedarfsanalysen erarbeitet, künftige Arbeitsformen besprochen und die gemeinsame Evaluation von durchgeführten Maßnahmen vorgenommen.

Vom Projektansatz betrachtet, haben wir hier realisierte Elemente der "Lernenden Organisation", die von den Betrieben bezahlt werden. Das gibt Hoffnung für die Zukunft.

4.2.2 Angebotserstellung als Dienstleistung

Die Erstellung von Weiterbildungsangeboten für KMU liegt zwischen den eher traditionellen Dienstleistungen der Weiterbildungsträger und dem neuen Dienstleistungsverständnis von der "Integration des externen Faktors".

Abbildung 59: Angebotserstellung als Dienstleistung

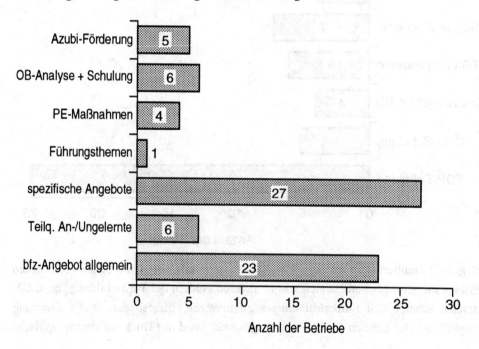

Auch in der Vergangenheit gehörte das Unterbreiten von Weiterbildungsangeboten immer schon zu den Dienstleistungen, die Bildungsträger für Betriebe erbrachten. Allerdings war dies häufig wenig mehr als das Vorlegen eines Standardkataloges von fertigen Konzepten.

Das innovative Moment der Dienstleistung - und damit Bestandteil des Marketingkonzepts - ist die gemeinsame Vorbereitung spezifischer Weiterbildungsangebote, die auf die Bedarfe und Notwendigkeiten des besonderen Betriebes zugeschnitten sind. Dieser Dienstleistungstypus wird entsprechend in der Feldphase 1 am häufigsten entwickelt.

Unter dieser Perspektive ist Angebotserstellung als Dienstleistung keineswegs banal, sie ist Bestandteil von Bildungsmarketing und eine unabdingbare Notwendigkeit, um die erwünschte Kooperation zwischen Träger und Betrieb in die Wege zu leiten. Angebotserstellung diesen Typs ist allerdings auch nicht unproblematisch für Bildungsberater und Bildungsträger. Hier handelt es sich um eine Leistung, die Zeit benötigt und Kosten verursacht, ohne daß der Betrieb bereit wäre, dies unmittelbar zu honorieren.

Wenn es zumindest momentan ohnehin schwierig ist, Betriebe zur direkten Honorierung von Bildungsberaterleistungen zu bringen, so ist es erst recht problematisch, ihnen klarzumachen, daß die Erstellung maßgeschneiderter Angebote bereits eine Leistung für den Betrieb wäre, die ein Entgelt erfordert.

Angebotserstellung wird nach wie vor als Vorleistung gesehen, die keinerlei Verpflichtungen des potentiellen Kunden einforderbar macht.

Diese Problematik wurde in manchen Fällen zur Quelle von Frustrationen für Bildungsberater, die nach mehrfachen Betriebsbesuchen und einer Menge investierter Arbeit in Konzepterstellung letztendlich vom Betrieb doch abschlägig beschieden und vom bfz-Management wegen der vergeudeten Zeit gerügt wurden.

Insbesondere in der Phase der Markterschließung sind derartige Erfahrungen unumgehbar. Sie können dann leicht in Kauf genommen werden, wenn (wie oft geschehen) gerade diese Mühe bei der Angebotserstellung von Betrieben zum Grund für positive Kaufentscheidung wird.

4.2.3 Beratende Dienstleistungen

Bereits eingangs wurde ausführlich zum Gegenstand "Beratung" als Bestandteil des Bildungsmarketing gehandelt. Gerade weil Bildungsberatung in Relation zum "Verkauf" von Weiterbildung ein offener Begriff ist, der durchaus Bestandteile des Verkaufens enthält (ohne sich darin zu erschöpfen), soll anhand der erbrachten Beratungsleistungen in der Feldphase 1 erneut eine weitere Klärung versucht werden. Analytisch ist die Sache klar: Bildungsberatung hat im Verständnis von Bildungsmarketing eine doppelte Funktion.

Abbildung 60:

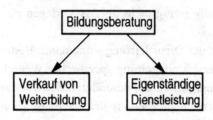

- Bildungsberatung ist Mittel des Verkaufs von Serviceleistungen des Bildungsträgers an den Betrieb. In dieser Funktion soll Bildungsberatung Bedarf wecken, adäquate Angebote ausarbeiten sowie die Modalitäten der Leistung und der Bezahlung ausarbeiten.
  Weil Weiterbildung eine komplexe Dienstleistung ist, deren Funktion und Nutzen für Betriebe erläuterungsbedürftig ist, brauchen wir auch für den "bloßen Verkauf" Personal mit umfangreichem Wissen zu den Nutzungsbedingungen von Weiterbildung und zu Weiterbildung selbst. Bildungsberatung ließe sich in ihrer Verkaufsfunktion parallelisieren zu den Vertriebsingenieuren von Investitionsgüterherstellern, die umfangreiches technisches und organisatorisches Wissen brauchen, um Verkäufe zu tätigen.
- Bildungsberatung ist auch eigenständige Dienstleistung des Bildungsträgers für den Betrieb und insoweit selbst verkaufsfähiges Produkt. Dabei ist es zunächst unerheblich, ob die Beratungsleistung getrennt honoriert wird oder als Bestandteil eines integrierten Weiterbildungsservices den erhöhten Preis einer Weiterbildungsmaßnahme rechtfertigt.
  Diese Funktion von Bildungsberatung reflektiert den steigenden Bedarf an externen Hilfen für PE und OE, die in KMU in Zukunft nötig werden und die nicht durch Weiterbildungsmaßnahmen abgedeckt werden können. Das Analysieren und Organisieren innerbetrieblicher Lernprozesse, die Vermittlung von Lernmaterialien und von Experten gehört ebenso zu der Dienstleistung Beratung wie die Erstellung von Lernkonzepten, die dann z.B. durch innerbetriebliche Multiplikatoren realisiert werden etc.

Soweit die analytische Scheidung der beiden Seiten von Bildungsberatung. Das Problem für Bildungsträger und Betriebe, vor allem aber für die Bildungsberater selbst, besteht in der praktischen Verwobenheit der beiden Seiten im täglichen Handeln.

Ist ein Hinweis auf die praktikable innerbetriebliche Durchführung einer Qualifikationsbedarfsanalyse eine eigenständige Dienstleistung oder ist er Verkaufshilfe, wenn aus dieser Analyse ein Weiterbildungsauftrag resultiert?

Nach den Erfahrungen aus der Feldphase 1 ergibt sich ein eigenartiges Bild verschiedener Sichtweisen zu der Interpretation von Verkaufen und Beraten.

- Der Bildungsträger sieht vor allem, daß anspruchsvolle Betriebsberatung momentan nur in Ausnahmefällen von den Betrieben direkt bezahlt wird, andererseits aber ein Kostenfaktor ist und eine Spezies von "hochgestochenen" Bildungsberatern hervorbringt, die zu wenig ans Verkaufen denken.

- Der Betrieb läßt sich Bildungsberatung gerne gefallen, wird aber vom latenten Mißtrauen geplagt, daß hier besonders ausgekochte Verkäufer am Werk sind. (Daß die Mehrzahl der Betriebe diesen Service durchaus als Kaufargument für Weiterbildungskurse sehen, wird weiter unten ausgeführt.) Daß diese Beratungsleistungen bezahlt werden sollten, ist den meisten Betrieben fremd.

- Der Bildungsberater ist in seiner Schnittstellenfunktion hin- und hergerissen. Er sieht die Notwendigkeit des Verkaufens ebenso wie die der Beratung und löst das Dilemma je nach Person und aktuellen Machtstrukturen unterschiedlich.

Das Problem ist im Einzelfall auch nicht einfach zu lösen, schon gar nicht lassen sich vom Schreibtisch aus gültige Ratschläge erteilen. Erst die aus der Erfahrung vieler Betriebsbesuche gewonnene Sensibilisierung der Bildungsberater wird dazu führen, daß die fließende Grenze zwischen notwendigen Beratungsleistungen und verlorener Beratungszeit antizipatorisch situationsgerecht eingeschätzt werden kann.

Die ideale Lösung ist natürlich die durchgesetzte Einsicht bei den Betrieben, daß Bildungsberatung für das Unternehmen ähnlich lebensnotwendig ist wie andere Sparten von Unternehmensberatung - und entsprechend honoriert werden muß. Nachdem dies noch einiges an Bewußtseinswandel voraussetzt, der sicherlich nicht rasch eintritt, wird die Lösung des ökonomischen Problems der Bildungsberatung vom individuellen Geschick des Bildungsberaters abhängen.

Vor diesem Hintergrund ist die Quantifizierung der beratenden Dienstleistungen in der Feldphase 1 zu sehen. Hier mischen sich "Verkaufsberatung" und weitergehende Beratung ebenso wie Qualität und Zeitdauer der Beratungen. Insofern ist die Graphik wenig aussagekräftig, was den tatsächlichen Aufwand von Bildungsberatung betrifft.

Abbildung 61: Beratende Dienstleistungen

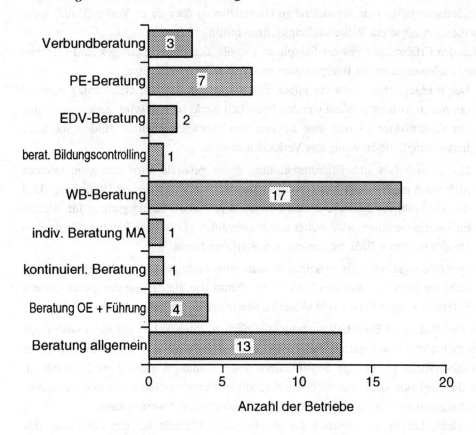

In zweierlei Hinsicht ist sie dennoch informativ. In ca. 1/5 aller Betriebe wurden Beratungsleistungen erbracht, die über "einfachen" Verkauf von Maßnahmen hinausgingen. Diese Beratungsleistungen (wie aufwendig sie immer waren) stoßen auf hohe Akzeptanz bei den Betrieben. Zweitens wird deutlich, daß die Beratungen über alle Bereiche der Weiterbildung und darüber hinaus streuen.

Hier ist ein anderes sensibles Feld von Bildungsberatung angesprochen: Für welche betrieblichen Probleme ist der Bildungsberater zuständig und für welche nicht?

Gerade kleine Betriebe halten sich in ihren Fragen naturgemäß nicht an Disziplingrenzen fachlichen Expertentums - sie haben "interdisziplinäre" Probleme und wollen diese gelöst haben. Als Verkäufer kann der Bildungsberater in solchen Fällen nicht einfach ablehnen. Andererseits kann ein Überschreiten seiner fachlichen Kompetenz gerade das Gegenteil von Verkaufsförderung bewirken. Er wird dann leicht unglaubwürdig und verliert regional mehr als nur einen Kunden.

Auch hier muß es der durch Erfahrung gestützten Sensibilität des Bildungsberaters überlassen bleiben, inwieweit er sich in Bereiche wie z.B. EDV-Beratung vorwagen darf, ohne seine Kompetenzen zu überschreiten.
Die schulmäßige Lösung dieses Problems, der Einbezug weiterer Experten aus dem eigenen Haus oder von außerhalb zu einer Allroundberatung, scheitert in der Praxis an den Kosten dieses Verfahrens. Auch hier bietet sich ein Stufen- oder Modulprozeß von Beratung an, in dem der Bildungsberater in aller Regel nur Grundlegendes bedient und auf die einschlägigen Experten verweist.
Das Angebot individueller Weiterbildungsberatung von Mitarbeitern, wie in einem Betrieb geschehen, ist Bestandteil einer Dienstleistung für Betriebe.[52]
Auch aus diesen Betrachtungen zum empirischen Verlauf von Bildungsberatung in der Feldphase 1 wird vor allem deutlich, daß wir es hier mit einem offenen Prozeß zu tun haben, dessen einzelne Seiten in ihrer praktischen Durchsetzung noch lange nicht endgültig erforscht sind.
Eines allerdings zeigt sich bereits aus den bisherigen Erfahrungen: Die Akzeptanz von Bildungsberatung ist hoch, und sie wird in vielen Fällen zum Kaufargument von Weiterbildung. Die qualitative Erfahrung aus einzelnen Beratungsfällen ist in diesem Zusammenhang wesentlich informativer als die quantitative Zusammenstellung der Beratungsleistungen.[53]

4.2.4 Integrierte Dienstleistungen

Immerhin 35 Betriebe oder annähernd 14 % der Betriebe konnten für integrierte Dienstleistungen gewonnen werden, daß heißt, wir finden in der Kooperation zwischen bfz und diesen Betrieben bereits Elemente der "Lernenden Organisation". Anders formuliert: diese Kooperationsformen entsprechen am ehesten der Vorstellung einer "Integration des externen Faktors" - der Marketingkonzeption des Modellvorhabens.
Hier, wie bei den beratenden Dienstleistungen gilt, daß es keineswegs in all diesen Fällen gelungen ist, alle verschiedenen Elemente der integrierten Dienstleistungen auch von den Betrieben honoriert zu bekommen. Aber eines wurde in der Feldphase 1 bereits sehr deutlich: Konzept und Durchführung derartiger integrierter Dienstleistungen werden von den Betrieben zumindest als Kaufargument für den darin eingeschlos-

---

52 Diese im Marketingkonzept der "Integration des externen Faktors" inhaltlich verankerte Beratungskomponente läßt sich nicht in einem formellen Schema "Bildungsberatung - Qualifizierungsberatung" - wie von Balli/Storm (1992) vorgeschlagen - unterbringen, ohne das Charateristische dieser Dienstleistungsform zu verlieren.

53 Vgl. Fallstudien im 3. Teil des Readers

senen Weiterbildungsblock honoriert, das heißt, viele Betriebe waren von dem betrieblichen Nutzen einer maßgeschneiderten Weiterbildungsmaßnahme überzeugt, die nach vorbereitender Beratung konzipiert und durchgeführt wurde. Im Vergleich zu konkurrierenden Angeboten überzeugten die integrierten Dienstleistungen des bfz durch die darin sichtbare Kompetenz im Umgang mit den besonderen betrieblichen Problemstellungen. In vielen Fällen wurden dafür sogar höhere Preise für die Weiterbildung in Kauf genommen. Dies aber in nahezu allen Fällen nur bezogen auf die Kalkulation zum eigentlichen Weiterbildungsteil. Beratungselemente, Analysehilfen und organisatorischer Beistand - allesamt Bestandteile der Gesamtdienstleistung - wurden nur in einzelnen Fällen als bezahlbare Leistungen anerkannt.

Abbildung 62: Integrierte Dienstleistungen (Analysen, Beratung, Konzept...)

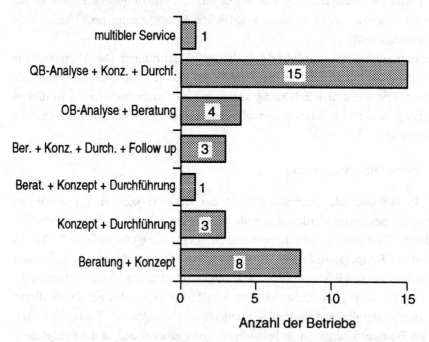

Solange sich diese Haltung der Betriebe nicht prinzipiell ändert, muß der Schwerpunkt der integrierten Dienstleistungen immer auf der Maßnahmendurchführung liegen. Vorbereitende und nachbereitende Dienstleistungselemente können entsprechend nicht den Rang im Dienstleistungsspektrum einnehmen, der ihnen zukäme. In dem Maße, in dem den Betrieben der unmittelbare Nutzen dieser Elemente der Gesamtdienstleistung klar wird und die Bereitschaft zur Finanzierung wächst, kann die wirkliche Potenz von integrierten Dienstleistungen entfaltet werden.

Diese bislang wenig ausgeschöpften Möglichkeiten integrierter Dienste beschränken sich ja nur vordergründig auf die kundenspezifische Optimierung einer einzelnen Weiterbildungsmaßnahme. Die eigentliche Chance dieser Dienste besteht für die KMU in der tiefgreifenden und permanenten Optimierung ihrer Personalentwicklung und Organisationsentwicklung. Lernen und Weiterbildung werden hierüber zum Bestandteil des Betriebsalltags, wobei eine weitgehende Integration von Lernen und Arbeiten angestrebt wird. "Durchführung" von Weiterbildung wird in derartiger Personalentwicklung kaum mehr als isolierbares Tun wahrnehmbar. Lernen wird zu einem Teil eines Gesamtprozesses von Unternehmensentwicklung, welcher weitgehend über Selbstlernprozesse der Mitarbeiter führt.[54] Bildungsträger werden zu kontinuierlichen Kooperationspartnern der KMU, deren Leistungen vor allem in beratenden, organisatorischen und konzeptionellen Arbeiten bestehen. Es muß nicht betont werden, daß zur Realisierung dieses Modells einer "Lernenden Organisation" in KMU noch ein weiter Weg ist.

Die hohe Akzeptanz integrierter Dienstleistungen bei den Betrieben der Feldphase 1 beweist jedoch den Bedarf, der bereits heute in KMU bezüglich der Entwicklung und kontinuierlichen Betreuung von Personalentwicklungsprozessen vorhanden ist. Aufgrund der Größe und der finanziellen Möglichkeiten dieser Betriebe wird derartiger Bedarf immer nur über externe Partner zu decken sein.

Zur Aufschlüsselung der integrierten Dienste in der o.a. Graphik läßt sich nur bemerken, daß im gegenwärtigen Projektstand unterschiedliche Kombinationen der prinzipiell unterscheidbaren Dienstleistungselemente Bedarfsanalyse, Konzeptentwicklung, Weiterbildungsdurchführung, Evaluation und Follow-up realisiert wurden. Zudem bleibt die Qualität der einzelnen Elemente (Zeitaufwand, Expertise etc.) im Dunkeln; sie fällt empirisch sehr unterschiedlich aus.

Natürlich finden wir in all diesen realisierten Formen integrierter Dienstleistungen noch keinen Idealfall einer langfristigen Kooperation fester Partner im Sinne der "Lernenden Organisation". Wie bereits betont, ist dies kein Mangel der realisierten Formen der Kooperation. Von der einfachsten bis zur umfangreichsten Dienstleistung tragen diese in 28 Betrieben realisierten Formen zumindest die Chance einer ausgereiften Form der gemeinsamen "Lernenden Organisation" in sich. Es sind definitive Erfolge des Bildungsmarketings - sowohl über das aktuell realisierte Geschäft als auch über die zukunftsweisende Tendenz der Aktivitäten.

Neben den beschriebenen Dienstleistungen wurden, eher am Rande, weitere Aktivitäten der Bildungsberater verzeichnet.

---

54 Vgl. Stahl, T.; D'Aloja, P.; Nyhan, B. 1992

Von perspektivischem Interesse bezüglich der Schnittstellenfunktion Bildungsberatung erscheint die Rekrutierung von Fachleuten aus den Betrieben für spezifische Dozententätigkeit im bfz. Hier zeigt sich, daß die Kooperation Bildungsträger/Betrieb selbst in Trainingsfragen keine Einbahnstraße ist. Es ist nur logisch, daß das Wissen und die Erfahrungen von Betriebspraktikern auch für die Weiterbildung für andere Klienten nutzbar gemacht wird.

Abbildung 63: Sonstige Dienstleistungen

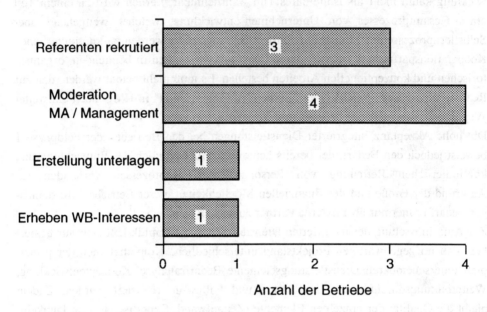

4.3 Keine Dienstleistungen kamen zustande

Für die weitere Entwicklung des Bildungsmarketing sind neben den skizzierten Erfolgen die Mißerfolge der Feldphase 1 mindestens ebenso interessant.

Immerhin 113 Betriebe, das sind nahezu 45 % der besuchten KMU, waren für Dienstleistungen nicht zu gewinnen.

Nun ist bei der Heteronomität des Betriebssamples und der Gesprächspartner sicherlich jeder einzelne Grund für eine Ablehnung gesondert zu betrachten. Es ist die Sache der einzelnen Bildungsberater, sich vor Ort ein Bild von den Ablehnungsgründen zu machen, in Relation zur Situation des Betriebes und in Relation zur Person des Gesprächspartners. Allzu viele Variablen werden in diesen Beratungsgesprächen wirksam, als daß man von dem vorliegenden Datenmaterial gültig generalisieren könnte.

Was hier bleibt, ist die vorsichtige Kategorisierung von Ablehnungsgründen, immer bewußt, daß sowohl die Nennung des Grundes durch den Gesprächspartner wie die Rezeption des Grundes seitens des Bildungsberaters Filtermechanismen implizieren, die objektive Aussagen nicht möglich machen.

Abbildung 64: Keine Dienstleistungen kamen zustande

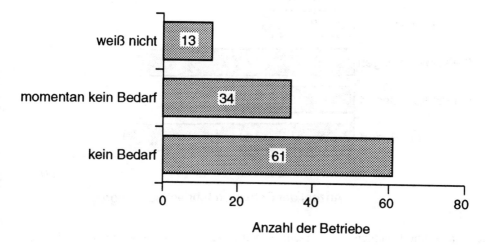

Daß zunächst die Aussage der Betriebe "kein Bedarf" neben der Ablehnung der Dienstleistung steht, ist ein Pleonasmus. Interessant sind die Fälle, wo der betriebliche Gesprächspartner bzw. der Bildungsberater sich um Begründungen bemüht.
In einer Zusammenfassung der Begründungen zeigen sich die folgenden Hauptgruppen von Hinderungsgründen, die dem Geschäft mit dem bfz im Wege standen:

Abbildung 65: Keine Dienstleistungen kamen zustande

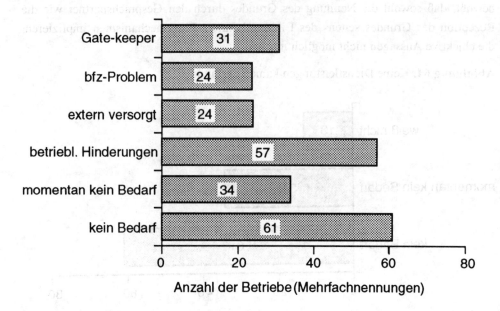

Quantitativ am bedeutendsten scheinen betriebliche Hindernisse zu sein, die der Weiterbildung im Wege stehen. Dies wird jedenfalls als Grund bei 57 Betrieben (über 50 % der Ablehnungen) angegeben.

Bei den 25 Betrieben, die angeben, kein Geld für Weiterbildung verfügbar zu haben, muß sicher im Einzelfall unterschieden werden, ob es wirklich Finanzierungsprobleme sind, die den Betrieb an Weiterbildung hindern, oder ob sich darin nur der Wille ausdrückt, kein Geld für Weiterbildung auszugeben. Die letztere Haltung drückt nur einen gewissen Traditionalismus von KMU aus, die nicht gewöhnt sind, in ihr Personal zu investieren.

In 10 Betrieben ergibt sich das Problem, daß der besuchte Zweigbetrieb keine eigenen Kompetenzen bezüglich Weiterbildungsplanung hat - die Zentrale liegt außerhalb der Versuchsregion. Die 9 Betriebe, die Weiterbildung selbst machen, sind durchaus mittelfristig als Kunden zu gewinnen, wenn der Bildungsträger deutlich macht, daß er gerade die Eigenaktivitäten der Firma effektiv unterstützen kann.

Die betrieblichen Hinderungen für die angestrebte Kooperation sind sicher zu einem Teil objektiv - sie sollten allerdings nie ein Grund für Resignation beim Bildungsberater sein. Betriebliche Strukturen und ökonomische Situation ändern sich ebenso wie die Perspektiven des Managements. Insofern sind die 57 ablehnenden Betriebe weiterhin zu besuchen.

Abbildung 66: Betriebliche/organisatorische Hinderungen für Kooperation

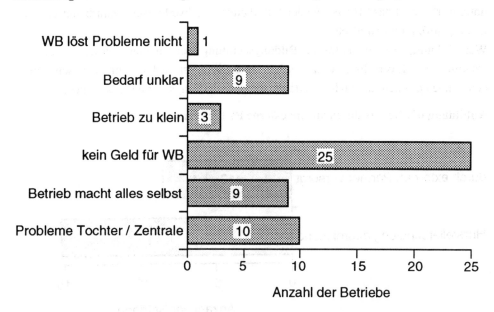

24 Betriebe lehnen die Dienstleistungsangebote der bfz ab, weil sie schon durch andere externe Partner versorgt sind und mit dieser Versorgung zufrieden sind.
Für den Bildungsberater ergibt sich hier die klassische Situation des Wettbewerbs mit konkurrierenden Weiterbildungsträgern. Im Falle der 11 Betriebe, die Herstellerschulung für ausreichend halten, lassen sich mittelfristig sicherlich komplementäre Weiterbildungsaktivitäten vorsehen, die einen holistischen Ansatz von Handlungskompetenz verfolgen, der von Investitionsgüterherstellern nicht geboten wird. Die Anwendungssituation als Ausgangspunkt von Weiterbildung macht effiziente PE erst möglich. Bei den 13 Betrieben, die mit anderen Trägern arbeiten, kommt es naturgemäß darauf an, das eigene Angebot vom Angebot des Konkurrenten abzuheben. Der Ansatz des "Allroundservice", den das Modellvorhaben verfolgt, ist hierfür sicher eine Möglichkeit.
Mehrfach wurde die Bedeutung der Sichtweise des betrieblichen Gesprächspartners für die Akzeptanz oder Ablehnung der vom bfz offerierten Dienste angesprochen.
Bei 31 Betrieben im Sample sehen die Bildungsberater den betrieblichen Gesprächspartner ursächlich für das Scheitern ihrer Verkaufsbemühungen.
Überwiegend spiegeln sich in den Ablehnungsgründen der "gate-keeper" die traditionellen Vorbehalte der KMU bezüglich Weiterbildung allgemein.

In Weiterbildung von Mitarbeitern wird prinzipiell nichts investiert, "weil das noch nie nötig war", "weil das Privatsache der Mitarbeiter ist", "weil unsere Mitarbeiter ohnehin nicht qualifizierbar sind" etc.

Weiterbildung, PE und natürlich Bildungsberatung werden unter diesen Vorzeichen als unnütze Geldverschwendung gesehen. Interessant ist, daß sich unter diesen Betrieben einige befinden, die andererseits Personalbeschaffungsprobleme beklagen.

Abbildung 67: Bereits durch andere externe Partner versorgt

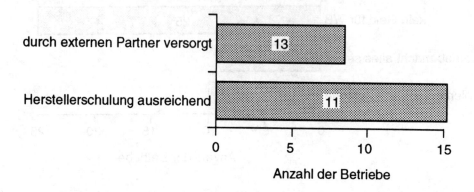

Abbildung 68: Vorurteile seitens des Gesprächspartners verhindern Kooperationen

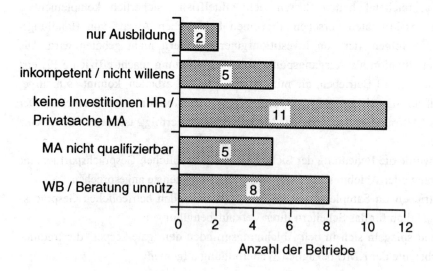

150

Generell ist anzunehmen, daß die ablehnende *Haltung* des betrieblichen Managements zunehmend den betrieblichen Problemen nicht mehr gerecht werden kann und damit der interne Problemdruck der Bildungsberatung in die Hände spielt. Es ist natürlich ein hartes Brot, gegen derartige Vorurteile zu argumentieren. Wenn der Bildungsberater im Laufe der Zeit auf eine Reihe regionaler Betriebe (Konkurrenten) verweisen kann, die erfolgreich Weiterbildung praktizieren, hilft dies u.U. mehr als viele argumentative Überzeugungsversuche.

Last, not least gibt es Fälle, in denen die Zusammenarbeit Betrieb/bfz an Problemen des Bildungsträgers scheitert, die Dienstleistungswünsche zu erfüllen - oder sie scheitert an der subjektiven Einschätzung des bfz durch den Gesprächspartner.

Abbildung 69: Probleme des bfz, die Wünsche zu bedienen

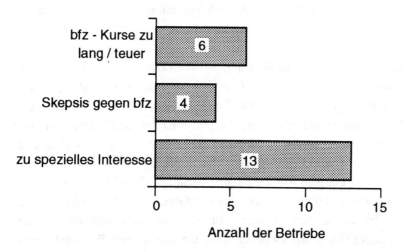

Wir haben es hier natürlich mit zwei unterschiedlichen Gruppen von Problemen zu tun, die etwas willkürlich unter dem Label "Probleme des Bildungsträgers" subsumiert sind.

Die harten - organisatorischen, finanziellen oder strukturellen - Gründe für ein Scheitern der Kooperation, die beim Bildungsträger vorliegen, betreffen die Unfähigkeit oder auch den Unwillen des Trägers, sich auf "zu spezielle", auf "exotische" Weiterbildungswünsche einzulassen, bzw. die Flexibilität des Trägers bezüglich Preisgestaltung und Zeitbudget der Weiterbildungsmaßnahme.

Ablehnungen einer Kooperation, die auf diesen "hausgemachten" Gründen beim Bildungsträger beruhen, sind natürlich herbe Rückschläge für das Konzept Bildungsmarketing und Bildungsberatung. Aus dieser Sicht müßte der Bildungsträger alles unternehmen, um auch derart wenig lukrative Weiterbildungswünsche zu bedienen. Andererseits kann kein Bildungsträger alle Dienstleistungswünsche, die an ihn herangetragen werden, bedienen. Dies gilt sowohl von der Seite der Bildungsinhalte wie von der Seite der Preis- und Zeitgestaltung der Kursangebote. Es gibt Kostendeckungserfordernisse, die nicht unterschritten werden können, auch wenn dabei potentielle Kunden verlorengehen.

Es liegt erneut an den Bildungsberatern einzuschätzen, wo die Grenzen der externen Dienstbarkeit liegen, die bildungsträgerintern gerade noch verkraftet werden können. Die Kalkulation mit zukünftigen Geschäftsmöglichkeiten in der Region und Markterschließungsgesichtspunkte sind ebenso zu beachten wie Kompetenzgrenzen und finanzielle Grenzen des Bildungsträgers. Das Management des Bildungsträgers muß derartige Ablehnungen von betrieblichen Weiterbildungswünschen besonders kritisch inspizieren. Ist es tatsächlich nicht möglich, den Betrieb zu bedienen, oder ist es mangelnde Flexibilität und mangelnder Innovationswille, an dem die Kooperation scheitert?

Die Schnittstellenfunktion von Bildungsberatung zwischen Betrieben und Bildungsträgern wird hier erneut sichtbar. Um extern Geschäfte zu organisieren, ist es für die Bildungsberater besonders wichtig, die interne Leistungsfähigkeit des Bildungsträgers und deren Grenzen zu kennen und zu berücksichtigen. Auch bildungsträgerintern muß er unterscheiden lernen zwischen den wirklichen Grenzen der Leistungsfähigkeit und zwischen Vorurteilen und Traditionalismen der Bildungsprofis.

Bei vier der ablehnenden Betriebe war die Skepsis bezüglich des bfz's der Grund für die Ablehnung. Diese Haltung rührte aus schlechten Erfahrungen mit Praktikanten aus AFG-Maßnahmen, die die bfz durchführten. Von hier aus kann nicht entschieden werden, inwieweit dieser Grund vorgeschoben wird, um den eigenen Weiterbildungsunwillen zu kaschieren, oder ob die Verärgerung über einen Praktikanten wirklicher Ablehnungsgrund ist. In jedem Fall handelt es sich bei den 4 Betrieben um eine unbedeutende Zahl von Betrieben. Ein etwaiges Imageproblem des bfz in Relation zu betrieblicher Bildung liegt sicher nicht vor. Eher gibt es das Faktum, daß für viele KMU die Serviceleistungen der bfz für Betriebe noch unbekannt sind.

4.4 Gibt es statistische Zusammenhänge zwischen betrieblichen Parametern und den Erfolgen des Bildungsmarketing?

Abgesehen von allen anderen methodischen Problemen, die sich das gewählte Prozedere der Datenerfassung über offene Fragen bei Kategorisierungen und Gewichtungen von Variablen einhandelt,[55] gibt es zwei Gründe, bei der Rekonstruktion von Zusammenhängen der ausgewerteten Variablen außerordentlich vorsichtig zu sein:

1) Das Sample von 253 Betrieben ist immer noch zu klein, um auch nur annähernd Repräsentanz in der Auswertung von einzelnen Untergruppen/Klassen von Betrieben zuzulassen.

2) Das Vorgehen Bildungsmarketing und der Einsatz der Bildungsberater basiert auf der kontinuierlichen Betreuung von Betrieben. Aus den weiter oben skizzierten Gründen handelt es sich bei den meisten Betriebskontakten der Feldphase 1 um Einfachkontakte, womit mangels Information über die Folgen dieser Intervention noch wenig gesagt werden kann.

Beide Mängel bezüglich statistischer Verfahren der Kausalanalyse und der Rekonstruktion von Wirkungszusammenhängen werden während der Feldphase 2 abgemildert.

Nach wie vor problematisch bleibt das Verfahren der Post-fact-Kategorisierung und der Konstruktion von ordinalskalierten Variablen auf Basis der subjektiven ratings von betrieblichem Handeln und Denken. Hier kann nur Plausibilität diskutiert werden - die Vorgehensweise liegt offen.

Trotz all dieser Einschränkungen soll der Versuch gemacht werden, einige mögliche Zusammenhänge zwischen betrieblicher Situation und den Marketingerfolgen quantitativ nachzuzeichnen.

4.4.1 Zusammenhänge der Dienstleistungsverkäufe zu "äußeren" Strukturmerkmalen der Betriebe

Generell gilt, daß weder Branchenzugehörigkeit noch Betriebsgröße noch andere sogenannte Strukturmerkmale signifikante Zusammenhänge zu der Dienstleistungsakzeptanz erkennen lassen. Es gibt zwei Ausnahmen:

1) Ein schwacher Zusammenhang deutet sich an zwischen der Unternehmensgröße und der Anzahl der verkauften "traditionellen Dienstleistungen". Das heißt, in

---

55 Vgl. 2.7 (Zum Erhebungsinstrument und zur schrittweisen Kodierung der erhobenen Informationen)

unserem Sample scheinen größere Unternehmen eher die klassischen externen Weiterbildungskurse zu akzeptieren als die kleineren. Dies ist einleuchtend, ist es doch für Bildungsträger und Betrieb leichter, einen Weiterbildungskurs organisatorisch und finanziell auf die Beine zu stellen, wenn der Betrieb mindestens 15 Mitarbeiter dafür freistellen kann.

Die Korrelation ist mit $r = 0,29$ allerdings eher schwach und bei nur 104 zusammengestellten Fällen noch weiter zu verfolgen.

2) Dieselben Vorbehalte gelten für den mit $r = -0,32$ festgestellten negativen Zusammenhang zwischen den Anteilen an Fachkräften und den traditionellen Dienstleistungen (71 Betriebe wurden erfaßt).

Eine Interpretation dieses Datums ist nicht ohne weiteres offensichtlich. Je größer der Anteil der beschäftigten Fachkräfte in einem Betrieb, desto schwieriger wird es, traditionelle Dienstleistungen eines Weiterbildungsträgers zu verkaufen.

4.4.2 Betriebliche Rationalisierungskompetenz hängt deutlich mit dem Grad der Akzeptanz von Dienstleistungen im Modellvorhaben zusammen

Akzeptierte Dienstleistungen in Abhängigkeit von Rationalisierungskompetenz (DIENGRAD/ZIELGRAD): $r = 0,24$.

253 cases plotted. Regression statistics of DIENGRAD on ZIELGRAD:
Correlation .24073 R Squared .05795 S.E. of Est 4.02303 Sig. .0001 Intercept(S.E.) 3.04001 (.42043) Slope(S.E.) .30603(.07788)

Dieser signifikante Zusammenhang zwischen der betrieblichen Rationalisierungskompetenz und der gewichteten Summe der realisierten Dienstleistungen zeigt, daß die höher gewichteten neuen Rationalisierungsvorstellungen (vgl. 3.1) auch quantitativ mehr und qualitativ andere Dienstleistungen durch Weiterbildungsträger notwendig machen.

Modernität bei betrieblicher Rationalisierung zieht notwendig ein neues Verständnis von PE nach sich, welches den neuen Dienstleistungsangeboten des Bildungsmarketing sehr aufgeschlossen gegenübersteht.

4.4.3 Organisatorische Kompetenzen im Betrieb hängen ebenso wie Planungskompetenzen im PE-Bereich eng mit der Akzeptanz der neuen Dienstleistungen des Trägers zusammen

Der statistische Zusammenhang zwischen prospektiven Organisationskompetenzen und dem Grad der geleisteten Dienste durch die bfz beträgt $r = 0,22$.

253 cases plotted. Regression statistics of DIENGRAD on ORGPROSP:

Correlation .22054 R Squared . 04864 S.E. of Est 4.04286 Sig. .0004 Intercept(S.E.) 3.87774 (.28758) Slope(S.E.) .25616(.07151)

Noch deutlicher ist der signifikante Zusammenhang zwischen den PE-Planungskompetenzen und den akzeptierten Dienstleistungen der Bildungsberater sichtbar: $r = 0{,}4$.

253 cases plotted. Regression statistics of DIENGRAD on PLANKOMP:
Correlation .40411 R Squared .16331 S:E. of Est 3.79140 Sig. .0000 Intercept(S.E.) 2.96681 (.31051) Slope(S.E.) .29688(.04242)

Diese Korrelation fällt mit $r = 0{,}43$ (DIENINNO/PLANKOMP) für die Akzeptanz gegenüber der innovativen Dienstleistungen (Beratung und integrierte Dienstleistungen) noch deutlicher aus. Allerdings wird hier die Berechnungsbasis mit 70 Betrieben wieder etwas schmal.

Insgesamt läßt sich festhalten, daß gerade diejenigen Betriebe im Sample der neuen Dienstleistungskonzeption des Projektes am aufgeschlossensten gegenüberstehen, die bereits ihrerseits ein beträchtliches Maß an Rationalisierungs-, Organisations- und Planungskompetenz besitzen. Dies gibt zum einen Hoffnung für die Zukunft. Modernisierungsprozesse in den KMU machen diese aufnahmebereiter für moderne Weiterbildungskonzepte und die entsprechende Zusammenarbeit mit innovativen Bildungsträgern. Bildungsberatung kann dazu beitragen, diese Modernisierungsprozesse zu beschleunigen. Ganz nebenbei wird die Befürchtung einer "Sättigung" der Betriebe durch ihren Kompetenzgewinn über Bildungsberater widerlegt. Wenn Bildungsberatung wirklich Modernisierungsprozesse in den Betrieben bezüglich PE bewirkt, macht sie sich damit nicht selbst überflüssig. Im Gegenteil, die vermehrte Nachfrage der "kompetenteren" Betriebe gerade nach den innovativen Dienstleistungen beweist den permanenten Nutzen externer Hilfe für moderne KMU.

4.4.4 Betriebliche Problemsicht und Dienstleistungsakzeptanz

Akzeptanz von Dienstleistungen in Relation zur betrieblichen Problemsicht: $r = 0{,}35$ (DIENGRAD/PROBSUBJ).

253 cases plotted. Regression statistics of DIENGRAD on PROBSUBJ:
Correlation .34833 R Squared .12133 S.E. of Est 3.88534 Sig. .0000 Intercept(S.E.) 3.50388 (.28425) Slope(S.E.) .51552(.08757)

Die gewichtete Summe betrieblicher Problemsicht zeigt deutliche Zusammenhänge zum Grad der Dienstleistungsakzeptanz, dies wird noch deutlicher, wenn nur die berichteten Probleme herausgefiltert werden, die unmittelbar mit Weiterbildungsproblemen zu tun haben:

Akzeptanz von Dienstleistungen in Relation zu betrieblichen Weiterbildungsproblemen (DIENGRAD/PROBDIR): $r = 0{,}38$.

253 cases plotted. Regression statistics of DIENGRAD on PROBDIR:

Correlation .37985 R Squared .14429 S.E. of Est 3.83424 Sig. .0000 Intercept(S.E.) 3.16279 (.30324) Slope(S.E.) .80967(.12446)

Das heißt, wie weiter oben bereits vermutet, es sind bislang nicht die indirekten PE-Probleme, die die Betriebe veranlassen, bestimmte Dienstleistungen beim Weiterbildungsträger nachzufragen, sondern ganz direkte Qualifikationsmängel, die als solche erkannt sind. Es obliegt dem Bildungsberater, die indirekten Weiterbildungsprobleme (Qualiltätsmängel, Personalbeschaffungsprobleme etc.) den betrieblich Verantwortlichen als Bedarf an externen Dienstleistungen erst ins Bewußtsein zu heben.

Akzeptanz innovativer Dienstleistungen in Relation zu betrieblicher Problemsicht (DIENINNO/PROBSUBJ): $r = 0{,}39$.

Auch hier wird wieder deutlich, daß es insbesondere die innovativen Dienstleistungen sind, die aus einer relativ hohen Problemsensibilität nachgefragt werden.

Nachdem sich in der Kategorie der betrieblichen Problemsicht realer Problemdruck und subjektive Sicht dieser Probleme ununterscheidbar vermischen, kann nicht geklärt werden, ob es in erster Linie die Fülle der wirklichen Probleme ist, die die Akzeptanz gegenüber den bfz-Diensten erhöht, oder ob es die Problemsensibilität des Managements ist, oder beides.

4.4.5 Die Problemsicht des Bildungsberaters und die Dienstleistungsakzeptanz

Wie weiter oben aufgezeigt, stimmen Problemsicht von Bildungsberatern und betrieblichen Managern keineswegs überein. Es gibt allerdings nichtleugbare Zusammenhänge.

Die Akzeptanz von Dienstleistungen in Relation zu den vom Bildungsberater wahrgenommenen Problemen im Betrieb (DIENGRAD/ BBPROBLE): $r = 0{,}37$.

253 cases plotted. Regression statistics of DIENGRAD on BBPROBLE:
Correlation .37405 R Squared .13992 S.E. of Est 3.84403 Sig. .0000 Intercept(S.E.) 3.88143 (.25300) Slope(S.E.) .66483(.10404)

Mit $r = 0{,}37$ gegenüber $r = 0{,}35$ ergibt sich zwischen der Problemsicht der Bildungsberater und den akzeptierten Dienstleistungen ein sogar noch stärkerer Zusammenhang als mit der betrieblichen Problemsicht. Unter Umständen schlägt sich also in den Dienstleistungen zumindest ein bißchen die Überzeugungsarbeit der Bildungsberater im Betrieb nieder.

Akzeptanz von Dienstleistungen in Relation zu den vom Bildungsberater wahrgenommenen Weiterbildungsproblemen (DIENGRAD/ BBPRODIR): $r = 0{,}43$.

253 cases plotted. Regression statistics of DIENGRAD on BBPRODIR:
Correlation .43429 R Squared .18861 S.E. of Est 3.73364 Sig. .0000 Intercept(S.E.) 3.09020 (.28761) Slope(S.E.) 1.11909(.14651)

Besonders stark stellt sich dieser Zusammenhang wieder dar zwischen direkten Qualifikationsproblemen, die der Bildungsberater sieht, und den akzeptierten Dienstleistungen.

Ein interpretierungsbedürftiger negativer Zusammenhang ergibt sich aus den indirekten PE-Problemen, die der Bildungsberater im Betrieb sieht, und den traditionellen Dienstleistungen, die dort verkauft werden. Zwei Ursachen sind denkbar: erstens, die Betriebe haben alle Hände voll zu tun mit allen möglichen betrieblichen Problemen und können sich deshalb nicht um Weiterbildung kümmern oder/und zweitens, die Betriebe können in ihrer Problemsituation mit klassischen externen Kursangeboten wenig anfangen - sie brauchen zuerst Beratung etc.

Negativer Zusammenhang zwischen erbrachten "traditionellen" Dienstleistungen und den wahrgenommenen Betriebsproblemen (in indirektem Weiterbildungsbezug) durch den Bildungsberater (DIENTRAD/BBPROIND): $r = -0{,}28$.

Der deutlichste statistische Zusammenhang besteht zwischen Anzahl und Bewertung betrieblicher Probleme durch den Bildungsberater und der Anzahl der "innovativen" Dienstleistungen, die die Betriebe in Anspruch nehmen (DIENINNO/BBPROBLE): $r = 0{,}45$, wobei in diesem Fall die "direkten" Weiterbildungsprobleme mit $r = 0{,}39$ nur zum Teil dafür verantwortlich sind.

Die Tatsache, daß die Einschätzungen der Bildungsberater zu betrieblichen Problemlagen mit den tatsächlichen Dienstleistungen der bfz für die Betriebe derart hoch korrelieren, läßt verschiedene Interpretationen zu, die im Verlaufe des Modellvorhabens weiter verfolgt werden sollen.

- Bildungsberater schätzen tatsächliche Problemlagen in den Betrieben adäquat ein (sogar noch besser als die betrieblichen Manager) und sind darüber hinaus in der Lage, ihre Sichtweise in handlungsrelevante Denkanstöße für Betriebspraktiker umzumünzen.
- Bildungsberater tendieren (wie wir alle) auch zu Post-fact-Interpretationen. Das heißt, bei den Betrieben, die vermehrt für Dienstleistungen gewonnen werden, wird im nachhinein ein größerer Problemdruck gesehen und dokumentiert.

Aus Sicht des Bildungsmarketing wäre die erste Interpretation natürlich attraktiver. Dies insbesondere deshalb, weil tatsächlich eine beträchtliche Nachfrage nach innovativen Diensten sichtbar ist. Zur selbstkritischen Korrektur sollte die zweite Möglichkeit nicht aus den Augen gelassen werden.

4.4.6 Vorläufige Interpretation von Faktoren, die mit tatsächlich erbrachten Dienstleistungen zusammenhängen

1. Es gibt keine einfachen Zusammenhänge zwischen betrieblichen Strukturdaten und der Bereitschaft, in PE und OE zu investieren.
Nach allem, was über das Verhältnis von KMU zu PE und OE bekannt ist, kommt dieser Befund allerdings auch nicht überraschend.[56] Der Umbruch faktischer Notwendigkeiten ebenso wie der Umbruch im Denken des Managements ist in vollem Gange. Der Versuch von Bildungsberatung in dieser Umbruchsituation der Betriebe konfrontiert den Bildungsberater mit gänzlich unterschiedlichen Auffassungen zur Weiterbildung in Betrieben mit durchaus ähnlichen Strukturmerkmalen. Von unreflektiertem Traditionalismus (Weiterbildung ist Privatsache) bis zu den modernsten PE-Vorstellungen ist alles möglich.

2. Es bestehen ganz deutliche Zusammenhänge zwischen den betrieblichen Planungs- und Organisationskompetenzen und der betrieblichen Neigung, in PE und OE zu investieren.
In der vorliegenden Untersuchung wird dieser Zusammenhang vor allem anhand der Elaboriertheit der betrieblichen Rationalisierungsvorstellungen (ZIELGRAD), der betrieblichen Organisationskompetenzen (ORGKOMP) und der betrieblichen Personal- und Weiterbildungsplanungen (PLANKOMP) deutlich.
Der Grad der Techniknutzung (TECHGRAD) läßt keine direkten Zusammenhänge zur Weiterbildungskompetenz erkennen. Indirekte Zusammenhänge lassen sich aber vermuten, da diese Variable hoch mit den o.a. Planungskompetenzen im Betrieb korreliert:

Correlation:	TECHGRAD
MITARBEI	0,2486
ZIELGRAD	0,3053
ORGREAG	0,3008
ORGPROSP	0,4093
ORGKOMP	0,4601
PLANKOMP	0,2271
DIENTRAD	0,1450
DIENINNO	0,0875
DIENGRAD	0,1220

---

56 Schmidt, H.; Stahl, T.; Regionalspezifische Entwicklungstendenzen des Qualifikationsbedarfs - Zur Ermittlung mittelfristig abschätzbarer Änderungen der betrieblichen Nachfrage nach Arbeitskräften im Arbeitsamtsbezirk Hof und deren Konsequenzen für die berufliche Bildung, Regensburg 1986, Cluster 123 f.

Am direktesten erscheint die Beziehung zwischen PLANKOMP (der Planungskompetenz im PE-Bereich) und den erbrachten Dienstleistungen durch die bfz. Die Rationalisierungskompetenz (ZIELGRAD) und die Organisationskompetenz (ORGKOMP und ORGPROSP) sind von der Sache her vorausgesetzt und wirken mittelbar. Die entsprechenden Korrelationskoeffizienten sind niedrig:

	DIENGRAD
TECHGRAD	0,1220
ZIELGRAD	0,2407
ORGREAG	0,0590
ORGPROSP	0,2205
ORGKOMP	0,1839
PLANKOMP	0,4041

Die betriebliche Neigung, in Weiterbildung zu investieren, läßt sich weitgehend auf die entsprechenden Managementkompetenzen in dem o.a. Bereich zurückführen. Dies gilt noch deutlicher für den Bereich der innovativen Dienste, die mit der Planungskompetenz im PE-Bereich zusammenhängen:

	DIENINNO
PLANKOMP	0,4283

Die andere Regressionsschiene, die deutlich erkennbar wird, ist die betriebliche Problemwahrnehmung (PROBDIR, PROBINDI, PROBSUBJ), die ebenfalls deutlich mit den in Anspruch genommenen Diensten korreliert. Nachdem diese Problemwahrnehmung jedoch ebenfalls mit den o.a. Planungskompetenzen korreliert, muß angenommen werden, daß zumindest ein Teil der Problemwahrnehmung durch die o.a. Variablen beeinflußt wird. Der andere Teil stammt, wie oben ausgeführt, aus dem Grad der tatsächlichen Probleme im Betrieb, die sicherlich auch autonom einen Druck in Richtung externe Dienste ausüben. Es ist auf Basis der gegenwärtigen Datenlage noch verfrüht, einen Wirkungspfad anzugeben. Immerhin lassen sich die nachgewiesenen Zusammenhänge etwa in das folgende Modell übersetzen:

Abbildung 70:

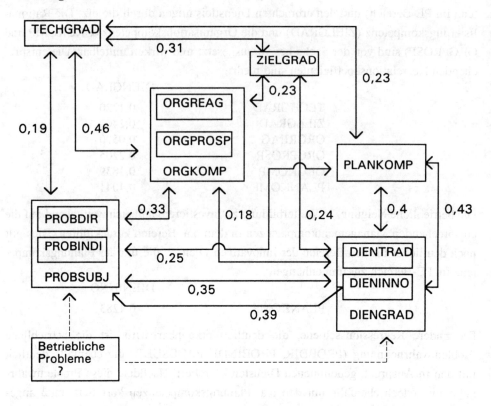

Dieses eher verwirrende Muster von Zusammenhängen hinter der betrieblichen Akzeptanz von Dienstleistungen des Weiterbildungsträgers bfz läßt sich vorläufig auf einen einfachen Nenner bringen: Die betriebliche Neigung, sich externer Bildungsträger zu bedienen, wächst mit dem Grad der betrieblichen Planungskompetenz im PE-Bereich und mit der wachsenden Sensibilisierung im Management für betriebliche Probleme in Zusammenhang mit PE. Diese Kompetenzen und Sensibilisierung des Managements sind ihrerseits abhängig von dem betrieblichen Verständnis von Rationalisierung und den organisatorischen Kompetenzen im Betrieb allgemein. Der Grad an Technisierung im Betrieb dürfte für diese grundlegenden Managementstrategien mit von Bedeutung sein (und umgekehrt).

Aktuelle betriebliche Probleme (insbesondere im Personalbereich) sind sicher eine andere wesentliche Voraussetzung für die betriebliche Akzeptanz von externen Weiterbildungsleistungen, eine Einschätzung hierzu ist aufgrund der Datenlage nicht möglich.

Der Einfluß der Bildungsberater als auslösendes Moment für den Kauf der Dienstleistungen kann hier ebenfalls nur geschätzt werden. Sicher ist, daß er bei günstiger Entwicklung der o.a. Faktoren auslösend wirken kann. Welche Einflüsse er auf die Entwicklung dieser Faktoren selbst hat, bleibt bislang im dunkeln. Bei einer größeren Anzahl von Mehrfachkontakten zu denselben Betrieben kann hierzu u.U. Substantielleres gesagt werden.

4.5 Gründe für die Akzeptanz der Dienstleistungen

In Ergänzung zu den diskutierten betrieblichen Faktoren, die eine Kooperation mit externen Bildungsträgern befördern oder behindern, ist es für Bildungsmarketing besonders interessant, welche Faktoren des eigenen Handelns die Akzeptanz des Angebots beeinflussen. Aus diesem Grund bemühten sich die Bildungsberater naturgemäß bei allen realisierten Dienstleistungen und Kooperationen zu erforschen, welcher Faktor bei den Betrieben letztendlich den Ausschlag gab, sich für das bfz-Angebot zu entscheiden. Zusammengefaßt ergibt sich das folgende Bild:

Abbildung 71: Gründe für die Akzeptanz der Dienstleistung

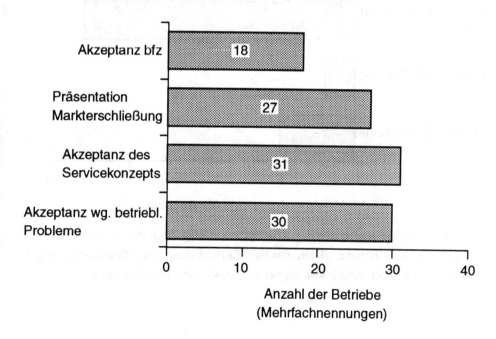

In dreißig Betrieben waren es offensichtliche betriebliche Probleme, die mitentscheidend für die positive Entscheidung des Betriebes waren. Dieser Grund, wie die anderen auch, wird natürlich immer nur in Zusammenhang mit einer entsprechenden Problemlösung durch das bfz und mit dem Vertrauen des Managements in die Kompetenz des Bildungsträgers zu einem Entscheidungsgrund für die bfz-Dienstleistung.
Unter diesen Gründen eines betrieblichen Problemdrucks rangieren die erkannten Weiterbildungsdefizite ganz oben. Diese Defizite wurden allerdings zum Teil durch die Bildungsberater erst transparent gemacht. Einige Betriebe waren von sich aus auf der Suche nach einem adäquaten Weiterbildungspartner, den sie nun im bfz finden. In einigen Betrieben gaben Führungsprobleme oder andere schwerwiegende Probleme den Ausschlag, Dienstleistungen vom bfz zu akzeptieren.

Abbildung 72: Akzeptanz der Dienste wegen betrieblicher Probleme

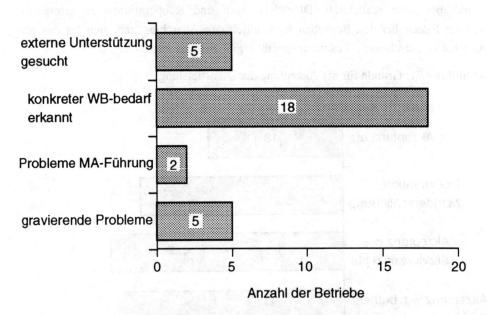

Eine besondere Bestätigung für das Konzept der "Integration des externen Faktors" sind natürlich die Betriebe, deren positive Entscheidung für bfz-Dienstleistungen eindeutig auf die neuen Angebote integrierter Dienste zurückzuführen sind:

Abbildung 73: Akzeptanz wegen innovativer Konzepte und Dienstleistungen

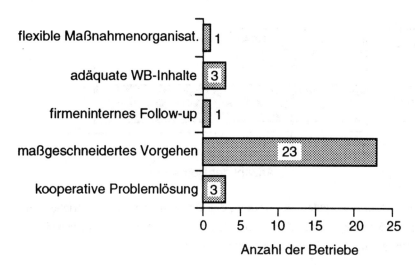

Hier ist es vor allem der Ansatz des "Maßschneiderns", der von den Betrieben honoriert wird, d.h. das Eingehen auf die spezifische Weiterbildungsproblematik des besonderen Betriebes bei der Konzeption und Durchführung der Maßnahme. Die kooperative Problemlösung wird von einigen Betrieben besonders erwähnt, Flexibilität, Weiterbildungsinhalte und die Unterstützung des firmeninternen Follow-up sind weitere Gründe der Betriebe für positive Entscheidungen.

Zwei Fakten sollen dabei nicht unerwähnt bleiben: Einmal ist die Akzeptanz dieser neuen integrierten Dienste bei Betrieben mit den o.a. entwickelten Planungskompetenzen besonders hoch. Dies gibt zum zweiten Hoffnung, daß das neue Konzept dieser Kooperation zwischen Bildungsträger und Betrieb bei immer mehr (modernen) Betrieben ausschlaggebend für positive Kaufentscheidungen wird.

Die Bildungsberatung selbst, d.h. Auftreten, Kompetenz und die reziproke Aufnahme dieser Gespräche im Betrieb, bündelt ebenfalls eine wesentliche Gruppe von Gründen für positive Kaufentscheidungen.

Sowohl überzeugende Beratungsleistungen wie die Aufgeschlossenheit des betrieblichen Partners sind natürlich interaktive Entscheidungsgründe, die von hier aus nicht so ohne weiteres zu trennen sind. Wie überhaupt die Überzeugungskraft von strategischem Marketing und die entsprechende Bereitschaft des Kunden, sich überzeugen zu lassen, immer ergänzende Faktoren im Wirkprozeß sind, die sich nur sehr schwer empirisch trennen lassen.

Abbildung 74: Akzeptanz wegen Aufgeschlossenheit des Partners/Argumente des BB

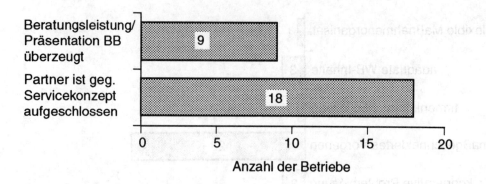

Daneben soll natürlich nicht geleugnet werden, daß für einige (wenige) Betriebe Gründe ausschlaggebend waren, die nicht in unmittelbarer Verantwortung des Markeingansatzes liegen. Vor allem zwei Komplexe wurden genannt:

Abbildung 75: Akzeptanz wegen sonstiger Gründe

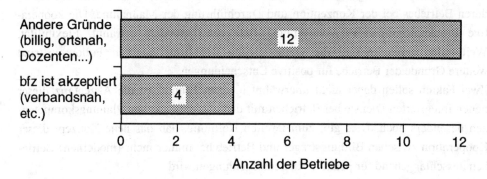

Diese objektiven Gründe, die sicher außerhalb der Verfügung von Marketingkonzepten stehen, werden allerdings durch die Bildungsberater genutzt und als Vorteile des bfz ins Feld geführt.

Eine generelle Schwäche der Verfolgung von Akzeptanzgründen wird in all diesen Darstellungen sichtbar: Das bislang verfügbare Datenmaterial hierzu kann natürlich nur aus einer Unterklasse von denjenigen Betrieben gewonnen werden, die bereits Dienstleistungen in Anspruch genommen haben. Hier erweist sich sehr schnell, daß weitere Untergliederungen von Akzeptanzgründen die Zellenbesetzung so klein machen, daß wenig aussagekräftige Schlüsse gezogen werden können. Dieser Mangel wird sicher in der 2. Feldphase substantiell verbessert.

5 Weitere Kontakte: Markterschließung und Follow-up

Das Konzept eines Bildungsmarketing, welches langfristige feste Kooperationen mit den Betrieben als Verlaufsform eines Dienstleistungsmarketing der "Integration des externen Faktors" anstrebt, hat natürlich mit den dokumentierten Kontaktaufnahmen in der Feldphase 1 nicht sein Bewenden. Im Gegenteil, die Marketingaktivitäten beginnen erst richtig nach dem Erstkontakt.

Aus diesem Grunde dokumentierten die Bildungsberater ihre Kooperationen mit den Betrieben nicht nur bis zum Ende der Dienstleistungen, sondern stellten bei jedem Betrieb Überlegungen zur weiteren Vorgehensweise an.

Abbildung 76: Weitere Kontakte, Kooperationen geplant, vereinbart ...

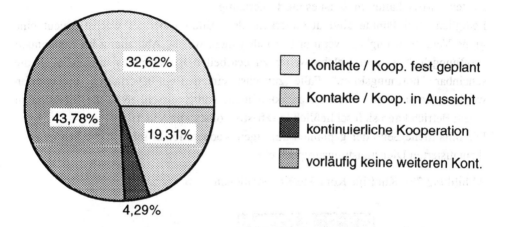

Bei ca. 56 % aller besuchten Betriebe ist weitere Kooperation bzw. eine erneute Kontaktaufnahme zumindest in Aussicht: Bei 4,3 % der Betriebe sind zumindest Elemente dessen installiert, was weiter oben als Realisierung von "Lernender Organisation" zwischen KMU und Bildungsträger bezeichnet wurde. Annähernd ein Drittel der Betriebe sind auf dem besten Wege, für eine derartige Kooperation gewonnen zu werden. Hier sind weitere, inhaltlich definierte Kontakte bzw. konkrete weitere Kooperationen gemeinsam geplant. Bei weiteren 20 % der Betriebe sind derartige weitere Kontakte oder Kooperationen immerhin in Aussicht.

Demgegenüber steht mit annähernd 44 % aller Betriebe eine doch beträchtliche Zahl von Erstkontakten, deren Verlauf derart negativ war, daß vorerst seitens der Bildungsberater von weiteren Kontaktaufnahmen abgesehen wird.

Solange das Reservoir regional ansprechbarer KMU noch nicht ausgeschöpft ist, ist diese Strategie der Bildungsberater auch nicht unbedingt kritikabel. Wie oben angedeutet, hat Bildungsmarketing durchaus unmittelbare ökonomische Implikationen für den Bildungsträger, die der Bildungsberater bei seiner Vorgehensweise berücksichtigen muß. Bildungsberatung gerät unter Druck, möglichst kurzfristig ihre Kosten zumindest teilweise durch Geschäftsabschlüsse einzubringen. Da liegt es auf der Hand, daß die regionalen Bildungsberater dazu tendieren, ihre Aufmerksamkeit zuerst den kooperationswilligen Betrieben zu widmen, dann neue Kontakte zu knüpfen und erst zum Schluß erneut auf Betriebe zuzugehen, die aus unterschiedlichen Gründen im Erstkontakt "hoffnungslos ablehnend" erschienen.

Dies mag aus einer Perspektive regionaler Wirtschaftsentwicklung suboptimal erscheinen, unter der Marketingperspektive eines kommerziellen Bildungsträgers, der seine Kosten erwirtschaften muß, ist es nur folgerichtig.

Lediglich zwei Punkte sind anzumerken: dem Bildungsberater wächst erneut eine große Verantwortung zu, wenn er beurteilen muß, welche Ablehnung im Erstkontakt "hoffnungslos" ist und welche weiter zu bearbeiten ist; zweitens müssen auch die scheinbar "hoffnungslosen" Fälle zunächst einem Routineverfahren unterworfen werden, das sie von weiteren Kontakten nicht völlig ausschließt - die Situation in einem Betrieb kann sich schließlich kurzfristig vollständig ändern.

Die inhaltliche Seite der geplanten künftigen Kooperationen schließt die bereits oben thematisierten Dienstleistungsgruppen ein:

Abbildung 77: Künftige Kontakte/Kooperationen

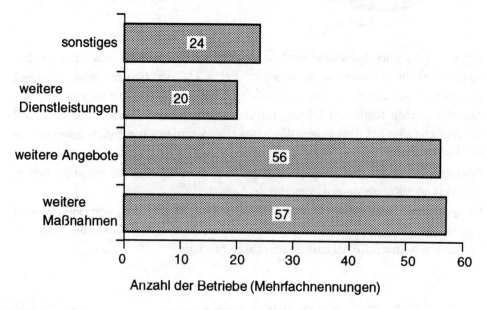

Der Maßnahmendurchführung kommt bei diesen geplanten Kooperationen eine quantitativ überragende Bedeutung zu, bei 57 Betrieben sind derartige Maßnahmendurchführungen in Zukunft geplant. Hier wirkt sich ohne Zweifel die weiter oben geschilderte Tatsache aus, daß ein Großteil von Erstkontakten erst gegen Ende der ersten Feldphase gemacht wurden und die dabei vereinbarten Dienstleistungen noch gar nicht abgewickelt werden konnten.

Abbildung 78: Geplante Kooperation bez. Maßnahmedurchführung

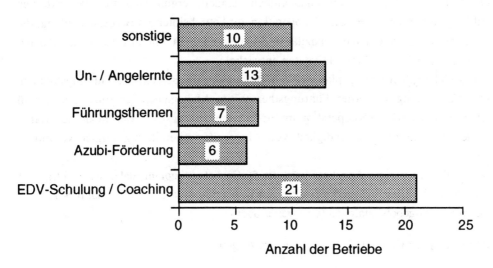

Wie bei den bereits erbrachten Weiterbildungsmaßnahmen läßt sich ein Übergewicht der EDV-Schulungen erkennen, wobei Coaching-Methoden sich zunehmender Akzeptanz erfreuen. Coaching kennzeichnet im Projekt eine Methode, die als Übergangsform zwischen externer und innerbetrieblicher Weiterbildung gelten kann. So gesehen, findet hier bereits PE betriebsintern mit externer Assistenz statt: ein Element der "Lernenden Organisation" wird praktiziert.

Maßnahmen zur Weiterbildung von Un- und Angelernten sind auch unter OE-Gesichtspunkten sehr interessante Kooperationsformen. Zunächst wird hier eine Mitarbeitergruppe weitergebildet, die bislang von Bildung weitgehend ausgeschlossen war. Betrieblich drücken sich Notwendigkeiten der Personalentwicklung vor dem Hintergrund der Fachkräftelücke auf dem Arbeitsmarkt aus, aber auch die Einsicht, ungenutzte Mitarbeiterpotentiale via Weiterbildung erschießen zu können. Sicher spielen bei diesen Prozessen der Bewußtseinsänderung in KMU die Beratungsleistungen der Bildungsberater eine Rolle sowie ein bayernweit propagiertes Konzept der bfz zur

"Teilqualifikation von Un- und Angelernten", das durch die Arbeitgeberverbände unterstützt wurde.

Vor dem Hintergrund der neuen Ausbildungsordnungen in den metallverarbeitenden und Elektro-Berufen benötigen eine wachsende Zahl von Betrieben externe Ausbildungsförderung ihrer Azubis zur Prüfungsvorbereitung in spezifischen Gegenständen (z.B. Hydraulik, Pneumatik, Steuerungstechnik etc.). Vergleichbares gilt für Fördermaßnahmen von Azubis im kaufmännischen Bereich. Obwohl es sich hierbei nicht eigentlich um Weiterbildungsmaßnahmen handelt, ergibt sich für den externen Bildungsträger die interessante Kooperation zur betriebsinternen Berufsausbildung, die in vielen KMU die einzige Kapazität im PE-Feld darstellt. Hieraus lassen sich Kooperationen für Weiterbildungsaktivitäten entwickeln.

Das gleiche gilt für die geplanten Weiterbildungen im Bereich der Führungsthemen. Die Vermittlung moderner Führungsthemen im Management eröffnet naturgemäß Chancen zur weiteren Kooperation im PE-Bereich. Das deshalb, weil modernes Managementtraining die Notwendigkeit von Mitarbeiterweiterbildung immer vermitteln wird.

Kontakte über weitere Angebote wird bei 56 Betrieben geplant; dabei ist wichtig, daß die Mehrzahl dieser Angebotserstellungen weit mehr sind als routinemäßiges Präsentieren von Angebotskatalogen (vgl. weiter oben).

Abbildung 79: Kontaktpflege über weitere Angebote

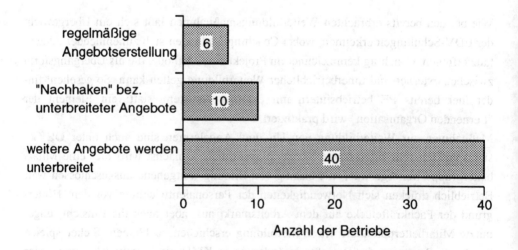

In 50 der 56 Fällen werden spezifische, maßgeschneiderte Angebote unterbreitet bzw. zu diesen Angeboten weiter verhandelt. Angebotserstellung und Beratungsleistung sind in diesen Fällen nicht ohne weiteres trennbar. Mit 21 Betrieben sind Kooperationen geplant, die dem erweiterten Dienstleistungsverständnis des Bildungsmarketing entsprechen.

Abbildung 80: Weitere Dienstleistungen geplant

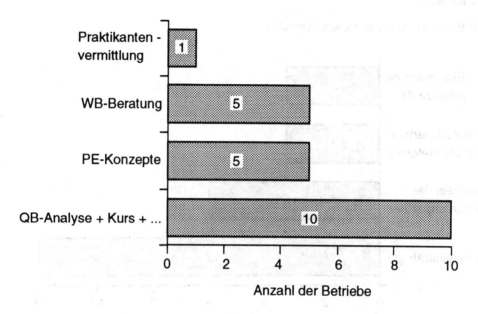

Beratung, Konzepterstellung und integrierte Dienstleistungen sind geplant, die dem weiter oben dargelegten Verständnis einer Erweiterung der Dienstleistungspalette von Bildungsträgern in Kooperation mit KMU entsprechen.

Die Auflistung der "sonstigen" Kontakte, die mit spezifischen Betrieben geplant sind, läßt sich unschwer als Residualkategorie erkennen.

Bei einigen dieser geplanten Kontakte handelt es sich um zunächst ablehnende Betriebe, die aber nicht unter das weiter oben erwähnte Label "hoffnungslos" subsumiert werden. Das heißt, obwohl zunächst wenig konkrete Anhaltspunkte für produktive Kooperation bestehen, werden im Rahmen von "Langzeitstrategien" weitere Kontakte gepflegt, man setzt Hoffnung auf einen Wechsel des betrieblichen Ansprechpartners bzw. man lädt den Betrieb zu regionalen Unternehmer-Arbeitskreisen zum Gegenstand Weiterbildung und Personalentwicklung ein.

Vergleichbares gilt für die betrieblichen Ansprechpartner, die als bfz-Referenten gewonnen wurden. Weiter oben wurde hierzu schon erwähnt, daß die eine Seite dieser Aktivität in der Nutzbarmachung des Know-hows von Betriebspraktikern für bfz-Dienstleistungen besteht und somit die bfz-Kompetenz verbessern hilft. Die andere Seite besteht natürlich durchaus in der Absicht der Bildungsberatung, durch diese Betriebspraktiker den Zugang zum Betrieb mittelfristig auch für bfz-Dienstleistungen zu erleichtern.

Abbildung 81: Sonstige weitere Kontakte

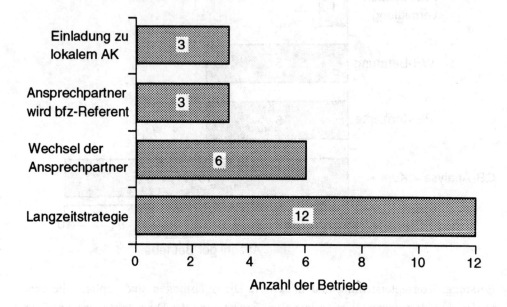

Insgesamt läßt sich sagen, daß die zahlreichen und realistisch mit Inhalt gefüllten geplanten Aktivitäten mit KMU, die über Bildungsmarketing und Bildungsberatung gesteuert wurden, für das Marketingkonzept fast noch bedeutsamer sind als die bereits abgewickelten Dienstleistungen. Die angestrebte Kontinuität der Kooperation zwischen Bildungsträgern und KMU deutet sich hier bereits an. Die weiteren Erfahrungen der Feldphase 2 werden zeigen, inwieweit sich die Planungen in zahlungskräftiger Nachfrage realisieren.

6 Weitere Perspektiven

Der vorliegende Versuch, anhand der quantifizierten Erfahrungen aus der Feldphase 1 des Projekts Anspruch, Verlaufsformen, Möglichkeiten und Probleme des Bildungsmarketing im Segment KMU zu beschreiben, führt notwendig zu einigen Redundanzen in der Darstellung. Dies rührt aus der gewählten Vorgehensweise der Ergebnispräsentation. Die empirischen Befunde werden einzeln und jeweils für sich vor der Folie des Anspruchs der "Integration des externen Faktors" interpretiert. Naturgemäß kommt es hierbei zu Überschneidungen und Wiederholungen auf seiten der Konzeptpräsentation. Diese Darstellungsweise entspricht eher einem Werkstattbericht, in dem einzelne Arbeits- und Forschungsresultate wieder und wieder im Lichte der Ausgangshypothesen gewendet werden, denn der stringenten Darstellung eines Konzepts, bei dem empirische Resultate eher Belegcharakter haben.

Die Darstellungsweise entspricht auch der internen Arbeitsweise im Modellvorhaben, bei der anfallende Erfahrungen aller beteiligten Praktiker jeweils Anlaß zur (möglichst) vorurteilsfreien Reflexion in Relation zum theoretischen Ausgangspunkt des Projekts sind.

Die Publikation versteht sich derart als Einladung an externe Fachleute, sich an einem Diskussions- und Entwicklungsprozeß zu beteiligen, der keineswegs abgeschlossen ist und folglich auch keine "Fix-und-fertig"-Rezepte vorgaukeln sollte.

Ganz nebenbei entspricht eine gewisse Redundanz in der Darstellung auch dem didaktischen Erfordernis, ein komplexes Vorgehen wie Bildungsmarketing in KMU in seinen vielfältigen Facetten zu erfassen und transparent zu machen. Dem entsprechen auch die folgenden Fallschilderungen zu speziellen Erfahrungen der Bildungsberater. Der Mangel dieser Darstellung besteht demgemäß im Verzicht auf theoriegeleitete Stringenz im Sinne der Präsentation einer durchgestylten Systematik Bildungsmarketing. Der vorläufige Charakter der Resultate wird hier deutlich.

Damit ist nicht gesagt, daß die Entwicklungsarbeit im Projekt keinem stringenten Gedanken folge. Die Lektüre dieser Publikation sollte gerade das Gegenteil beweisen. Allerdings erschließt sich die Gedankenführung erst dem genaueren Leser der vielfältigen Detailinformationen.

Ein Mangel ist diese Darstellung sicher im Hinblick auf die gegenwärtige Fachliteratur, nicht nur im betriebswirtschaftlichen Zweig des Marketing. Hier werden Lesegewohnheiten (nicht nur der modernen Manager) geprägt, an deren Maßstäben die vorliegende Publikation scheitern muß. An den Kriterien des "executive summary", das den Zusammenhang der Welt auf zwei wenig bedruckten Seiten (möglichst noch im Schaubild) erklärt, blamiert sich diese Schrift.

Nachdem Marketing ja Gegenstand dieser Arbeit ist, sind diese Ausführungen nicht nur ironisch, sondern durchaus ernstgemeinte Selbstkritik.

Der Transfer der Resultate des Modellversuchs lebt auch von der Publizität, die diese Resultate in der Fachöffentlichkeit gewinnen. Dies soll in erster Linie über die praktisch verwendbaren Instrumente und Materialien zum Bildungsmarketing erreicht werden. Der bereits erwähnte "Bildungsberaterkoffer", der nach Abschluß des Projekts verfügbar ist, soll den Innovationstransfer für andere Bildungsträger vor allem ermöglichen. Neben diese praktischen Handreichungen muß aber auch die "handliche" Darstellung des Konzepts und der Resultate des Bildungsmarketing treten, um generelle Sensibilisierung und Information in die Fachpraxis zu transportieren. Dies bedeutet nicht einen Rückfall in die inhaltsleeren Schemata zum "richtigen" Marketing, aber es bedeutet sehr wohl die anwendungsorientierte Darstellung inhaltlicher Erkenntnisse zur Realisierung von Bildungsmarketing. Auch dies wird nach Abschluß des Projekts vorliegen.

Dies als vertröstender Hinweis für den "executive", der sich in Erwartung einer Zusammenfassung unmittelbar bis hierhin durchgeblättert hat. Den Lesern dieser Schrift, die sich durch die erwähnten Redundanzen bis hierhin vorgekämpft haben, sollte man eine weitere Zusammenfassung ersparen.

Statt dieser Zusammenfassung sollen einige Konsequenzen für die weitere Arbeit knapp skizziert werden:

- Der mehrfach angesprochene Professionalisierungsprozeß von Bildungsberatung als Schnittstelle zwischen Bildungsträger und Betrieb wird weiter voranzutreiben sein.[57] Das bedeutet, daß beide o.a. Funktionen, die Bildungsberater für Bildungsmarketing erfüllen, Verkauf und eigenständige Dienstleistung mit all ihren Implikationen, weiter zu verfolgen sind. Stichworte hierfür sind "Akzeptanz der Dienstleistung", "Tätigkeits- und Qualifikationsprofil der Bildungsberater", "Kosten und Finanzierbarkeit", etc.

Nach den konzeptionellen Überlegungen zum Bildungsmarketing im Segment KMU kommt dem Funktionieren von Bildungsberatung die wesentliche Rolle im Kooperationsprozeß zwischen Trägern und Betrieben als Realisationsform von "Lernenden Organisationen" zu.

---

[57] Breit angelegte Definitionsbesuche aus dem BIBB zu dieser Thematik machen die Bedeutsamkeit dieser Tätigkeit klar, sie ersetzen aber nicht die schwierigen Prozesse der Realisierung von Bildungsberatung oder die Untersuchung der realen Bedingungen, unter denen ein neuer Beruf Gestalt annimmt. Vgl. Balli, C.; Storm, U.: Weiterbildungs- und Qualifizierungsberatung - Ein Beitrag zur Klärung von Begriffen und Strukturen in der Bildungsberatung. in: BWP 21/1992/5, S. 17 ff.

Entsprechend bedeutsam ist das realitätsgeleitete Vorantreiben geeigneter Professionalisierungsprozesse für Bildungsmarketing aber auch für Modernisierungsprozesse der KMU.

- Untersuchung und Beförderung von Modernisierungsprozessen in KMU bleiben ein weiterer Schwerpunkt der Aktivitäten. Dies ist nicht nur volkswirtschaftliches Erfordernis; aus der Marketingperspektive des Bildungsträgers verstehen wir diese Prozesse als Kundenorientierung. "Orientierung am Kunden" versteht sich als Vermittlung zwischen den realen Vorstellungen der betrieblichen Entscheider und den bereits heute empirisch faßbaren Entwicklungstendenzen erfolgreicher Pionierbetriebe.

  Das heißt: Einerseits ist die Sichtweise des konkreten Kunden immer Ausgangspunkt aller Kooperationen. Andererseits ist es gerade Anliegen und Notwendigkeit erfolgreichen Bildungsmarketings, inadäquate Sichtweisen zu ändern, Innovation im PE-Bereich zu befördern und damit schließlich die Ausgangssituation des Kunden zu verändern. Kundenorientierung heißt nicht nur die Beachtung manifester Nachfragen, sondern Fortentwicklung dieser Nachfragen und Marktveränderung.

  Insofern sind die Modernisierungsprozesse in KMU nicht nur Forschungsgegenstand, sondern auch Innovationsfelder für die Intervention Bildungsmarketing. Wenn die Intervention Bildungsberatung säkulare Entwicklungsprozesse der betrieblichen Modernisierung beschleunigt, so ist dies nicht unerwünschte Verfälschung der Forschung, sondern gewollte Entwicklung.

  Daß derart "modernisierte" Betriebe ihrerseits gute Voraussetzung für strategisches Bildungsmarketing des Bildungsträgers sind, kann bereits heute als bewiesen gelten.

- Der dritte Schwerpunkt der weiteren Untersuchungs- und Entwicklungsarbeit ist der Bildungsträger selbst. Strategisches Marketing bedeutet "Unternehmensführung durch den Markt", d.h. tiefgreifende Entwicklungsprozesse beim Bildungsträger als Resultat der Markterfordernisse.

  Die Institutionalisierung von Bildungsberatung und die Erweiterung der Dienstleistungskonzepte des Bildungsträgers mit allen organisatorischen und finanziellen Implikationen sind hier weiter zu verfolgen.

  Das Ausloten der ökonomisch und organisatorisch machbaren Formen von Bildungsberatung und enger Kooperation mit KMU ist sicher entscheidend für den

Transfer eines Entwicklungskonzeptes von Bildungsträgern in Richtung auf integrierte Dienstleistungszentren.

Die bisherigen Erfahrungen im Modellvorhaben scheinen darauf hinzudeuten, daß Modernisierungsprozesse von Trägern und KMU interaktiv, als rückgekoppelte Prozesse zu begreifen sind. Das heißt, regionale Entwicklungen zur Realisierung "Lernender Organisationen" zwischen Bildungsträger und KMU verlaufen schrittweise interaktiv. Der Bildungsträger bietet Weiterbildungsmaßnahmen mit begleitender Bildungsberatung an - der Betrieb akzeptiert das Angebot und fragt weitere Dienstleistungen nach - der Bildungsträger erweitert sein beratendes Angebot - usw.

Dieses Marketing der abgestuften, schrittweisen Entwicklung erscheint ökonomisch realistischer als die Überforderung des einen oder anderen Partners durch den Versuch einer übergangslosen Einrichtung von engen Kooperationsformen im Sinne der o.a. "Lernenden Organisation".

- Es gibt die Erfahrung der ratlosen und damit kooperationsfeindlichen Betriebe, wenn der Bildungsberater kein Standardangebot vorlegt und völlig offen über betriebliche Bildungsbedarfe reden will.

- Umgekehrt ist es für den Bildungsträger aus ökonomischen Gründen kaum machbar, umfangreiche Bildungsberatung zu organisieren, wenn keine Bereitschaft der Betriebe vorliegt, diese unbekannte Leistung zu bezahlen.

Die Implementationsstrategie der stufenweisen oder schrittweisen Realisierung des Konzeptes von der "Integration des externen Faktors" scheint für Bildungsmarketing in unserem Zusammenhang ein beschwerlicher, aber machbarer Weg.

Das Nachzeichnen dieser Erfahrungen ist für den Transfer des Gesamtkonzeptes Bildungsmarketing noch wichtiger als die Darstellung des Konzeptes selbst.

Literatur

BALLI, C.; STORM, U.: Weiterbildungs- und Qualifizierungsberatung - Ein Beitrag zur Klärung von Begriffen und Strukturen in der Bildungsberatung. in: BWP 21/1992/5, S. 17 ff.

V. BARDELEBEN, R.; et al: Weiterbildungsaktivitäten von Klein- und Mittelbetrieben im Vergleich zu Großbetrieben, in: BWP 6/1989, S. 3 ff.

BIRCH, D.: The contribution of small enterprises to growth and employment, in: Giersch, H. (ed.); New opportunities of entrepreneurship, Tübingen 1984, S. 1 ff.

BLASCHKE, D.: Soziale Qualifikation im Erwerbsleben, Nürnberg 1987, u.v.a.m.

BORRETTY, R.; FINK, H.; HOLZAPFEL, H.; KLEIN, U.: PETRA, projekt- und transferorientierte Ausbildung, Berlin, München 1988

BRONNER, R.; SCHRÖDER, W.: Weiterbildungserfolg. Modelle und Beispiele systematischer Erfolgssteuerung; Handbuch der Weiterbildung für die Praxis in Wirtschaft und Verwaltung, Bd. 6, München und Wien 1983

Commission of the European Communities: Enterprise in the European Community, Brüssel 1990

DAHRENDORF, R.: Homo sociologicus, Köln 1965

DEBENER, S.; SIEHLMANN, G.; KOCH, J.; Arbeitsorientiertes Lernen - Lernorientiertes Arbeiten, 1992

DEBENER, S.; SIEHLMANN, G.: Arbeitsorientiertes Lernen - lernorientiertes Arbeiten, in: Lernfeld Betrieb 5+6/1990, S. 44 bis 46

DECKER, F.: Aus- und Weiterbildung am Arbeitsplatz. Neue Ansätze und erprobte berufspädagogische Programme, München 1985, Lexika-Verlag, Weiterbildung - Strukturen und Aspekte, Bd. 7

DUNKEL, D. (Hrsg.): Lernstatt. Modelle und Aktivitäten deutscher Unternehmen, Köln 1983, in: Beiträge zur Gesellschafts- und Bildungspolitik, Heft 85/86

FISCHER, H.-P.: Lernen am Arbeitsplatz, in: Jahrbuch Weiterbildung 1991, S. 132 bis 135

FISCHER, H.-P.: Vom Anbieter- zum Käufermarkt. Zur Dezentralisierung betrieblicher Bildung, Vortrag, Hamburg 1991

FIX, W.: Merkmale und Entwicklung der Projektmethode, in: BWP 13(1984)3, S. 81-84; Juniorenfirmen: ein innovatives Konzept zur Förderung von Schlüsselqualifikationen, Berlin 1989, in: Ausbildung, Fortbildung, Personalentwicklung, 29

FREY, K.: Die Projektmethode, Weinheim, Basel 1991

HOFF, E.: Kontrollbewußtsein, Grundvorstellungen zur eigenen Person und Umwelt bei jüngeren Arbeitern, in: Kölner Zeitschrift für Soziologie und Sozialpsychologie 34, (1982), S. 316 ff.

KAILER, N.: Möglichkeiten der Kooperation zwischen Weiterbildungsinstitutionen und Unternehmen, in: ders., Neue Ansätze der betrieblichen Weiterbildung in Österreich, Bd. II, Wien 1987, S. 123 ff.

KAILER, N.: Bildungsarbeit im Klein- und Mittelbetrieb, Wien 1985

KAY, E.: Middle Management, in: O'Toole, J. (Hrsg.), Work and the Quality of Life, Cambridge (Mass.) 1974

KOCH, J.: Ansichten, Einsichten und Mißverständnisse in der Ausbildung mit Leittexten, in: BWP 21(1992)3, S. 29-32

LENNARTZ, D.: Thesen zu Schlüsselqualifikationen und Qualifizierungskonzepte, in: Laur-Ernst, U. (Hrsg.); Neue Fabrikstrukturen - veränderte Qualifikationen. Ergebnisse eines Workshops. BIBB-Reihe: Tagungen und Expertengespräche zur beruflichen Bildung, Heft 8, Berlin 1991

MEERTEN, E.: Handlungsbezogene Lernsystematisierung in der Projektausbildung - Ergebnisse aus dem Modellversuch "LOLA" bei der Telekom, in: BWP 21(1992)4, S. 34-39

MERTON, R.K.: Social Theory and Social Structure, Glencoe, 1949, S. 110

MEYER-DOHM, P.: Bildungsarbeit im lernenden Unternehmen, in: Meyer-Dohm, P. und Schneider P. (Hrsg.); Berufliche Bildung im lernenden Unternehmen - Neue Wege zur beruflichen Qualifizierung, Stuttgart, Dresden 1991, S. 19-31, insbes. S. 27 f.

MEYER-DOHM, P.: Lernen im Unternehmen - Vom Stellenwert betrieblicher Bildungsarbeit, in: Meyer-Dohm, P. und Schneider P. (Hrsg.); Berufliche Bildung im lernenden Unternehmen - Neue Wege zur beruflichen Qualifizierung, Stuttgart, Dresden 1991, S. 195-211, insbes. S. 202 ff.

MIELKE, R.: Interne/externe Kontrollüberzeugung, theoretische und empirische Arbeiten zum Locus of Control - Konstrukt, Bern 1982

NYHAN, B.: Developing peoples ability to learn, Brüssel 1991

OHM, CH.; TREECK, W.: Arbeits- und organisationswissenschaftliche Aspekte des Einsatzes von Lernsoftware, in: Zimmer, G. (Hrsg.); Interaktive Medien für die Aus- und Weiterbildung; Marktübersicht, Analysen, Anwendung (Reihe Multimediales Lernen in der Berufsbildung, Bd. 1) Nürnberg 1990, S. 93-101, insbes. S. 99

PAULSEN, B.: Weiterbildung und Organisationsentwicklung in Klein- und Mittelbetrieben, in: BWP 3/4(1987), S. 102 ff.

PAULSEN, B.: Arbeitsorientiertes Lernen im Weiterbildungsverbund, in: BWP 1/1991, S. 31 ff.

REETZ, L.: Zum Konzept der Schlüsselqualifikationen in der Berufsbildung, Teil I, in: BWP 18(1989)5, S. 3-10, Teil II, in: BWP 18(1989)6, S. 24-30

SATTELBERGER, T.: Lernen auf dem Weg zur Lernenden Organisation, in: Geißler, H. (Hrsg.), Neue Qualitäten betrieblichen Lernens, Frankfurt/M., Bern, New York, Paris 1992, S. 61

SCHLOTTAU, W.: Ausbilden und Lernen am Arbeitsplatz - ein Entwicklungsprozeß. Ziele und Aktivitäten des Arbeitskreises "Dezentrales Lernen", in: BWP 21(1992)4, S. 40-44

SCHMIDT, H.; STAHL, T.: Regionalspezifische Entwicklungstendenzen des Qualifikationsbedarfs - Zur Ermittlung mittelfristig abschätzbarer Änderungen der betrieblichen Nachfrage nach Arbeitskräften im Arbeitsamtsbezirk Hof und deren Konsequenzen für die berufliche Bildung, Regensburg 1986, Cluster 123 f.

SCHNEIDER, P.: Selbstqualifizierung und Selbstorganisation: Zwei Leitideen einer neuen Berufsbildung, in: Meyer-Dohm, Peter und Schneider, Peter (Hrsg.), Berufliche Bildung im lernenden Unternehmen - neue Wege zur beruflichen Qualifizierung, Stuttgart, Dresden 1991, S. 45-71

SIEHLMANN, G.; DEBENER, S.; ROSS, D.: Gutachten Lernorientiertes Arbeiten - Arbeitsorientiertes Lernen, hrsg. vom Bildungswerk der Hessischen Wirtschaft e.V., Frankfurt 1991

STAHL, T.; D'ALOJA, P.; NYHAN, B.: The learning organisation, Brüssel 1992

STAHL, T.: Bildungsmarketing und neue Technologien in Klein- und Mittelbetrieben, Berlin 1990

STAHL, T.; STÖLZL, M.: Modellversuch Bildungsmarketing und neue Technologien in Klein- und Mittelbetrieben, Regensburg 1989

STAUDT, E.: Unternehmensplanung und Personalentwicklung - Defizite, Widersprüche und Lösungsansätze, in: MittAB 22(1989)3, S. 374-387

WEISSKER, D.: Modellversuchsergebnisse zur Methodenpluralität und -kompetenz in der Berufsausbildung, in: Meyer-Dohm, Peter und Schneider, Peter (Hrsg.), Berufliche Bildung im lernenden Unternehmen - neue Wege zur beruflichen Qualifizierung, Stuttgart, Dresden 1991, S. 83-98

WILL, H.; WINTELER, A.; KRAPP, A.: Von der Erfolgskontrolle zur Evaluation, in: Will, H.; Winteler, A. und Krapp, A. (Hrsg.), Evaluation in der beruflichen Aus- und Weiterbildung. Konzepte und Strategien, Schriftenreihe Moderne Berufsbildung, Bd. 10, Heidelberg 1987, S. 11-42, insbes. S. 35-40

WITZGALL, E.; WÖCHERL, H.: Qualifizierungskonzept für Lernungewohnte in mittleren Industriebetrieben. Projektbericht für das Bundesinstitut für Berufsbildung, Dortmund 1989

ZIMMER, G.: Neue Weiterbildungsmethoden mit multimedialen Lernsystemen, in: BWP 20(1991)5, S. 2-9

ZIMMER, G. (Hrsg.): Interaktive Medien für die Aus- und Weiterbildung; Marktübersicht, Analysen, Anwendung (Reihe Multimediales Lernen in der Berufsbildung, Bd. 1), Nürnberg 1990

MICHAELA STÖLZL

Markterschließung durch Kommunikation

Ein Konzept zur Kommunikationspolitik für Bildungsträger als Angebot an Klein- und Mittelbetriebe

1	Vorbemerkungen	183
2	Bildungsmarketing als Bezugsrahmen für das kommunikationspolitische Konzept - Marketing als Technik und Unternehmensphilosophie	185
2.1	Marketing als Technik zur Gestaltung der Kommunikationspolitik	185
2.2	Marketing als Unternehmensphilosophie für Bildungsträger - zentrale Aussagen des Bildungsmarketingkonzeptes	186
2.2.1	Die wesentlichen Instrumente des Marketing-Mix	186
2.2.2	Produktabhängige Eigenschaften des Bildungsmarketings	187
2.2.3	Zielgruppenorientierte Produktgestaltung für KMU	187
2.2.4	Marktanalyse als Ausgangspunkt und Ergebnis der Marktkommunikation	190
2.2.5	Die grundsätzlichen Funktionen der Kommunikationspolitik im Bildungsmarketing	193
3	Das kommunikationspolitische Konzept des Bildungsmarketings Marktbedingungen - Aufgaben - Ziele - Instrumente	194
3.1	Die Kommunikationspartner - Ergebnisse einer Marktbefragung	194
3.1.1	Mittelständische Unternehmen und ihr Weiterbildungsverhalten	194
3.1.2	Bildungsträger und ihr Angebot aus Sicht mittelständischer Unternehmen	199
3.2	Aufgaben und Ziele	200

3.3	Instrumente	202
4	Strategie zur Umsetzung des kommunikationspolitischen Konzeptes	204
4.1	Formulierung der Botschaft: Vorschläge zur inhaltlichen Gestaltung	205
4.1.1	Darstellungskriterien der sachlichen Informationen	205
4.1.2	Zielgruppenorientierte Ansprache	206
4.1.3	Profilierung gegenüber den Wettbewerbern	207
4.2	Auswahl der Mittel und Instrumente	208
5	Realisation der kommunikationspolitischen Strategie in den Versuchsregionen	212
5.1	Die kommunikationspolitische Strategie von Augsburg und ihre Umsetzung	214
5.2	Die kommunikationspolitische Strategie von Bamberg und ihre Umsetzung	216
5.3	Die kommunikationspolitische Strategie von Ingolstadt und ihre Umsetzung	219
5.4	Die kommunikationspolitische Strategie von Würzburg und ihre Umsetzung	222
6	Schlußbemerkungen	225
Literaturhinweise		227

1 Vorbemerkungen

Im Modellversuch "Bildungsmarketing und neue Technologien in kleinen und mittleren Betrieben" werden mögliche Kooperationsformen zwischen kleinen und mittleren Unternehmen (KMU) und Weiterbildungsträgern getestet.
KMU müssen analog zu der Entwicklung in Großunternehmen, die gerade im Personalbereich von administrativen Funktionen über die Personalwirtschaft zur Personalentwicklung übergegangen sind, Modelle zur systematischen Förderung des Qualifikationspotentials erarbeiten.
Dort, wo fehlende personelle Kapazitäten systematische Personalentwicklung nicht zulassen, müssen KMU auf externe Institutionen zurückgreifen, die über Fachkompetenz in diesem Bereich verfügen.
Auf seiten der KMU existieren aber unterschiedliche Sichtweisen, sowohl über die Notwendigkeit systematischer Mitarbeiterqualifikation als auch über den Bedarf an Beratungsleistungen.
Bildungsträger haben Fachkompetenz im Bereich der Personalentwicklung, und sie haben ein Weiterbildungsangebot für KMU, das allerdings zu wenig an den tatsächlichen Bedürfnissen der Zielgruppe orientiert ist.
Für die notwendige, aber bisher unbefriedigende Zusammenarbeit zwischen Bildungsträger und mittelständischen Unternehmen sieht das Projekt die Lösung in der Entwicklung einer Marketingkonzeption für Bildungsträger.
Diese Konzeption soll, wie im vorhergegangenen Beitrag von Th. Stahl[1] ausführlich erläutert wurde, verschiedene praxisnahe Kooperationsformen begründen helfen.
Damit sollen aber auch Mittel und Wege aufgezeigt werden, wie es zu der notwendigen Kommunikation, zwischen Bildungsträger und KMU kommen kann, einer Kommunikation, die zur Entwicklung praxisgerechter Kooperationsformen unabdingbar ist.
Anders formuliert: Bildungsmarketing entwickelt Instrumente und Strategien zur Markterschließung, zur Kontaktherstellung und zur systematischen Marktinformation.
Von dieser Entwicklungsarbeit berichtet vorliegender Beitrag:

o Er berichtet vom gegenwärtigen Standard kommunikationspolitischer Aktivitäten der Bildungsträger, die meistens zu unbefriedigenden Resultaten führen.

o Er weist auf den wichtigen Stellenwert der Kommunikationspolitik im Marketing-Mix eines strategischen Bildungsmarketings hin.

---

1 vgl. im vorliegenden Band: Stahl Th.: Bildungsmarketing und KMU

o Er macht deutlich, wie die Kommunikationspolitik in das Marketingkonzept integriert werden muß.
o Er zeigt, wie Konzepte der Kommunikationspolitik marketingtechnisch aufgebaut werden können, damit in Zukunft bessere Ergebnisse der Markterschließung zu erwarten sind.
o Er berichtet von Praxiserfahrungen in den Versuchsregionen.

Ausgangspunkt der Gestaltung eines kommunikationspolitischen Konzeptes ist der Gedanke, der sich verkürzt auf den Nenner bringen läßt: *Erst Kommunikation, dann Kooperation*, d.h., erst durch die Installation dauerhafter Informations- und Kommunikationsflüsse zwischen Weiterbildungsanbieter und -nachfrager können zufriedenstellende Marktbeziehungen entwickelt werden.

Die bisherige Praxis der Bildungsträger in diesem Bereich, die eher von mangelnder Systematik bzw. wenig planvollem Mitteleinsatz gekennzeichnet ist, zeigt deutlich:

1. Es fehlt dem Bildungsträger meist an Einsicht über den zentralen Stellenwert der Marktkommunikation für eine erfolgreiche Unternehmensführung.

2. Es fehlen daher konzeptionelle Entwicklungsarbeiten, die marketingtechnisch durch die korrekte Abfolge von Marktbeobachtung, Zieldefinition, geplantem Mitteleinsatz und Erfolgskontrolle strategisches Planen und Handeln ermöglichen.

Eine grundlegende und umfassende Konzeption zur Marktkommunikation, speziell an den Bedürfnissen von Bildungsträgern orientiert und als Rahmenbedingung für die einzelnen Instrumente und Aktivitäten zur Markterschließung, mußte erst noch entwickelt werden.

Diese Konzeption soll keine metatheoretische Auseinandersetzung über das Wesen der Kommunikationspolitik sein, sondern vielmehr eine praxisorientierte Anleitung zum planvollen Handeln geben.

Anliegen des Modellversuches ist und war es, die zur Umsetzung erforderlichen Grundlagen eines kommunikationspolitischen Konzeptes für Bildungsträger nicht durch "learning by error", sondern durch solide marketingtechnische Überlegungen zu entwickeln.

Die Chance des Modellversuches besteht in der Möglichkeit, die erstellten Konzepte im Feld zu testen, die Ergebnisse zu analysieren und zu evaluieren, so daß am Ende praxiserprobte, übertragbare Anleitungen vorliegen, die unter unterschiedlichen Marktbedingungen eingesetzt werden können.

2 Bildungsmarketing als Bezugsrahmen für das kommunikationspolitische Konzept - Marketing als Technik und Unternehmensphilosophie

Wie bereits erwähnt, ist Marktorientierung als Unternehmensstrategie in der Praxis der Bildungsträger nur ansatzweise realisiert. Selbst wenn Bildungsträger Marketing als Unternehmensprinzip akzeptieren, fehlt es in den meisten Fällen an einer systematischen Umsetzung. Deshalb soll an dieser Stelle hervorgehoben werden, daß Marketing vor allem eine Technik ist, deren Erfolg von solidem Fachwissen und konsequenter Anwendung abhängig ist. Marketing bietet ein Planungs- und Organisationsschema, das Ziele definiert, das den systematischen Einsatz der Instrumente garantiert und das vor allem die erfolgswichtige und -notwendige Kombination bzw. Vernetzung der einzelnen Instrumente unterstützt.

Im Rahmen des Projektes wurde versucht, die Kommunikationspolitik als wichtigen Gestaltungsbereich zur Markterschließung, entsprechend den marketingtechnischen Anforderungen, zu entwickeln und in der Praxis anzuwenden. Zum besseren Verständnis werden deshalb die einzelnen Elemente vorgestellt, die zum Aufbau einer Konzeption nötig sind. Daneben werden die zentralen Aussagen des Modellvorhabens als Rahmenbedingungen für die Kommunikationspolitik kurz erläutert.

2.1 Marketing als Technik zur Gestaltung der Kommunikationspolitik

Die Entwicklung einer Konzeption, die zugleich die Ziele näher definiert und die konkreten Strategien zur Zielerreichung festlegt, ist zentral für eine marktorientierte Vorgehensweise. Der Vorsatz, markt- bzw. kundenorientiert vorzugehen, legt die einzelnen Schritte in einem Ablaufschema fest:

o Abgrenzung des Marktes - Segmentierung
o Entscheidungsgrundlagen vom Markt einholen, d.h. Daten über den Markt, die Wettbewerber, das Kundenverhalten, die Kundensichtweisen sowie über die allgemeine Wirtschaftsentwicklung
o Aufbereitung und Interpretation der Marktdaten
o Definition der Ziele - Abstimmung mit den allgemeinen Unternehmenszielen
o Entwicklung alternativer Strategien durch Auswahl der zentralen Botschaften und der einzelnen Instrumente; Bewertung der einzelnen Maßnahmen
o Vernetzung der Maßnahmen im Marketing-Mix
o Realisierung der Konzepte am Markt
o Evaluierung der Konzepte nach der Feldphase

Die einzelnen Aktivitäten in der ersten Feldphase orientierten sich in Planung und Durchführung an diesem Raster mit dem Ziel, dauerhafte Informations- und Kommunikationsflüsse herzustellen.

2.2 Marketing als Unternehmensphilosophie für Bildungsträger - zentrale Aussagen des Bildungsmarketingkonzeptes

2.2.1 Die wesentlichen Instrumente des Marketing-Mix

Die Gründe, die zu einer Konzeption des Bildungsmarketings führten, sind bekannt: Bildungsträger müssen ihre Stellung auf dem Markt durch die Erschließung neuer Marktsegmente sichern. Mittelständische Unternehmen brauchen zur systematischen Förderung ihrer personellen Ressourcen die Unterstützung von Bildungsträgern.

Kundenorientierung - als Thema vom Bildungsträger ernstgenommen - hat weitreichende Konsequenzen für seine Organisationsentwicklung. Vor allem müssen folgende drei Teilfunktionen des Marketings etabliert und verknüpft werden:

o Marktanalyse
o Produkt- bzw. Leistungsgestaltung
o Marktkommunikation und -information.

Das Postulat der Marktorientierung wird solange nicht eingelöst und die erhofften Erfolge aufweisen, solange diese drei Bereiche nicht ausreichend vernetzt werden und die Doppelfunktion der Kommunikation - Marktanalyse und Marktinformation - nicht wahrgenommen wird.

Die Erfahrungen der Feldphase unterstützen diese Aussage: Markterschließung in einem neuen Segment muß sich im Rahmen der Produktgestaltung konsequent an den Bedürfnissen, Vorstellungen und Wünschen der Kunden orientieren. Die Marktinformationen müssen am Informationsbedarf, am Einstellungs- und Wertekatalog der Zielgruppe ansetzen.

Eine Marketingkonzeption für Bildungsträger muß diese drei Bereiche gestalten und durch die Entwicklung verschiedener Instrumente in ihrer Anwendung konkretisierbar, standardisierbar und kontinuierlich einsetzbar machen: Ohne Marktbeobachtung besteht die Gefahr, am Markt vorbei zu produzieren; ohne ausreichende Kundeninformationen gibt es keine Käufer.

Die Konzeption des Modellversuches betont deshalb die herausragende Bedeutung eines engen Marktkontaktes, um

o die notwendigen Informationen vom/über den Kunden zu erhalten
o die notwendigen Informationen an den Kunden zu liefern.

2.2.2 Produktabhängige Eigenschaften des Bildungsmarketings

"Bildung" und "Bildungsberatung" sind Produkte aus dem Dienstleistungsbereich. Ihre spezifischen Eigenschaften setzen innerhalb der Marketingkonzeption eigene Akzente, die von den Vermarktungsstrategien der Konsumgüter deutlich abweichen.

Die Aufzählung der Eigenschaften orientiert sich an den theoretischen Ausführungen zum Dienstleistungsmarketing, einem aktuell vielbeachteten Thema.[2]

"Bildung" und "Bildungsberatung" sind immaterielle Produkte, die

o während der Phase der Leistungserstellung gleichzeitig konsumiert werden - Produktions- und Verwendungsprozeß sind zeitgleich

o nicht auf Vorrat bzw. Lagerung produziert werden können

o zeit- und ortsgebunden sind

o zwischen Anbietern und Nachfragern Direktkontakt entstehen lassen

o bezüglich ihrer Qualität an die Person des Leistungserstellers gebunden und deshalb starken Qualitätsschwankungen unterworfen sind.

Aus dieser Bestimmung der Produkte *Bildung* und *Bildungsberatung* ergeben sich folgende Konsequenzen für die Bewertung der Kommunikationspolitik im Marketing-Mix:

o Kommunikation ist das zentrale Mittel der Leistungserstellung. Folglich ist die Produktqualität stark von der Kommunikationssituation und der Kommunikationsbereitschaft bzw. -fähigkeit der Mitarbeiter abhängig. Zur Qualitätssicherung der Produkte muß deshalb verstärkt auf Training und Motivation der Mitarbeiter geachtet werden.

o Die Kommunikation im Prozeß der Leistungserstellung bzw. des Konsums trägt entscheidend zum Aufbau von Vertrauen beim Kunden bei. Deshalb muß die Kommunikationspolitik nicht nur die Informations- und Kommunikationsflüsse gestalten, die zum Zweck der Marktinformation aufgebaut werden, sondern vor allem auch die Kommunikation im Prozeß der Leistungserstellung in ihre Strategieentwicklung mit einbeziehen.

2.2.3 Zielgruppenorientierte Produktgestaltung für KMU

Die Konzeption des Modellversuches sieht die Entwicklung neuer, kundennaher Leistungen vor. Dabei handelt es sich hauptsächlich um Dienstleistungen aus dem Beratungs- und Betreuungsbereich, die zur Förderung systematischer betrieblicher Wei-

---

2 vgl. Bruhn M.; Strauss B.; Dienstleistungsqualität, Konzepte - Methoden - Erfahrungen, Wiesbaden 1991

terbildung beitragen sollen. Das Konzept geht davon aus, daß Bildungsträger ihre Fachkompetenz bisher zu wenig in konkrete, klare Leistungsangebote umgewandelt haben. Bildungstäger müssen sich zu multifunktionalen Dienstleistungszentren entwickeln.[3]

Aus dem Spektrum möglicher Beratungsleistungen zum Themenbereich der Personalentwicklung wurde für das Projekt folgendes Angebot zusammengestellt:

o Bildungsbedarfsdiagnose
o Bildungs- und Lernberatung
o Praxisbezogene Seminarkonzeption zusammen mit dem Unternehmen
o Unterstützung bei Organisation und Durchführung der Weiterbildung (verschiedene Lernorte und Lernformkombinationen)
o Vermittlung von Lern- und Arbeitstechniken
o Informationsveranstaltungen für Führungskräfte
o Bildungscontrolling
o Aktuelle Informationen über Technikentwicklung und aus dem Personalbereich

In der ersten Feldphase wurde mittelständischen Unternehmen das erweiterte Leistungsangebot vorgestellt, wobei bereits jetzt feststeht, daß die Markteinführung des Beratungsproduktes ein langfristiger Prozeß ist.

Die zweite Feldphase wird somit sämtliche Bemühungen im Bereich der Marktinformation und -kommunikation zur Markterschließung und zum Verkauf des Angebotes fortsetzen müssen.

Die Produktgestaltung der ersten Feldphase orientierte sich nicht nur an der objektiven Bedarfslage der Zielgruppe, sondern versuchte auch, ihre Wünsche und Einstellungen zu berücksichtigen. So kam es zur Entwicklung verschiedener Seminarkonzepte, die die Basis bildeten für eine betriebsbezogene, bedarfsorientierte Anpassung durch Beratungen. Mittelständische Unternehmen erwarten einen Überblick über das mögliche Leistungsspektrum im Bereich der Seminarthemen. Dieses Seminarangebot konzentrierte sich auf Anwenderthemen im EDV- und produktionstechnischen Bereich. Es handelte sich um kleine Lerneinheiten, die aufeinander aufbauend alle nötigen Kenntnisse für die Ausübung der verschiedenen Tätigkeiten eines Arbeitsplatzes vermittelten. Gleichzeitig wurde darauf geachtet, daß über das Fachwissen hinaus betriebsorganisatorische, funktionsübergreifende Informationen im Konzept enthalten sind, die zu einem besseren Verständnis des konkreten Technikeinsatzes im Gesamtunternehmen führen sollen. Die einzelnen Module wurden so kurz wie möglich

---

3 vgl. Stahl Th.: Bildungsmarketing und neue Technologien in Klein- und Mittelbetrieben, Materialien zur beruflichen Bildung Erwachsener, BIBB, Heft 5/Berlin 1990

gestaltet, um damit der Zeitproblematik mittelständischer Unternehmen Rechnung zu tragen.

Allerdings enthielt das Angebot wenig Ansätze zur Verwirklichung von prozeßorientiertem Lernen am Arbeitsplatz und keine Anleitung zum selbständigen Lernen - zwei wichtige methodische Prinzipien, die vor allem zur Förderung von Schlüsselqualifikationen notwendig sind.

Die Module lassen sich am einfachsten im Dozentenunterricht einsetzen und wurden in der Regel auch in dieser Form durchgeführt. Selbstlernmaterialien wie CBT-Lerneinheiten können in der zweiten Feldphase in die Projektanalyse mit einbezogen werden.

Die Modifikation vom üblichen Standardangebot sollte hauptsächlich durch den Einsatz verschiedener Methoden und Instrumente der Personalentwicklung erreicht werden, die die einzelnen Module zur *maßgeschneiderten*, d.h. betriebsbezogenen Weiterbildung transformieren.

Die Bildungsberater der Versuchsregionen hatten nun die Aufgabe, die Beratungs- und Betreuungsleistungen den Unternehmen vorzustellen und anzubieten.

Im folgenden werden einige Eindrücke im Rahmen der Felderfahrungen zusammengefaßt:

o Das Angebot *Problem- und Zieldefinition* für die Konzeption eines *maßgeschneiderten* Seminares wurde von den kontaktierten Unternehmen als notwendig akzeptiert und in Form von Gesprächen mit der Unternehmensleitung realisiert.

o Systematische Bildungsbedarfsdiagnosen unter Einbezug der betroffenen Mitarbeiter konnten tatsächlich nur in wenigen Fällen verwirklicht werden.

o Die Angebotserstellung nach erfolgter Problem- und Zieldefinition nimmt wegen mehrmaliger Besprechungen und weiteren Angebotsmodifikationen viel Zeit in Anspruch.

o Verbundlösungen mit mehreren Firmen für ein spezielles, branchenzentriertes Seminarthema lassen sich schwer verwirklichen.

o Nach wie vor gibt es Betriebe innerhalb der Zielgruppe, die an einem standardisierten Angebot mit festgelegter Dauer, konkreten Terminen, Inhalten und Preis interessiert sind.

o Bisher konnte in keinem Fall das gesamte Leistungspaket für den Aufbau betrieblicher Personalentwicklung verkauft werden. Einige Unternehmen hatten zwar die Absicht, ihre Weiterbildung grundlegend zu systematisieren, und führten auch erste Schritte mit Hilfe der Bildungsberater durch, brachen aber die Prozeßentwicklung wieder ab.

o   Leistungen wie Coaching für ausgewählte Mitarbeitergruppen und Transfersicherung des Weiterbildungserfolges durch Nachbetreuung sowie eingeschränkte Formen der Bedarfsdiagnosen lassen sich mit der Zielgruppe gut realisieren.

Ein Ergebnis läßt sich für alle Versuchsregionen verallgemeinern: Die Beratungsleistungen wurden nie als eigenständige Produkte nachgefragt, sondern immer im Zusammenhang mit der Aufgabe, ein konkretes Seminar zu konzipieren. Nur als ergänzende Zusatzleistungen zur Optimierung der Seminarinhalte wurden Beratungen akzeptiert und in Auftrag gegeben. Die Finanzierung der Beratung erfolgte zum Teil über einen höheren Seminarpreis, der dank des Qualitätsbewußtseins der Unternehmen angenommen wurde. Von den Erfahrungen der Bildungsberater, daß Beratungsleistungen nur über das Angebot von Seminarthemen von der Zielgruppe angenommen werden, ist ein weiter Weg zu der von Sattelberger[4] formulierten Notwendigkeit für Personalentwickler, ihre Kernfähigkeit, nämlich die der interaktiven Prozeßbegleitung, besser vermarkten zu müssen.

2.2.4   Marktanalyse als Ausgangspunkt und Ergebnis der Marktkommunikation

Marktforschung ist der erste Schritt im Unternehmensprozeß auf dem Weg zur Kundenorientierung. Die Bedeutung kontinuierlicher Marktbeobachtung für die Produktgestaltung und die Kommunikationspolitik wurde bereits erwähnt: Die Produktgestaltung muß auf wichtige Veränderungen der Zielgruppe reagieren und kann damit Fehlentscheidungen vermeiden. Aber auch die Marktkommunikation greift auf Informationen der Marktforschung zur Formulierung zielgruppenorientierter Botschaften zurück.

Folgende Funktionen der Marktforschung unterstützen die Gestaltung der Kommunikationspolitik:

o   Marktforschung liefert Informationen über das Fremdbild bzw. Image des Bildungsträgers auf dem Markt.

o   Marktforschung hilft Stärken und Schwächen der eigenen Organisation zu erkennen.

o   Marktforschung ist ein Ansatzpunkt zur Kommunikation und bietet wichtige Informationen für die inhaltliche Gestaltung der Kommunikation.

Allerdings können diese Funktionen nur erfüllt werden, wenn die Marktforschung in den Planungs- und Entwicklungsprozeß der Bildungsträger integriert ist. Die Analyse bisheriger Aktivitäten der Bildungsberater in diesem Sektor brachte zutage, daß

---

4   vgl. Sattelberger Th.: Anforderungen und Aufgabenstellung einer strategischen Personalentwicklungsfunktion, Bericht zu den 4. Theorie-Praxis-Tagen an der Universität der Bundeswehr Hamburg, März 1992

Marktdaten zwar erhoben, aber gleichzeitig wichtige Informationsressourcen vergeben werden, weil sie nicht systematisch genug gesammelt und aufbereitet sind. Allein schon im Rahmen der zahlreichen Kundenkontakte können wichtige Informationen über Kundenverhalten und -einstellungen systematisiert und weitaus stärker als bisher in die Planungsprozesse der Produktgestaltung einbezogen werden.

Damit wurde ein künftiges Entwicklungsfeld des Projektes sichtbar: Erarbeitung von Instrumenten und Techniken, die in ihrer Anwendung einfach zu bedienen sind und deshalb in die tägliche Praxis der Bildungsberater integrierbar sind. Datensammeln und -bewerten muß zum standardisierten Ritual werden.

Ein Verfahren zur Datengewinnung muß verschiedene Quellen berücksichtigen und die Auswertungsergebnisse zu einer Gesamtbeurteilung zusammenführen. Sich nur auf eine Quelle zu beziehen, z.B. Auswertung der Konkurrenzbeobachtungen, kann zu erheblichen Fehlentscheidungen führen.

In der ersten Feldphase wurden folgende Teilbereiche der Marktforschung wahrgenommen:

o Imageforschung:

Die persönlichen Gespräche in den Unternehmen liefern viele Hinweise über die Einstellung des Ansprechpartners zum Bildungsträger. Die Informationen werden allerdings aus Zeitmangel ungenügend dokumentiert.

o Kundenbeobachtung:

Viele Informationen über den Kunden können im persönlichen Gespräch, aber auch im Rahmen von Veranstaltungen für die Zielgruppe gesammelt werden. Konkrete Firmendaten für die Vorbereitung der Firmenbesuche werden aus Nachschlagewerken, wie z.B. Hoppenstedt, genommen. Auch hier leidet aus Zeitmangel die Dokumentation.

o Konkurrenzbeobachtung:

Die Durchsicht der Unterlagen von Wettbewerbern, z.B. Seminarprospekten, zählt bereits zur Routinetätigkeit im Aufgabenfeld der Bildungsberater. Zusätzlich werden Öffentlichkeitsarbeit und Anzeigenwerbung der Konkurrenz beobachtet. Kontakte zu Mitarbeitern des Wettbewerbers werden ebenso genutzt wie die Hinweise von gemeinsamen Kunden. In diesem Bereich liegen wohl die meisten systematisch gesammelten Daten vor.

o Erhebung regionaler Marktdaten:

Neben Informationen, die durch Gespräche mit Informationsmultiplikatoren der Region, wie z.B. Arbeitsverwaltung und Arbeitgeberverbände, erhoben werden, handelt es sich bei der Erfassung regionaler Marktdaten mehr um Sekundäranalysen verschiedener Publikationen: Tageszeitung, IHK-Zeitschrift, Fachzeitungen, Verbandspublikationen, Arbeitsamtsstatistiken, Arbeitsamtsnachrichten.

o Beobachtung genereller Wirtschaftsentwicklung:

Die Pflicht zur kontinuierlichen Information über die allgemeine Wirtschaftsentwicklung ist schon deshalb unumstritten, weil die Bildungsberater im Firmengespräch argumentativ auf aktuelle Ereignisse eingehen müssen. Die Wirtschaftsentwicklung wird wiederum durch die oben erwähnten Publikationen beobachtet.

Der Stellenwert, den die einzelnen Marktforschungsbereiche für die Bildungsberater haben, wird durch folgende Bewertungen ersichtlich:

o Marktnischen entdecken durch Marktforschung

o Rechtzeitige Information über Veränderungen der regionalen Marktstruktur bringt Wettbewerbsvorteile, wenn die Produktentwicklung schnell darauf reagiert

o Orientierungshilfe für die Produkt- und Preisgestaltung

o Argumentationshilfen für das persönliche Gespräch mit den Unternehmen sammeln/professionelle Gesprächsführung muß Marktdaten mit einbeziehen

o Qualitätssicherung durch Kundenforschung

o Beurteilen der eigenen Stellung auf dem Markt

o Informationen über die mentale Verfassung der Zielgruppe sammeln.

Folgende Problemfelder werden von den Bildungsberatern im Prozeß der Datenerhebung und -bewertung gesehen:

o Unregelmäßige Dokumentation der Kundeninformationen, Zeitmangel

o Zu wenig Wissen über die Konkurrenz

o Unvollständige Verknüpfung der einzelnen Informationen zu einer Gesamtbewertung

o Fehlende Anleitung zur professionellen Auswertung der Marktdaten.

Die Liste der Argumente für eine systematische Marktbeobachtung, aber auch die obengenannten Problemfelder in diesem Bereich führen vor Augen, daß die Dimension der Marktforschung für eine kundenorientierte Vorgehensweise von den Praktikern erkannt ist. Es wird aber auch deutlich, daß wichtige Entwicklungsarbeiten in Form von Handreichungen und Verfahrensweisen zur Durchführung kontinuierlicher Marktanalysen notwendig sind.

2.2.5 Die grundsätzlichen Funktionen der Kommunikationspolitik im Bildungsmarketing

Marktbeobachtung, Produktgestaltung und Kommunikationspolitik müssen zum integrierten Handlungsansatz für Bildungsträger verknüpft werden. Die Kommunikationspolitik ist die Form der Marktbearbeitung, die zur Aufgabe hat, den Markt systematisch mit Informationen zu versorgen.
Erfolgreiches Marketing ist davon abhängig, ob das Unternehmen dauerhafte Informationsflüsse zwischen sich und der Zielgruppe installieren kann.
Die Kommunikationspolitik erfüllt folgende wichtige Funktionen:
o Sie gewinnt die notwendigen Kundeninformationen (Marktforschungseffekt)
o Sie ist zentrales Instrument im Prozeß der Leistungserstellung
o *Bildung* und *Bildungsberatung* sind Produkte mit großer Leistungsdifferenzierung, die wegen ihrer Erklärungsintensität verstärkt der Kommunikation bedürfen. Zudem sind beide Produkte mit hoher Risikowahrnehmung beim potentiellen Kunden behaftet.
o Produktneueinführungen, wie die der Beratungsleistungen im Weiterbildungsbereich, haben einen großen Informationsbedarf. Der potentielle Markt muß erst über Form und Beschaffenheit und vor allem über Nutzen und Wirkung der Dienstleistungen grundlegend informiert werden.
o Kommunikation ist der wichtigste Schritt zur Umwandlung von latentem Weiterbildungsbedarf in manifesten. KMU müssen häufig erst über die Bedeutung der Weiterbildung für ihr Unternehmen aufgeklärt werden.

Zwischen mittelständischen Unternehmen und Bildungsträgern bestehen bereits Kommunikationsbeziehungen, die aber nur sehr fragmentarisch obengenannte Funktionen erfüllen. Gegenwärtig läßt sich die Situation folgendermaßen beschreiben:
o Bildungsträger brauchen mehr Informationen über Klein- und Mittelbetriebe
o Die Klein- und Mittelbetriebe brauchen mehr Informationen über die Produkte des Bildungsträgers in Form klarer Botschaften und genau formulierter Leistungsbeschreibungen.

Wichtigstes Ziel der Kommunikationspolitik ist deshalb die Installation praktikabler Kommunikationsformen. Der Bildungsträger muß den Dialog mit den Unternehmen initiieren und kontinuierlich pflegen. Die Unternehmen dagegen müssen sich aktiv daran beteiligen können und den Dialog mitgestalten. Diese Kooperationsform ermöglicht eine für beide Partner befriedigende Produktgestaltung. Wenn dies gelingt, kommt es über die permanente direkte Kommunikation zur optimalen Verknüpfung der drei wichtigen Teilfunktionen des Bildungsmarketings: Marktbeobachtung - Produktgestaltung - Marktkommunikation.

Die Gefahr, daß die Kommunikationsangebote von mittelständischen Unternehmen nicht angenommen werden, weil sie einem einseitigen Bedürfnis der Bildungsträger entspringen, ist sehr gering, wie am Beispiel der Coburger Fachtagung[5] zu sehen war. Hier wurden von den verschiedenen Ansprechpartnern aus mittelständischen Unternehmen ganz konkrete Informationsbedürfnisse und Kommunikationswünsche formuliert.

3 Das kommunikationspolitische Konzept des Bildungsmarketings Marktbedingungen - Aufgaben - Ziele - Instrumente

Im Modellversuch wurde mit Hilfe der Erfahrungswerte der Bildungsberater und mit dem Datenmaterial aus einer sogenannten Expertenbefragung ausgewählter mittelständischer Unternehmen ein Rahmenkonzept für die Kommunikationspolitik erarbeitet, das im weiteren für die verschiedenen Strategieentwicklungen verbindlich ist. Die Ergebnisse der Befragung wurden zur Formulierung der Ziele und Aufgaben einer Kommunikationspolitik herangezogen. Gleichzeitig wurden einzelne Instrumente der Kommunikationspolitik ausgewählt und hinsichtlich ihrer Bedeutung für das Marketing-Mix eines Bildungsträgers bewertet.

Die Unternehmensbefragung sollte nicht nur Informationen zum Entwicklungsstand betrieblicher Weiterbildung und über Denkmuster bzw. Beurteilungskriterien der Unternehmen ermitteln, sondern auch einen Beitrag zur Imageforschung liefern. Die Firmen erläuterten ihre Erfahrungen in der Zusammenarbeit mit Weiterbildungsträgern, ihre Vorstellungen, Probleme, Kritiken und Erwartungshaltungen.

3.1 Die Kommunikationspartner - Ergebnisse einer Marktbefragung

3.1.1 Mittelständische Unternehmen und ihr Weiterbildungsverhalten

Die Erfahrungen der ersten Feldphase bestätigen grundsätzlich die Resultate[6] der zu Anfang des Modellversuches durchgeführten Testbefragung. Die damalige Auswertung versuchte, Weiterbildungsverhalten und -einstellung mittelständischer Unternehmen

---

5 vgl. im vorliegenden Band: Linke U.: Coburger Fachtagung. Eine PR-Maßnahme zur Markterschließung im Segment KMU

6 vgl. Stahl Th.; Stölzl M.: Bildungsmarketing und neue Technologien in Klein- und Mittelbetrieben, 1. Zwischenbericht, vorläufige Resultate der Expertenbefragung, Regensburg 1990

zu klassifizieren, um konkrete Anknüpfungspunkte für Kooperations- und Kommunikationsformen zu erhalten.

Eine explorative Befragung österreichischer Klein- und Mittelbetriebe[7] kommt zu ganz ähnlichen Ansatzpunkten für die Gestaltung des Bildungsangebotes und der Kommunikation. Die Analyse der Expertenbefragung ergab vier Argumentationstypen:

Argumentationstyp 1:
o Der Ansprechpartner ist Mitarbeiter eines großen bzw. mittelgroßen Unternehmens der Zielgruppe und meist im Personalbereich tätig.
o Das Unternehmen stammt aus einer technikintensiven Branche (z.B. Elektro, Metall).
o Die Technikeinführung führt zu Veränderungen in der Betriebsorganisation.
o Betriebliche Weiterbildung ist eine ausgewiesene Funktion im Unternehmen. Es gibt Ansätze zur systematischen Personalentwicklung, allerdings nur in seltenen Fällen ein differenziertes Personalentwicklungssystem.
o Häufige Strukturprobleme im Weiterbildungsbereich
o Akzeptanzprobleme der Mitarbeiter bei der Einführung neuer Techniken, z.T. wegen ungenügender Vorbereitung der Mitarbeiter
o mangelnde Motivation der Mitarbeiter zur Weiterbildung
o mangelnde Kooperation des Linienmanagements mit der Personalabteilung
o fehlende Kompetenz bzw. Gestaltungsbefugnisse des Personalentwicklers
o Mangel an brauchbaren Instrumenten zum Effizienznachweis für die Linie vor allem im Controllingbereich
o mangelndes Prestige der Personalfachkräfte im eigenen Unternehmen.

Betrachtet man die aktuelle Diskussion der Bildungsverantwortlichen, dann bestätigen sich die Ergebnisse zur Weiterbildungssituation in den Unternehmen. Hauptproblem scheint die Positionierung der Personalentwicklungsfunktionen innerhalb des Unternehmens zu sein, die dazu führt, daß der Bildungsverantwortliche keine wirklichen Entscheidungsbefugnisse hat. Betriebliches Bildungsmarketing wird als Lösungsvorschlag in Fachkreisen diskutiert, d.h., die Personalentwickler müssen lernen, ihre Dienstleistungen innerhalb des Unternehmens zu vermarkten.

Diese Ansicht teilen auch die befragten Personalentwickler und erwarten in diesem Zusammenhang verschiedene Hilfeleistungen und Angebote von Bildungsträgern.

---

7 Kailer N.: Betriebliche Weiterbildung in Österreich, Band 1, Empirische Ergebnisse und Schlußfolgerungen, Wien 1990

Gerade Personalentwickler in ländlich strukturierten Regionen, die sich von den Informationsflüssen stärker abgeschnitten fühlen, würden Fachinformationen, Möglichkeiten zum Erfahrungsaustausch und prozeßbegleitende Unterstützung ihrer Arbeit als ein Angebot von seiten der Bildungsträger sehr begrüßen.

Argumentationstyp 2:
o   Es handelt sich um Unternehmen mit durchschnittlich 200 bis 250 Mitarbeitern. Der Ansprechpartner nimmt als technischer Leiter bzw. Betriebsleiter Personalfachfunktionen wahr.

o   Die Unternehmen stammen ebenfalls aus technikintensiven Branchen, wie der Elektro- oder Metallbranche, mit vielfältigen Erfahrungen im Einsatz neuer Technologien.

o   Die Technikeinführung führt nicht immer zur Veränderung der Betriebsorganisation und erbrachte zufriedenstellende Ergebnisse.

o   Es existieren Ansätze zur systematischen betrieblichen Weiterbildung: In seltenen Fällen gibt es eine Budgetplanung, in allen Fällen werden Weiterbildungsthemen, Mitarbeiter und Bildungsträger von den Ansprechpartnern ausgewählt. Innerbetrieblich werden Produktschulung und Trainings on the job durchgeführt.

o   Systematische Bedarfserhebung, langfristige Weiterbildungsplanung und Mitarbeitermotivation finden nicht statt. Die Ansprechpartner haben differenzierte Erfahrungen mit Bildungsträgern sammeln können.

o   Weiterbildungsthemen und -formen: Großen Stellenwert in der Wertschätzung der Unternehmen haben die Herstellerschulungen, die durch Anlernprozesse ergänzt werden.
Bei Verhaltens- und Führungstrainings sowie theoretischer Grundlagenschulung wird auf externe Angebote zurückgegriffen.

o   Häufige Strukturprobleme im Bereich Weiterbildung:
Die Mitarbeiterakzeptanz gegenüber betrieblichen Neuerungen ist - ähnlich wie die Weiterbildungsmotivation - äußerst unterschiedlich und nach Ansicht des Interviewpartners vom Lebensalter abhängig. Maßnahmen zur Mitarbeitermotivation werden nicht durchgeführt.
Die Mitarbeiterqualifikation ist gerade im produktionstechnischen Bereich nicht ausreichend.
Der Mangel an Fachkräften ist das größte Problem dieser Unternehmen.
Maßnahmen interner Potentialentwicklung für die notwendigen Qualifikationen werden nicht durchgeführt.

o Erwartungshaltung gegenüber externen Weiterbildungsangeboten:
Die Ansprechpartner haben sehr konkrete Vorstellungen darüber, wie effektive Weiterbildung aussehen sollte und welche Lernorte und Lernformen sie dafür bevorzugen würden:
- Anwenderwissen am Arbeitsplatz
- Führungstrainings und theoretische Grundlagen in Seminarform beim Bildungsträger

Die Ansprechpartner vermissen eine Dienstleistung im Angebot der Bildungsträger: Informations- und Entscheidungshilfen zum wenig transparenten Bildungsmarkt. Kritisiert wird das gegenwärtige Angebot der Weiterbildungsträger. Die Technikanwendungskurse sind nicht betriebsbezogen, die Themen veraltet, die Dauer zu lang und die Preise zu hoch. Vorstellungen darüber, wie und wer die verschiedenen Lernformen koordinieren und umsetzen soll, existieren nicht.

o Ansatzpunkte zur Kommunikation und Kooperation für Bildungsträger:
Eine zielgruppenorientierte Vorgehensweise des Bildungsträgers muß das Informationsbedürfnis dieser Klientel einbeziehen und Ideen zur effektiven Gestaltung der Lernsituation konkretisieren. Bildungsträger können die Organisation der Weiterbildung übernehmen und im Rahmen von Lösungsvorschlägen zum Problem mangelnder Mitarbeiterqualifikation die Bedeutung von Personalentwicklung und der professionellen Unterstützung des Unternehmens durch den Bildungsträger darstellen.

Argumentationstyp 3:
o Die Gesprächspartner haben leitende Positionen in Kleinbetrieben inne.
o Die Unternehmen zählen zur metallverarbeitenden Branche.
o Die Betriebsorganisation verändert sich durch den Technikeinsatz. In der Einführungsphase gibt es im betrieblichen Ablauf große Probleme (lange Stillstandzeiten, geringe Effizienz), die durch *learning by doing* gelöst werden.
o Ansätze zur systematischen betrieblichen Weiterbildung sind nicht vorhanden. Besucht werden fast ausschließlich Herstellerschulungen, die aber kritisch bewertet werden.
Die meisten Erfahrungen hat das Unternehmen mit Anlernmethoden am Arbeitsplatz, die zur wichtigsten Form von Weiterbildung zählen. Die Ursachen des permanenten Fachkräftemangels werden außerhalb des Unternehmens verortet. Mit eigenen Bildungsaktivitäten die Probleme zu lösen scheint für diese Unternehmen keine Lösung zu sein.

Verhaltens- und Führungstrainings werden vom Unternehmenseigner sporadisch in Anspruch genommen.

o Erwartungshaltung gegenüber dem Bildungsträger:

Der Ansprechpartner hat aus Zeitmangel Probleme, die notwendigen Informationen über aktuelle Rechtsfragen, betriebsorientierte Themen, Technikentwicklung usw. zu erhalten. Ein Informationsangebot in Form von Vorträgen würde er gern in Anspruch nehmen. Weitere Kooperationsmöglichkeiten liegen nicht im gegenwärtigen Vorstellungsbereich dieser Unternehmen.

o Ansatzpunkte zur Kommunikation und Kooperation für Bildungsträger:

Neben einem Bedarf an konkreten Bildungsangeboten der Unternehmensleitung wird bei diesem Argumentationstyp deutlich, daß erst durch Kommunikation mögliche Kooperationsformen erschlossen werden können. Nur durch gezielte Informationen kann Bewußtsein für die Zusammenhänge von Mitarbeiterqualifikation und effizientem Technikeinsatz geschaffen werden. Diese Klientel kann nur über den Weg langfristiger Vorableistungen, z.B. durch Informationstage, Fachvorträge, Arbeitskreise erschlossen werden.

Argumentationstyp 4:

Bei den meisten Ansprechpartnern dieses Argumentationstyps handelt es sich um die Unternehmensleitung wenig technikintensiver Branchen (Holz/industrielle Fertigung).

o Die Technisierung umfaßt einige CNC-Maschinen und einen PC für die Verwaltungsarbeiten. Der Technikeinsatz zeigt befriedigende Resultate.

o Die enormen Qualifikationsdefizite, mit denen das Unternehmen zu kämpfen hat, werden als Versagen des Ausbildungssystems gewertet. Weiterbildung findet ausschließlich in Form von Herstellerschulungen und Messebesuchen statt.

o Hohe Mitarbeiterfluktuation, mangelnde Mitarbeitermotivation, vor allem bei den Un- und Angelernten, werden als Haupthindernis für ein verstärktes Engagement im Weiterbildungsbereich gesehen.

o Weiterbildungsbedarf wird nur für die Unternehmensleitung formuliert.

o Weiterbildungsprobleme, aber auch andere Betriebsprobleme werden in Schicksalsdimensionen gesehen (nicht selbstverantwortlich regelbar): Die Ausbildung ist mangelhaft, der Staat kümmert sich nicht ausreichend, die Persönlichkeitsmerkmale der Mitarbeiter erlauben keine Weiterbildung.

o   Ansatzpunkte zu Kommunikation und Kooperation:
Markterschließung ist hier schwer realisierbar. Bei dieser unternehmerischen Sichtweise differieren objektiver Bedarf an Mitarbeitermotivation und -schulung und subjektiv wahrgenommene Problemlage sehr stark. Die Entwicklung von Kooperationsformen ist darauf angewiesen, allmählich das Interesse der Unternehmen durch langfristig geplante Kommunikationsaktivitäten zu wecken.

Alle Argumentationstypen formulieren im Grunde die zentralen Gedanken des Bildungsmarketings bezüglich der Leistungserweiterung im Beratungsbereich und der Kommunikationsgestaltung. Die Unternehmen liefern selbst sehr differenzierte Hinweise, wie sie sich Kooperationsformen mit Bildungsträgern vorstellen können. Diese Anknüpfungspunkte müssen im gemeinsamen Dialog gefördert, entwickelt und erweitert werden.

3.1.2 Bildungsträger und ihr Angebot aus Sicht mittelständischer Unternehmen

Wie in der Darstellung der Argumentationstypen bereits anklingt, verfügen die Interviewpartner über differenzierte Erfahrungen im Umgang mit externen Bildungsanbietern und haben somit ein konkretes Bild vom Qualitätsstandard der Leistungen. Die bisherige Kooperation wird eher als unbefriedigend erlebt und führt zu folgenden Kritikpunkten:

o   Die Kursdauer ist zu lang.
o   Die Kurse sind zu teuer/mangelnde Transparenz über Kosten und Leistung.
o   Die Seminare haben keinen Praxis- bzw. Betriebsbezug.
o   Die Seminarinhalte sind zu allgemein gehalten; Branchenorientierung fehlt.
o   Die Kursthemen sind veraltet: aktuelle bzw. zukunftsweisende Seminarthemen bieten nur wenige Träger an. Die meisten Bildungsinstitutionen hinken der Entwicklung hinterher.
o   Die Kurskonzepte sind unflexibel, weil sie häufig an AFG-Richtlinien orientiert sind.
o   Die Zielgruppendefinition ist zu ungenau. Das Bildungsniveau der Kursteilnehmer ist zu unterschiedlich.
o   Die Qualität der Dozenten, vor allem die didaktischen Leistungen, läßt häufig zu wünschen übrig.
o   Die Kurse zu Technikanwendungen, vor allem im EDV-Bereich, sind rein technokratisch angelegt. Ganzheitliche Lernansätze zur Förderung von Schlüsselqualifikationen fehlen vollständig.

Diese Kritikpunkte dokumentieren ganz deutlich, daß die Angebote der Bildungsträger nicht genügend marktorientiert entwickelt werden. Im Zusammenhang mit den Anforderungen, die die mittelständischen Unternehmen an die Bildungsträger stellen, erhärtet sich die These, daß Leistungserweiterung und -optimierung notwendig sind:

o Bildungsträger müssen mehr Leistungen als nur die Durchführung von Seminaren anbieten.

o Bildungsträger sollen ein Informationsangebot zum Themenbereich Weiterbildung speziell für Kleinunternehmen entwickeln.

o Bildungsträger sollen mittelständische Unternehmen mit Instrumenten und Methoden zur Erhebung des Qualifikationsbedarfes bzw. Bildungscontrollings unterstützen.

o Bildungsträger sollen den Lerntransfer durch sog. hot lines und Lernberatung garantieren.

o Bildungsträger müssen ihre Weiterbildungskonzepte an den konkreten Betriebsbedingungen orientieren.

3.2 Aufgaben und Ziele

Die konkreten Aufgaben der Kommunikationspolitik im Bildungsmarketing lassen sich aus der Darstellung der Marktbeziehungen zwischen KMU und Bildungsträger im vorangegangenen Kapitel ableiten; sie haben folgende Schwerpunkte zu berücksichtigen:

1. Die Kommunikationspolitik leistet einen wichtigen Beitrag zur Transparenz. Bildungsträger müssen in stärkerem Maße über sich und ihre Produkte informieren.

2. KMU als potentielle Kunden müssen zur Kooperation durch geeignete Maßnahmen der Kommunikationspolitik motiviert werden.

3. Zur Entwicklung eines kontinuierlichen Dialogs müssen die richtigen Kommunikationsformen und -mittel ausgewählt und eingesetzt werden.

4. Die Kommunikationspolitik dient nicht nur dazu, den Markt mit Informationen zu versorgen, sondern sollte auch die Möglichkeit zur Informationsrecherche im Rahmen der direkten Kommunikation nutzen.

Die Kommunikationspolitik des Bildungsträgers kann durch den Aufbau und die Gestaltung der Kommunikation zwischen Anbieter und Nachfrager eine geeignete Problemlösung für unterschiedliche Bedürfnisse anbieten: Der Dialog ist für beide Marktpartner wichtig, um zufriedenstellende Kooperationsformen gemeinsam entwikkeln zu können. Dabei kann nicht nur Kundenorientierung, sondern sogar Kundenbindung durch die Installation dauerhafter Kommunikationswege verwirklicht werden, wenn Bildungsträger den mittelständischen Unternehmen das bieten, was von ihrer Seite vorgeschlagen wird:

o Bildungsträger als Informationspool

o Bildungsträger als Organisator von institutionalisierten Dialogen zwischen den Marktpartnern

o Bildungsträger als Initiatoren des Erfahrungsaustausches zwischen den Unternehmen.

Kontinuierliche Kommunikation zwischen den Marktpartnern durch die richtige Wahl der Mittel, z.B. Diskussionskreise, Informationsabende, persönliche Gespräche, begünstigt die Entwicklung vernetzter Beziehungen zwischen Bildungsträgern und KMU: Bildungsträger können aktuell auf neue Bedarfe reagieren. Optimale Lernformen werden gemeinsam entwickelt. Verbundideen lassen sich durch vertrauten Umgang eher realisieren. Fachkompetente Referenten können aus dem Kreis der Unternehmen gewonnen werden. Unternehmen dagegen finden, wie bereits oben erwähnt, ein Forum zum Erfahrungsaustausch und ein Angebot für ihr Informationsbedürfnis.

Die Zieldefinition muß den Aufbau kontinuierlicher Kommunikation zwischen Weiterbildungsanbieter und -nachfrager ebenso berücksichtigen wie die Tatsache, daß das Angebot der Beratungsleistungen bei der Zielgruppe relativ unbekannt ist:

o Bildungsträger, die einen neuen Markt erschließen wollen, müssen mit Hilfe kommunikationspolitischer Maßnahmen den Bekanntheitsgrad erhöhen.

o Die Selbstdarstellung des Unternehmens ist für den Aufbau eines positiven Images unumgänglich. In Form klarer Botschaften muß sich der Bildungsträger von seinen Wettbewerbern abgrenzen und profilieren.

o Nicht nur qualitativ hochwertige Leistungen, sondern auch ausreichende Informationen über das Leistungsangebot tragen zur Vertrauensbildung bei der Zielgruppe bei.

o Die kommunikationspolitischen Aktivitäten müssen das Marketingziel "Kundenbindung" durch geeignete Maßnahmen fördern. Der Kunde muß über Veranstaltungen, wie z.B. Diskussionskreise, den Eindruck gewinnen, daß der Bildungsträger immer präsent ist, nicht nur dann, wenn er etwas verkaufen will.

3.3 Instrumente

Die einzelnen Mittel der Kommunikationspolitik werden unterschieden in Instrumente, die die direkte Kommunikation befördern, und in diejenigen, die die indirekte Kommunikation gestalten.
Die Teilbereiche der Kommunikationspolitik sind:
- Verkauf
- Verkaufsförderung
- Werbung
- Öffentlichkeitsarbeit

o Der Verkauf

Der Verkauf gilt als stärkstes und schlagkräftigstes Mittel[8] innerhalb der Absatzstrategie. Im Rahmen der Kommunikationspolitik interessiert vor allem der Aspekt der direkten Kommunikation an den Verkaufstechniken. Das persönliche Gespräch mit dem Kunden gilt im Bildungsmarketing als wichtigstes Mittel: Erklärungsintensive Produkte wie *Bildung* und *Beratung* können am besten im Face-to-face-Kontakt dem Kunden nahegebracht werden. Eine gute Präsentation wirkt motivierend. Das zentrale Thema *maßgeschneiderte Leistungsgestaltung* kann im Gespräch konkret und glaubwürdig vermittelt werden. Kontaktgespräche tragen durch ihre Dialogform bzw. Interaktivität eher zur Vertrauensförderung bei als indirekte Kommunikationsmittel wie z.B. Anzeigenwerbung.

Die bfz haben als marktorientierter Bildungsträger diesen Absatzweg als wesentliches Element ihrer Strategie ausgewählt und organisatorisch durch den Aufbau der Zentralabteilung *Unternehmensservice* realisiert.

o Die Verkaufsförderung

Bildungsmarketing konzentriert sich innerhalb der Verkaufsförderung hauptsächlich auf den Bereich der Mitarbeitermotivation und -schulung. Über den Qualifikationsprozeß der Bildungsberater wurde in den Ausführungen von Thomas Stahl[9] berichtet. Grundsätzlich bleibt festzuhalten, daß die Qualität der Dienstleistungen im Bildungsbereich personenabhängig ist. Da die Mitarbeiter demzufolge entscheidend zum Erfolg des Bildungsträgers beitragen, muß das Qualifikationspotential permanent entwickelt werden.

---

8 vgl. Preißler P.; Höfner, Paul; Stroschein (Hrsg.): Marketing, Landsberg/Lech 1989, 2. Auflage

9 vgl. im vorliegenden Band: Stahl, Th.: a.a.O.

Der Begriff *Verkaufsförderung* bezieht sich auch auf die Bereitstellung unterstützender Materialien für das *Verkaufspersonal*. Ein wichtiges Ergebnis des Projektes soll eine Sammlung beratungs- und verkaufsunterstützender Materialien sein. Das sog. Bildungsberaterhandbuch wird an den aktuellen Bedürfnissen der Bildungsberater im Feld orientiert. Es soll alle wichtigen Grundlageninformationen und Hilfsmittel, so z.B. Checklisten, Kataloge, Prospekte, Preislisten, sowie Nutzenargumente, Referenzen, Gutachten, Wettbewerbsunterlagen, Organisationshilfen zum Aufbau und zur Gestaltung der einzelnen kommunikationspolitischen Instrumente enthalten.

o Werbung

Die meisten Werbemittel zählen zum Bereich der indirekten Kommunikation und zeichnen sich durch große Reichweite aus. Ihr Nachteil liegt in der ungenauen Zielgruppenansprache, wodurch große Streuverluste entstehen. Die zentrale Aufgabe der Werbung ist die Präsentation des Gesamtunternehmens (Imagebroschüre) und seiner Leistungspalette (z.B. Seminarprogramm) in klaren, verständlichen Botschaften und durch geeignete Werbemittel. Werbung beschäftigt sich vor allem mit der Frage, wie (Werbemittel) und wodurch (Werbeträger) kann die Aufmerksamkeit der Zielgruppe gewonnen werden.

In der Kommunikationspolitik des Bildungsmarketings hat Werbung hauptsächlich unterstützende Funktion für den Einsatz der direkten Kommunikationsmittel. Firmenakquise, Firmenbesuche, Veranstaltungen, Beratungen, Verkauf müssen von Werbebroschüren, Produktinformationen, Werbebriefen usw. begleitet werden. Werbetechnisch professionelle Gestaltung wird vorausgesetzt, ist aber noch keineswegs Standard bei den Bildungsträgern.

o Öffentlichkeitsarbeit

Die meisten Maßnahmen der Öffentlichkeitsarbeit dienen zur Herstellung der direkten Kommunikation zwischen den Marktpartnern. Im kommunikationspolitischen Konzept für Bildungsträger hat neben den persönlichen Firmengesprächen die Öffentlichkeitsarbeit einen hohen Stellenwert.

PR-Maßnahmen, wie z.B. Vorträge, Veranstaltung von Fachtagungen, Symposien, Betriebsbesichtigungen usw., fördern die Ziele der Kommunikationspolitik und unterstützen den Aufbau vernetzter Beziehungen zwischen mittelständischen Unternehmen und Bildungsträgern. Kein anderes Instrument kann in diesem Maße zur Image- und Vertrauensbildung beitragen. Eine gut ausgearbeitete PR-Strategie löst sämtliche wichtigen Funktionen der Kommunikationspolitik ein: Informations-, Motivations- und Dialogfunktion.

Pressearbeit als ein weiteres Mittel der Öffentlichkeitsarbeit, das von Bildungsträgern genutzt werden soll, muß systematisch aufgebaut werden. Ihre Wirkung ist schwer zu steuern. Die Präsentation des Bildungsträgers im redaktionellen Teil von Tageszeitungen besitzt große Glaubwürdigkeit, weil die Darstellung von neutraler Seite erfolgt. Bildungsträger verfügen über genügend Anlässe und Ereignisse, um in der jeweiligen Regionalpresse vertreten zu sein: Vorstellung des Unternehmens, besondere zielgruppenorientierte Seminarthemen, Ankündigung der verschiedenen Maßnahmen zum Dialog mit der Zielgruppe (Fachtagung).

Das Projekt selbst bietet viele Ansatzpunkte, um das Interesse der Zielgruppe zu wecken: Ergebnisse regionaler Befragungen mittelständischer Unternehmen, Thesen über mögliche Kooperationsformen zwischen Bildungsträger und KMU usw.

4   Strategie zur Umsetzung des kommunikationspolitischen Konzeptes

Die Strategie als konkrete Handlungsanweisung für eine marktorientierte Vorgehensweise ist das Kernstück des kommunikationspolitischen Konzeptes. In der Strategie werden die zentralen Inhalte der Kommunikation (Botschaften) festgelegt, die Kommunikationsmittel ausgewählt und in einem Organisationsplan zusammengefaßt. "Strategien können also als langfristig wirksame Verhaltenspläne definiert werden, die den Einsatz und die Steuerung der absatzpolitischen Instrumente regeln."[10]

Strategieplanung muß sich immer über einen größeren Zeitrahmen erstrecken, denn gerade Ziele wie der Imageaufbau als fachkompetenter Partner können nur langfristig mit einem vernetzten System der einzelnen Kommunikationsmittel erreicht werden. Häufige Strategieänderungen wie z.B. wechselnde Botschaften oder unkoordinierter Mitteleinsatz sind problematisch. Die widersprüchlichen Eindrücke, die darüber beim Marktpartner entstehen, stören den Prozeß der Vertrauensbildung.

Im Projekt wurde das Problem mangelhafter Kontinuität in der Umsetzung strategischer Planung diskutiert. Angesichts der vielen Funktionsbereiche des Bildungsberaters (Kundenakquise, Betreuung, Organisation von Weiterbildung, Kommunikationspolitik vor Ort, Angebotserstellung) können die Effekte einzelner Aktivitäten oft nicht optimal genutzt werden. Da wird mit erheblichem Aufwand und gutem Beteiligungserfolg eine Tagung organisiert, aber zur systematischen Nachbetreuung bzw. Vertiefung der Kontakte fehlt die Zeit.

---

10   vgl. Preißler; Höfner; Stroschein (Hrsg.): Marketing, Landsberg/Lech 1989, S. 56

Die unterschiedlichen strategischen Ansätze der Versuchsregionen sind in ihrer Mittelauswahl und in ihrem Mitteleinsatz bemüht, den Anforderungen an Kontinuität und Vernetzung der einzelnen Maßnahmen gerecht zu werden und sich lieber auf wenige, aber effektiv genutzte Aktionen zu beschränken.

4.1 Formulierung der Botschaft: Vorschläge zur inhaltlichen Gestaltung

Die zentralen Kommunikationsinhalte als Träger der Imagebildung werden Botschaft genannt. Die Botschaft verkörpert die einzigartige Unternehmensidee im Sinne der corporate identidy. Glaubwürdige, vom Bildungsträger einlösbare Zentralaussagen über die einzelnen Leistungen bzw. die Organisation sind für eine effektvolle Strategie ebenso wichtig wie die richtige Auswahl der Mittel. Da der potentielle Kunde ständig mit Informations- und Werbematerialien überflutet wird, muß die Entwicklung der zentralen Kommunkationsinhalte vor allem auf Qualität zu achten. Folgende drei Faktoren sind zu berücksichtigen:

o Präzise Darstellung der rein sachlichen Information
o Zielgruppenorientierte Ansprache bzw. Formulierung durch Verwendung von Vorstellungsinhalten und Begriffen der Zielgruppe sowie Nutzennachweis
o Klare Abgrenzung bzw. Profilierung von anderen Wettbewerbern.

4.1.1 Darstellungskriterien der sachlichen Informationen

Der Vergleich von Seminarprospekten verschiedener Bildungsträger läßt erkennen, daß die Werbematerialien heute professioneller gestaltet werden als noch vor einigen Jahren. Dennoch gibt es qualitative Unterschiede. Die Aufbereitung der sachlichen Informationen läßt sich entscheidend verbessern, wenn folgende Faktoren berücksichtigt werden:

o Knappe, klare Leistungs- bzw. Unternehmensbeschreibung
o Vollständigkeit der Informationen
o Darstellung der Qualität
o Erläuterung der gesamten Leistungsfähigkeit
o Benennung der zusätzlichen Serviceangebote.

Viele Bildungsträger überfrachten ihre kommunikationspolitischen Mittel mit Informationen. Die Texte sind in der Regel lang und wenig werbewirksam formuliert. Andererseits fehlen oft wichtige Daten, die zur Entscheidungsfindung notwendig sind. Die fachlichen Informationen müssen klar und korrekt formuliert sein und mit dem tatsächlichen Leistungspotential übereinstimmen. Gerade im Dienstleistungsbereich entstehen schwere Imageschäden, wenn Leistungserwartungen, die durch eine Hochglanzbroschüre geweckt werden, nicht erfüllt werden können.

4.1.2 Zielgruppenorientierte Ansprache

Neben einer korrekten sachlichen Darstellung der Informationen ist die psychologische Komponente der Botschaft für die Kundenmotivation sehr wichtig. Kundenorientierung muß gerade im Bereich der inhaltlichen Gestaltung der Kommunikation eingelöst werden. Die Botschaft ist das Medium, das motivieren, Bedarfe wecken und Aufklärungsarbeit leisten muß.

Die kommunikationspolitischen Inhalte sind überzeugend, wenn sie an das sprachliche Niveau und die Vorstellungswelt der Zielgruppe anknüpfen. Was Routinetätigkeit bei Werbeagenturen ist, fällt Bildungsträgern nicht so leicht, obwohl dem überwiegend pädagogisch orientierten Personal geläufig sein dürfte, die Inhalte an das Sprachniveau des Ansprechpartners anzupassen.

Wichtige Kriterien für eine kundenorientiert aufbereitete Information lassen sich folgendermaßen verallgemeinern:

o Nutzendarstellung, möglichst zielgruppen- bzw. branchenorientiert

o Beschreibung von Problemlagen der Zielgruppe und Darstellung der Lösungsmöglichkeiten

o Darstellung meßbarer betrieblicher Größen im Zusammenhang mit dem Produkteinsatz.

Grundsätzlich kann davon ausgegangen werden, daß differenzierte Kenntnisse über die Zielgruppe das Formulieren von Botschaften mit Aufforderungscharakter begünstigen. Im Projekt wurden z.B. folgende Zusammenhänge dargestellt, um Interesse bei mittelständischen Unternehmen zu wecken:

o Wirtschaftliche Entwicklung (Rezession, steigende Auftragslage, EG-Binnenmarkt) im Zusammenhang mit Existenzsicherung durch Weiterbildung

o Technikeinführung und Qualifikationsbedarf

o Fachkräftemangel und eigene Potentialentwicklung.

Die Marketingtheorie hält Orientierungshilfen zum Aufbau zielgruppengerechter Botschaften bereit. Am bekanntesten davon ist das sog. AIDA-Schema: attention, interest, desire, action.

4.1.3 Profilierung gegenüber den Wettbewerbern

Der dritte Bestimmungsfaktor für die Gestaltung der Kommunikationsinhalte ist ein klares, abgrenzbares Profil des Bildungsträgers in der Weiterbildungslandschaft. Für die Entwicklung dieses Profils muß sich der Bildungsträger mit den grundlegenden Fragen beschäftigen:

o Wodurch unterscheidet sich der Bildungsträger von den Wettbewerbern?
o Wie unterscheidet sich das Angebot vom üblichen Standardangebot?

Mit Hilfe eines Stärke-Schwäche-Profils kann sich der Bildungsträger Klarheit über seine Ressourcen verschaffen und seine Vorteile gegenüber den Wettbewerbern formulieren. Im Projekt wurden einige Inhalte als Kernsätze der Botschaft festgehalten, die in den Regionen weiter differenziert wurden. Einige Beispiele:

o Kundennähe als Bildungsträger der Arbeitgeberverbände
o Kundennähe durch dezentrale Struktur und bayernweite Verbreitung (Bildungsträger vor Ort)
o *Maßschneidern* statt Konfektion - spezielle Problemlösungen, bedarfsgerechte, betriebsspezifische Weiterbildungskonzeptionen
o fachkompetenter Partner in Weiterbildungsfragen
o integriertes Angebot von Beratung und Seminardurchführung, d.h. erweitertes Seminarangebot: hot-line, Lernberatung, Prozeßbegleitung
o Informationspool und Forum für Erfahrungsaustausch zu Themen betrieblicher Weiterbildung
o breites, modular aufgebautes Studienangebot.

Die Selbstdarstellung zentrierte sich um das Etikett *Ihr Fachpartner in Sachen Weiterbildung*. Das Angebot wurde den Unternehmen unter dem Motto *maßgeschneiderte Weiterbildung* vorgestellt und mit der Aussage verbunden, daß die erweiterte Leistungspalette hochwertige Qualität erwarten läßt. Entsprechend den kommunikationspolitischen Zielen ist der Dialoggedanke eine der zentralen Botschaften: Erarbeiten von bedarfsgerechten, konkreten Lösungen im gemeinsamen Dialog und Erfahrungsaustausch.

Abschließend muß darauf hingewiesen werden, daß professionelle, inhaltliche und formale Gestaltung der Kommunikationsmittel nicht meint, durch brillante Darstellung mangelhafte Produktqualität zu kompensieren. Es soll damit nur angedeutet werden, daß klare und gezielte Botschaften mehr Transparenz ermöglichen und zur Verkaufsförderung beitragen.

4.2 Auswahl der Mittel und Instrumente

Die Instrumente, die zur Förderung der direkten Kommunikation beitragen, haben innerhalb der Strategieentwicklung große Bedeutung. Es handelt sich um Mittel wie das persönliche Gespräch, die Veranstaltung von Tagungen, Arbeitskreise usw., während die Instrumente der indirekten Kommunikation in diesem Konzept eher unterstützende Funktionen haben.

Die Produkte *Bildung* und *Beratungsleistungen* als Produktneuentwicklung bestimmen nicht nur die Art der Kommunikation, sondern auch das Informationsvolumen. Differenzierte Dienstleistungen dieser Kategorie verlangen weitaus mehr Marktinformationen als Konsumgüter.

Die Strategieentwicklung der ersten Feldphase versuchte, obengenannte Bestimmungsgrößen zu berücksichtigen und gleichzeitig die ausgewählten Instrumente in vernetzte Beziehungen untereinander zu bringen.

o Wichtigstes Instrument zur Installation dauerhafter Kommunikationsbeziehungen zwischen Bildungsträger und mittelständischen Unternehmen ist das persönliche Gespräch bzw. der Direktkontakt in Form von Beratungs- und Verkaufsgesprächen.

Nur im persönlichen Gespräch sind die Produkte in ihrer Komplexität klar darzustellen und damit der Aufbau vertrauensvoller Kooperationsformen möglich.

Die bfz haben Mitarbeiter für die Aufgabe freigestellt, das Geschäftsfeld *Unternehmensservice* zur Erschließung des Marktsegments KMU in den einzelnen Regionen aufzubauen.

Die Firmenkontakte in Form persönlicher Gespräche in den Unternehmen stellen einen großen Wettbewerbsvorteil der bfz dar. Nur wenige Bildungsträger versuchen gegenwärtig, in den Regionen auf diesem Wege Kommunikationsstrukturen aufzubauen.

Die Gestaltung des Direktkontaktes, d.h. der einzelnen Schritte von Kundeninformation, -motivation und -kooperation bildete einen Schwerpunkt der Entwicklungsarbeiten im Projekt. Die Felderfahrungen zeigten, daß zur professionellen Gesprächsführung in den Unternehmen zwar hauptsächlich Methodenkenntnisse (z.B. Moderation) notwendig sind, daß aber auch Kenntnisse über Verkaufstechniken vorhanden sein müssen.

Es handelt sich dabei um Fragen zur aktiven Gesprächsgestaltung: Wie müssen Gespräche initiiert und geführt werden, was sollten sie beinhalten, wie können Anknüpfungspunkte für weitere Kontakte gefunden werden usw.?

Die Gespräche stellen ein zeit- und kostenaufwendiges Mittel dar, das systematisch geplant und auch dokumentiert werden muß. Gerade die Dokumentation kommt angesichts des multifunktionalen Tätigkeitsbereiches der Bildungsberater noch zu kurz, obwohl erst durch intensive Nachbearbeitung Anknüpfungspunkte für weitere Kontakte erschlossen werden können.

Die Strategie legte die Anzahl der Kontakte für die erste Feldphase fest. In der überwiegenden Mehrzahl handelte es sich dabei um Unternehmen, die den Unternehmensservice und seine zielgruppenorientierten Produkte nicht kannten.

Im Erstkontakt, in dem der Bildungsberater die Organisation und ihre Leistungen vorstellt, bestimmt sein Auftreten und seine Fähigkeiten in großem Maße darüber, ob das Unternehmen für weitere Kooperationen zu interessieren ist.

o PR-Maßnahmen aus dem Bereich der direkten Kommunikation, wie die Veranstaltung von Tagungen, Symposien oder Arbeitskreisen, tragen nicht nur zum Imageaufbau und zur Vertrauensbildung bei, sondern fördern vor allem langfristig den Verkauf.

Vorteil dieser Instrumente ist die verkaufsneutrale Präsentation als kompetenter Fachpartner vor einer größeren Anzahl von Unternehmen. Das unverbindliche Informationsangebot verringert die Hemmschwelle der KMU, das Dienstleistungsunternehmen kennenzulernen.

Für die Entwicklung von Problembewußtsein und zur Motivation der Zielgruppe sind die verkaufsneutralen Informations- und Kommunikationsformen besonders gut geeignet.

PR-Maßnahmen dieser Art unterstützen durch ihre imagebildende Funktionen das persönliche Gespräch im Unternehmen. Kontaktherstellung wird dadurch erleichtert. Der Bildungsberater hat nicht das Problem, als Verkäufer eines neuen Produktes von einem unbekannten Dienstleister auftreten zu müssen. Vielmehr ist der Bildungsberater Vertreter einer Institution, die bekannt ist und Fachkompetenz bewiesen hat. Er kann die Qualität seines Angebotes glaubhafter darstellen.

Die Vorteile der kommunikationspolitischen Maßnahmen dürfen aber nicht über die Tatsache hinwegtäuschen, daß sie aufwendig zu organisieren sind.

Öffentlichkeitsarbeit kann das Ziel "Erhöhung des Bekanntheitsgrades" nur erreichen, wenn sie beständig und langfristig angelegt ist. Gerade in ländlich strukturierten Regionen kann sich der Bildungsträger durch Präsenz in der Öffentlichkeit zum "opinion leader" entwickeln.

Eine Versuchsregion formulierte eine systematische Strategie für die Imageförderung im Rahmen von PR-Maßnahmen.

Folgende Einzelaktivitäten waren in der Planung enthalten:

- Kontaktaufbau und -pflege zu Firmen und Institutionen, die Multiplikatorenfunktion haben bzw. sog. opinion leader in der Region darstellen. Vorhandene Kontakte zu Institutionen dieser Art und zur Presse nützen und ausbauen.
- Teilnahme an existierenden Gremien und Arbeitskreisen für mittelständische Unternehmen. Aktive Gestaltung dieser Foren, wofür sich das Thema des Modellversuches sehr gut eignet.
- Veranstaltung einer eigenen Fachtagung zum Thema betriebliche Weiterbildung. Planung, Durchführung und Ergebnisse dieser Veranstaltung sind in der Fallstudie *Coburger Fachtagung* dargestellt. Die Tagung als großangelegte PR-Maßnahme sollte die Aufmerksamkeit der Zielgruppe erregen und zum weiteren Kontakt mit dem Bildungsträger motivieren. Deshalb wurde nicht nur auf fachliche und organisatorisch einwandfreie Qualität geachtet, sondern auch auf die Einbindung regionaler "opinion leader". Inhaltlicher und methodischer Aufbau der Tagung richtete sich auf gezielte Förderung des Dialoggedankens. Die Vorstellung der Teilnehmer, daß kontinuierliche Kommunikation mit dem Bildungsträger ihrer Bedürfnislage entspricht, muß entwickelt werden.
- Damit dient die Tagung der Etablierung eines sog. Aus- und Weiterbildungskreises für interessierte Firmen.
  Dieser in regelmäßigen Abständen geplante Kreis soll die zentrale PR-Maßnahme zur Förderung ständiger und direkter Kommunikation sein. Der Kreis ist das geeignete Medium für gemeinsame Entwicklungsarbeit, Erfahrungsaustausch und Problemlösungssuche und deshalb ideal zur Erreichung der kommunikationspolitischen Ziele. Geschäftsbeziehungen können darüber aufgebaut und verstetigt werden.
- Vorbereitet und unterstützt werden müssen PR-Maßnahmen der direkten Kommunikation durch systematisch geplante Pressearbeit sowie Mailing und Telefonaktionen.

o Vorhandene Kommunikationswege zwischen Bildungsträger und Zielgruppe sollen systematisch genutzt werden. Einige Versuchsregionen verlegten den Schwerpunkt ihrer kommunikationspolitischen Strategie auf den Ausbau und die Gestaltung bestehender Kommunikationsformen.
Dieses Mittel hat die Vorteile, zeit- und kostengünstig zu sein und vorhandene Ressourcen zu nutzen, allerdings nur, wenn Organisationsformen gefunden werden, die Kontinuität garantieren.
Es gibt zwei verschiedene Ansatzpunkte zur effektiven Ausschöpfung vorhandener Kommunikationswege:

- Informationstransfer durch Kollegen, die im Rahmen der Praktikumsbetreuung über vielfältige Kontakte zu KMU verfügen, an die Unternehmen
- Aufrechterhaltung der Kommunikation mit Altkunden

Im bfz verfügen die meisten Kollegen der Bildungsberater über zahlreiche Firmenkontakte. Dieser Multiplikatoreneffekt muß in zweifacher Hinsicht genutzt werden. Zum einen können die Kollegen mittelständische Firmen über das firmenspezifische Leistungsangebot informieren, zum anderen werden wichtige Informationen über die Firmen an den Bildungsberater weitergeleitet.

Die Aufrechterhaltung dauerhafter Kommunikation mit ehemaligen Kunden zählt zu einer weiteren effektiven Maßnahme innerhalb der Strategie. Die Bildungswilligkeit der Klientel ist erwiesen. Neben Firmenbesuchen und gezielten Einladungen zu PR-Veranstaltungen besteht in der Zusendung schriftlicher Informationsmaterialien eine Möglichkeit, den Kontakt regelmäßig zu gestalten.

o Mailing und Telefonkontakte als die konventionellen Werbemittel der Bildungsträger sollen durch ihren professionellen Einsatz in der Feldphase zwei Funktionen ausüben. Diese Mittel garantieren die Aufrechterhaltung kontinuierlicher Informationsflüsse, und sie dienen als sog. Aufhänger für konkrete Terminvereinbarungen. Die Gestaltung und die richtige Abfolge im Mitteleinsatz, wie z.B. Briefversand und nachfolgende Telefonaktion, entscheiden über den Erfolg der Maßnahmen. Persönliche Ansprache und klare, motivierende Botschaften sind die Voraussetzung dafür.

o Kontinuierliche Pressearbeit als eine Kommunikationsform, die nicht personenbezogen ist, fördert die Imagebildung und erlaubt, die Zielgruppe flächendeckend mit Informationen zu versorgen. Beiträge in verschiedenen Publikationsorganen haben gegenüber Werbemaßnahmen den Vorteil der neutralen Berichterstattung.

Für die erste Feldphase hat die Pressearbeit unterstützende Funktion zur Herstellung direkter Kommunikationsmöglichkeiten. Mit Pressemeldungen zu konkreten Anlässen wurde die Öffentlichkeit informiert. Formen systematischer Pressearbeit, die über einzelne Anlässe hinaus zur kontinuierlichen Publikation von Informationen über den Bildungsträger führen, müssen noch entwickelt werden.

o Weitere Möglichkeiten zur indirekten Kommunikation, die von den Versuchsregionen getestet werden, sind:
- Anzeigenwerbung
- Auslegen von Prospektmaterial in Firmen

- Auslegen von Informationsmaterial an öffentlich zugänglichen Orten wie Verwaltungen, Bücherei, Banken
- Plakatieren

o Werbeträger wie Seminarprogramme, Seminarinformationsblätter, Briefentwürfe, Informationsblätter zu PR-Veranstaltungen und Anzeigenentwürfe unterstützen den Aufbau der Kommunikationsbeziehungen zwischen Bildungsträger und mittelständischen Unternehmen. Teilweise konnte in der Feldphase auf die Werbematerialien der bfz zurückgegriffen werden. Zu verschiedenen Anlässen wurden im Projekt eigene Werbeträger erstellt.

5 Realisation der kommunikationspolitischen Strategie in den Versuchsregionen

Jede Versuchsregion hat eine eigene Strategie auf Basis des gemeinsamen kommunikationspolitischen Konzeptes entwickelt. Die strategischen Grundsatzentscheidungen der einzelnen Regionen werden durch die jeweiligen Marktbedingungen und die verschiedenen Ressourcen in den regionalen bfz bestimmt.

Für alle Bildungsberater sind die Rahmenbedingungen ihrer Tätigkeit zentral bestimmt und damit ist eine gemeinsame Grundstruktur vorgegeben. Es handelt sich dabei u.a. um strategische Grundsatzüberlegungen und um zentral geplante und initiierte Produktgestaltung. Die Werbeträger wie Seminarprospekte, Imagebroschüren usw. werden auch zentral erstellt. Arbeitskreise zur Förderung der Tätigkeit vor Ort bzw. für den Erfahrungsaustausch werden organisiert. Dessenungeachtet verfügen die Bildungsberater über große Gestaltungsmöglichkeiten in ihren Regionen: Ergänzung der Produktpalette und Anpassung an die regionale Marktstruktur, regionale Planung und Durchführung des kommunikationspolitischen Konzeptes sind nur zwei Beispiele, die dokumentieren, daß konkrete Planung und Durchführung der Markterschließung in den Verantwortungsbereich der Bildungsberater fällt. Marktorientierung verlangt diese Freiräume.

Das Projekt unterstützt, beobachtet und evaluiert die regionale Markterschließung. Die Entwicklungsarbeiten konzentrieren sich einerseits auf die Professionalisierung der Marketingfunktionen vor Ort durch Schulung, Anleitung zur Marketingtechnik usw. Andererseits werden Materialien und konkrete Handreichungen erarbeitet, die in der praktischen Arbeit im Feld fehlen und damit Orientierungshilfen bieten.

Die Strategien der Kommunikationspolitik wurden in der ersten Feldphase, d.h. in einem Zeitraum von eineinhalb Jahren, in den Versuchsregionen Augsburg, Bamberg, Ingolstadt und Würzburg umgesetzt.

Dabei konnten dank der unterschiedlichen Akzente der einzelnen Strategien interessante Erfahrungen im Einsatz verschiedener Mittel gemacht werden. Jede Region hat auf diesem Wege ein eigenes Profil entwickelt, das im folgenden vorgestellt wird.

Die Bamberger Bildungsberater, die aktiv an dem Entwurf einer Langzeitstrategie zum Imageaufbau durch verkaufsneutrale PR-Aktionen beteiligt waren, setzten den Schwerpunkt ihrer Aktivitäten auf die Veranstaltung einer Fachtagung. Die Bamberger Strategie geht davon aus, daß durch die systematische Nutzung und Nachbereitung der Tagung die imagebildenden Effekte von PR-Veranstaltungen den Verkauf fördern.

Die Regionen Augsburg und Ingolstadt konzentrierten sich auf das Instrument des persönlichen Gespräches. Alle weiteren kommunikationspolitischen Mittel hatten unterstützende Funktionen. Die Bildungsberater forcierten vor allem die Firmengespräche als ein Mittel mit doppelter Funktion: Imagepflege und Verkauf. Dabei werden von beiden Regionen für den Aufbau der Kommunikationsflüsse vorhandene Ressourcen sehr ökonomisch eingesetzt.

Augsburg baute ein systematisches Netz zur Nutzung bestehender Kontakte zu mittelständischen Unternehmen auf.

Ingolstadt konnte im Rahmen der persönlichen Gespräche vielfältige Erfahrungen in den Bereichen der Gesprächsführung, Angebotserstellung, Präsentation und Organisation der Leistungen machen.

Auch die Würzburger Strategie sieht durch den Einsatz des Instruments "persönliches Gespräch" die beiden unterschiedlichen Ziele wie "Imageaufbau" und "Verkauf" sehr effektiv realisiert. Einige PR-Maßnahmen sollten die Direktkontakte unterstützen, wurden aber nicht systematisch in ihren Möglichkeiten genutzt.

Der Schwerpunkt der Würzburger Strategie liegt in einem anderen Bereich: Mit Hilfe einer qualitativ hochwertigen und differenzierten Produktgestaltung sollen gleichzeitig die Imagebildung und der Verkauf gefördert werden. Der Würzburger Bildungsberater will vor allem Marktnischen besetzen. Gut aufbereitete Werbematerialien, orientiert an der Zielgruppe und an regionalen Besonderheiten, präsentieren die Produkte und sollen Interesse wecken.

Die Effizienz der einzelnen Maßnahmen und Mittel wurde in der ersten Feldphase getestet. Da aber der Aufbau eines kontinuierlichen Kommunikationssystems zur Kundenbindung strategisch langfristig angelegt sein muß, stellen die Ergebnisse der ersten Feldphase bestenfalls Zwischenresultate dar.

Am Projektende können, dank der langen Laufzeit, eindeutige Bewertungen der einzelnen Mittel hinsichtlich ihrer Effizienz erwartet werden. Demungeachtet liegen bereits einige interessante Erfahrungswerte über die systematische Marktbearbeitung durch Kommunikation vor, die im großen und ganzen die Annahmen des kommunikationspolitischen Konzeptes stützen.

5.1 Die kommunikationspolitische Strategie von Augsburg und ihre Umsetzung

Die Ziele der Augsburger Strategie sind mit dem kommunikationspolitischen Rahmenkonzept abgestimmt. Sämtliche kommunikationspolitischen Maßnahmen dienen der Imagebildung, der Erhöhung des Bekanntheitsgrades und dem Verkauf der Leistungen. Augsburg hat sich, neben firmenspezifischen Konzepten, für das Angebot von überbetrieblichen Seminaren entschieden.

Gerade die kleinen Unternehmen können angesichts ihres Finanzrahmens sogenannte *Firmenseminare* nur sehr schwer realisieren. Überbetriebliche Veranstaltungen entsprechen dem Weiterbildungsbedarf dieser Zielgruppe, auch wenn Qualitätseinbußen bezüglich der betriebsspezifischen Anpassung der Seminarinhalte in Kauf genommen werden müssen.

Augsburg wertet den Direktkontakt in Form von persönlichen Gesprächen in den Unternehmen als wichtigstes Mittel zur Verknüpfung der Ziele wie Imageaufbau und Verkauf. Der Firmenbesuch wird als *Marketinginstrument Nr. 1* bezeichnet. Alle weiteren kommunikationspolitischen Aktivitäten dienen zur Unterstützung der Direktkontakte. Der Bildungsberater hat in der Mehrzahl mittelständische Unternehmen kontaktiert, die für den Geschäftsbereich *Unternehmensservice* erst erschlossen werden müssen. Der Erstkontakt hatte neben der Funktion des gegenseitigen Kennenlernens zugleich die Aufgabe, Anknüpfungspunkte zur weiteren Kommunikation zu entwickeln.

Für eine erfolgreiche Zusammenarbeit zwischen Bildungsträger und mittelständischen Unternehmen ist die Auswahl des richtigen Ansprechpartners im Erstkontakt entscheidend. Grundsätzliche Kooperationsbereitschaft ist nur im Gespräch mit der Unternehmensleitung abzuklären.

Erfahrungen haben gezeigt, daß aufwendige Vorleistungen bis hin zur Konzepterstellung immer dann ergebnislos verliefen, wenn der Ansprechpartner ein engagierter Mitarbeiter ist, aber über keine Entscheidungsbefugnisse verfügt.

Beratungsleistungen sind in der Augsburger Region bisher kaum nachgefragt worden. Der Bildungsberater führt diese Tatsache darauf zurück, daß eine Produkteinführung erst langfristig durch Marktkommunikation der Zielgruppe bekannt und vertraut gemacht werden muß. In der Region bietet gegenwärtig kein Bildungsträger Beratungsleistungen zur betrieblichen Weiterbildung an.

Konkreten Bedarf haben viele Gesprächspartner aus mittelständischen Unternehmen an Orientierungshilfen bzw. Informationen zum regionalen Weiterbildungsmarkt angemeldet. Die Bereitstellung dieser Informationen ist für den Bildungsberater eine notwendige Vorleistung für den Aufbau eines Vetrauensverhältnisses zwischen

Bildungsträger und Unternehmen. Eine möglichst praktikable Kommunikationspolitik muß vor allem die vorhandenen finanziellen und personellen Kapazitäten berücksichtigen, damit die geplanten Maßnahmen mit der nötigen Systematik verfolgt werden können.

Die Mitarbeiter, die im Rahmen von Praktikumsbetreuung ihrer Kursteilnehmer über zahlreiche Firmenkontakte verfügen, wurden zielgerichtet in die Kommunikation zwischen Bildungsberater und mittelständischen Unternehmen mit eingebunden. Die Kollegen mußten zu einer kontinuierlichen Vermittlung von Informationen an mittelständische Unternehmen aktiviert werden. Gleichzeitig wurden Verfahrensweisen institutionalisiert, wie aktuelles Adreßmaterial und Informationen über interessierte Firmen zum Bildungsberater gelangen.

Von einer Präsentation des *Unternehmensservice* durch die bfz-Kollegen in ihren Firmenkontakten wurde abgesehen, da die erklärungsintensiven Produkte zu viel Wissen im Bereich der Personalentwicklung bzw. Betriebsorganisation von den Mitarbeitern verlangen. Die Nutzung vorhandener Kommunikationswege wird sehr postitiv beurteilt, da erstens flächendeckend Informationen im Rahmen persönlicher Gespräche an die Firmen gelangen. Zweitens konnte ein großer Anteil der Gesprächstermine des Bildungsberaters auf diesem Wege initiiert werden.

Einen weiteren Ansatzpunkt, vorhandene Kontakte für den Aufbau kontinuierlicher Informationsflüsse zu nutzen, stellt die systematische Betreuung von Kursteilnehmern dar. In allen überbetrieblichen Seminaren wird nicht nur das Leistungsspektrum des Unternehmensservice vorgestellt, sondern das Weiterbildungsinteresse durch individuelle Lernberatung gefördert. Interessierte Kursteilnehmer werden in die Adreßkartei aufgenommen und zusammen mit den Unternehmen in regelmäßigen Abständen schriftlich bzw. telefonisch über aktuelle Weiterbildungsangebote informiert.

Mehrmals im Jahr wird ein zielgruppenorientiertes Mailing zur Kundeninformation durchgeführt. Die Maßnahme hat bislang zu wenig konkreten Anfragen geführt, wird aber als wichtiges Element der kommunikationspolitischen Strategie eingestuft, erlauben doch die regelmäßigen Versandaktionen eine kontinuierliche Aufrechterhaltung des Informationsflusses.

Die Wirksamkeit von Mailingaktionen kann durch anschließendes Telefonmarketing beträchtlich gesteigert werden. Das Telefongespräch knüpft an die schriftlichen Informationen an und verbindet damit gleichzeitig die Anfrage zu einem Gesprächstermin. Viele Firmenkontakte kamen auf diesem Wege zustande. Die systematische telefonische Nachbearbeitung der Versandaktionen leidet allerdings unter mangelnder Zeitkapazität.

Ein weiteres kommunikationspolitisches Instrument zur kontinuierlichen Marktinformation, das in Augsburg regelmäßig bedient wird, ist die Pressearbeit. Zu konkreten Anlässen werden Anzeigen geschaltet und durch Pressemeldungen im redaktionellen Teil der Tageszeitung ergänzt. Die Resonanz auf diese Aktionen ist so gut, daß trotz Kostenintensität die PR-Arbeit in Zukunft stärker ausgebaut werden soll. Einzelne Beiträge im Regionalprogramm des Rundfunks wurden bisher keiner Wirkungsanalyse unterzogen, werden aber als imagefördernde Maßnahmen weiterhin wahrgenommen. Wesentlich einfacher in der Nutzenbeurteilung ist das Auslegen von Informationsmaterialien in Firmen und öffentlichen Institutionen, wie z.B. Verwaltungen, Banken und Buchläden.

Im Umfeld von Augsburg finden ausgelegte Informationsmaterialien große Beachtung. Viele Anfragen zu überbetrieblichen Seminaren bezogen sich auf diese Informationsquelle.

Damit sind die zentralen Instrumente der Augsburger Strategie für den Aufbau von Kommunikations- und Kooperationsbeziehungen zwischen Bildungsträger und Unternehmen beschrieben. Ergänzt wurde diese Vorgehensweise durch PR-Maßnahmen aus dem Bereich der direkten Kommunikation. Im Rahmen einer bayernweit angelegten Wanderausstellung zum Thema *Qualifizierung von Un- und Angelernten* wurde der Standort Augsburg u.a. für diese Öffentlichkeitsarbeit erfolgreich genutzt.

Zusätzlich beteiligte sich das regionale bfz am Augsburger Bildungsmarkt, einer Präsentationsveranstaltung aller regionalen Bildungsträger, und an einem Arbeitskreis für Personalfachkräfte.

Augsburg schließt nach der Bewertung der Ergebnisse der ersten Feldphase nicht aus, daß PR-Maßnahmen der direkten Kommunikation in Zukunft im kommunikationspolitischen Mix für den Aufbau und zur Verstetigung der Kommunikation zwischen Unternehmen und Bildungsträger mehr Gewicht bekommen.

5.2 Die kommunikationspolitische Strategie von Bamberg und ihre Umsetzung

Bamberg ist die Testregion, die nicht nur wesentliche Impulse zur Entwicklung der Kommunikationspolitik geliefert hat, sondern von Anfang an die zentrale Bedeutung von PR-Maßnahmen aus dem Bereich der direkten Kommunikation für das kommunikationspolitische Konzept hervorgehoben hat.

Der strategische Ansatz von Bamberg wurde in Punkt 4.2 bereits genauer erläutert und die Durchführung der zentralen Maßnahme *Coburger Fachtagung* in der Fallstudie[11] vorgestellt, so daß an dieser Stelle nur noch einige Erfahrungswerte in komprimierter Form dokumentiert werden.

Bamberg unterscheidet sich in der Bewertung des persönlichen Firmenkontaktes als wichtigstes Mittel zur Förderung des Verkaufes nicht von den anderen Versuchsregionen. Allerdings ist die Einordnung der Firmenbesuche in die strategische Abfolge der verschiedenen kommunikationspolitischen Aktivitäten unterschiedlich.

Die Bildungsberater haben versucht, eine Fachtagung als verkaufsneutrale PR-Maßnahme zielgruppenorientiert und systematisch aufzubauen, um ein Image als fachkompetenter Partner für mittelständische Unternehmen zu bilden. Die Einrichtung eines Arbeitskreises sollte zur Verstetigung der Firmenkontakte führen.

Die Bamberger Strategie geht davon aus, daß Image- und Vertrauensbildung für den Verkauf von *Bildungsprodukten* unbedingt notwendig ist und durch PR-Aktivitäten im Bereich der direkten Kommunikation am besten gefördert wird.

Die Bildungsberater wurden durch Marktbeobachtungen in ihrer Vorgehensweise bestärkt: Bamberg ist eine Region mit großem Anteil an mittelständischen Unternehmen, die sich zwar mit dem Thema Weiterbildung beschäftigen, aber zu eher traditionellen Lösungen im Bereich der Mitarbeiterqualifizierung neigen. Systematische Personalentwicklung ist die Ausnahme. Die Unzufriedenheit mit den Ergebnissen der bisherigen Weiterbildungspraxis führt dazu, daß die Unternehmen im Rahmen einer Orientierungsphase großes Interesse an Informationen und Erfahrungsaustausch haben. Gleichzeitig ist der regionale Markt durch starken Wettbewerb gekennzeichnet. Eine Vielzahl von Bildungsinstitutionen mit unterschiedlich tradierten Beziehungen zu den Unternehmen bieten Seminare mit stark unterschiedlicher Qualität an.

Das regionale bfz war bisher in der Öffentlichkeit hauptsächlich im Zusammenhang mit Qualifizierungsmaßnahmen für Arbeitsuchende bekannt. Der Unternehmensservice und seine firmenspezifischen Angebote mußten der Zielgruppe erst neu vorgestellt werden.

Die Ergebnisse der Fachtagung bestätigen die Annahme, daß PR-Maßnahmen der direkten Kommunikation für die Imagebildung eines Bildungsträgers und zur Vorstellung der firmenspezifischen Bildungsprodukte geeignet sind. Die Unternehmen beteiligten sich nicht nur aktiv an der Tagung, sondern zeigten auch Interesse an weiteren Kommunikationsmöglichkeiten. Nachfolgende Firmenkontakte konnten leicht initiiert

---

11 vgl. im vorliegenden Band: Linke U.: Coburger Fachtagung, Eine PR-Maßnahme zur Markterschließung im Segment KMU, 1992

werden, wobei die Tagung gute Anknüpfungspunkte für das Gespräch bot. Die Inhalte der Veranstaltung, die sich auf die zentralen Ideen des Bildungsmarketingkonzeptes bezogen, trafen die gegenwärtige Problemlage der mittelständischen Unternehmen. Entsprechend ihrem Informationsbedarf brachten die Unternehmen eigene Vorschläge zur Angebotsgestaltung der Bildungsträger ein: Informationen über den Weiterbildungsmarkt, Erfahrungsaustausch über Probleme der Personalgewinnung und Qualifizierung, Informationen über neue Trends im Personalbereich, gemeinsame Entwicklung von Weiterbildungskonzepten, Verbundmodelle mit anderen Unternehmen für branchenspezifische Weiterbildungsthemen. Gleichzeitig erklärten sich eine große Zahl der Anwesenden an einem Aus- und Weiterbildungskreis interessiert.

Die Auswahl imagefördernder PR-Maßnahmen für den Aufbau intensiver Kommunikationsbeziehungen zwischen Bildungsträger und Unternehmen muß zwei Faktoren berücksichtigen: Imagebildung ist ein langfristig anzulegender Prozeß mit kontinuierlich durchzuführenden Veranstaltungen im Bereich der Öffentlichkeitsarbeit, dessen Effekte nur sehr langsam Wirkung zeigen. Positive Resultate, wie z.B. die erleichterte Kontaktaufnahme zu Unternehmen, können unmittelbar im Anschluß an solche Veranstaltungen wahrgenommen werden. Dagegen lassen sich Effekte wie erhöhte Verkaufszahlen nur in seltenen Fällen in direkten Zusammenhang mit einer Fachtagung bringen.

Es steht aber außer Frage, daß behutsame und vor allem kontinuierliche Vertrauensbildung durch verkaufsneutrale Informationsangebote den Verkauf der Bildungsprodukte deutlich unterstützen. Gleichzeitig muß die Entscheidung für ein kommunikationspolitisches Konzept, wie es in Bamberg vorliegt, die aufwendige Organisation dieser Maßnahmen berücksichtigen.

Bamberg konnte die Organisation nur im Verbund mit benachbarten bfz und durch die Einbindung sogenannter Multiplikatoren der Region leisten.

Die Teilnahme an vorhandenen Gremien und Arbeitskreisen für mittelständische Unternehmen, vor allem die aktive Gestaltung eines Treffens, zählt ebenfalls zu den Maßnahmen zur Imagebildung.

Im Rahmen der Vorstellung der zentralen Thesen zum Bildungsmarketing vor dem Kreis der Wirtschaftsjunioren konnten folgende Effekte erzielt werden: Herstellung von Erstkontakten, Zeitungsartikel in wichtigen Tageszeitungen der Region, Kontakte zu wichtigen Institutionen der Region, auch Wettbewerbern. Neben Organisation und Durchführung der Coburger Fachtagung unter dem Anspruch, marketingtechnisch professionell vorzugehen, stellen die Firmenbesuche ein wichtiges Instrument zur Erhöhung des Bekanntheitsgrades und zur Förderung des Verkaufes dar. Wie bereits erwähnt, wurde im Anschluß an die Tagung verstärkt der Kontakt zu den Unternehmen gesucht.

Werbemittel wie Telefonaktion und der Versand von Informationsmaterialien unterstützen die Direktkontakte. Dank der Bemühungen um sachlich klare, knappe, zielgruppenorientierte Formulierung der Botschaften war die Reaktion auf den Briefversand zur Tagungseinladung sehr zufriedenstellend. Dagegen zeigten die regelmäßig durchgeführten Mailingaktionen zur Information über das aktuelle Seminarprogramm enttäuschend wenig Resonanz, obwohl mit Hilfe eines personenbezogenen Begleitbriefes direkter Bezug zum Ansprechpartner hergestellt wurde.

Mit wachsendem Bekanntheitsgrad gehen die Bildungsberater in Bamberg dazu über, konkrete Anfragen telefonisch durchzuführen. Die Effizienz ist dabei ungleich höher als bei einem Mailing, da hier im persönlichen Gespräch auf die Einstellung des Ansprechpartners eingegangen werden kann. Außerdem ist ein Telefonanruf zeit- und kostensparender.

Mailingaktionen in ihrer Funktion, über das Seminarprogramm zu informieren, haben nur mehr den Stellenwert, den Informationsfluß zum potentiellen Kunden in regelmäßigen Abständen aufrechtzuerhalten.

In Form von Pressemeldungen in den regionalen Tageszeitungen wurde die Öffentlichkeit zu aktuellen Anlässen informiert. Die Anzahl der Zeitungsartikel erreichte ein zufriedenstellendes Maß. Die Imagebildung des 'Unternehmensservice' in der Region wurde durch diese Form der Pressearbeit unterstützt. Problematisch ist allerdings die geringe Einflußmöglichkeit auf die endgültige Erscheinungsform des Artikels. Meist werden die Pressemeldungen stark gekürzt und ihr Sinnzusammenhang verändert.

Verschiedene Maßnahmen zur Einbindung der Kollegen in die Informationsflüsse zwischen Bildungsberater und mittelständischen Unternehmen wurden angeregt, aber nicht systematisch durchgeführt.

Der Arbeitskreis als Folgemaßnahme zur Coburger Fachtagung wird demnächst installiert. Zahlreiche Teilnahme der mittelständischen Unternehmen ist zum gegenwärtigen Zeitpunkt bereits gesichert.

Die Fachtagung wirkt in ihrer imagebildenden Funktion noch nach. Die Unternehmen suchen von sich aus den Kontakt zum Bildungsträger, z.B., um sich nach dem weiteren Projektverlauf und seinen Resultaten zu erkundigen.

5.3 Die kommunikationspolitische Strategie von Ingolstadt und ihre Umsetzung

Der zentrale Gedanke der kommunikationspolitischen Strategie von Ingolstadt besagt, daß der Aufbau erfolgreicher Kommunikations- und Kooperationsbeziehungen zwischen mittelständischen Unternehmen und Bildungsträgern nur dann gelingt, wenn die Zielgruppe so konkret wie möglich angesprochen wird. Die Bildungsberater suchen

also in direkter Linie durch den Einsatz verschiedener Werbemaßnahmen und die Nutzung vorhandener Firmenkontakte der bfz-Kollegen zum persönlichen Gespräch in den Unternehmen zu gelangen. Alle zentralen Aktivitäten der Ingolstädter Strategie lassen sich unter dem Begriff *Kundenbetreuung* zusammenfassen.
Durch Kundenbetreuung will sich das bfz Ingolstadt qualitativ von den Wettbewerbern abheben und ein klares Profil entwickeln. Eine systematisch durchgeführte Kundenbetreuung, die hauptsächlich auf persönlichem Kontakt basiert, fördert dauerhafte Beziehungen zwischen den Unternehmen und dem Bildungsträger. Ähnlich wie in Augsburg handelt es sich hier um einen strategischen Ansatz, der vorhandene Ressourcen des bfz zur Unterstützung der kommunikationspolitischen Ziele einsetzt, um somit über mehr Kapazität für die Firmenbetreuung zu verfügen.
Im ersten persönlichen Gespräch mit Ansprechpartnern aus mittelständischen Unternehmen werden das bfz und die firmenspezifischen Leistungen präsentiert. Die erstaunlich große Gesprächsbereitschaft der Unternehmen hat gezeigt, daß Akzeptanz gegenüber solchen Firmenbesuchen vorhanden ist. Häufig wurde der Termin von den Gesprächspartnern genutzt, um über Probleme des Betriebes im Bereich der Betriebsorganisation und Weiterbildung zu sprechen. Damit ist der erste Schritt zur Vertrauensbildung gelungen.
Ziel des Erstkontaktes ist ein gemeinsames Festlegen weiterer Anknüpfungspunkte. Bei konkreter Problem- bzw. Bedarfsformulierung sind die Bildungsberater dazu übergegangen, das Gesprächsergebnis schriftlich zu formulieren und zusammen mit einem persönlichen Anschreiben an die Unternehmen zu senden. Mit dieser Maßnahme wird nicht nur der Kontakt erneuert, sondern eine gemeinsame Ausgangsbasis für beide Gesprächspartner geschaffen.
Bei grundsätzlichem Interesse der Firmen am weiteren Erfahrungsaustausch versuchen die Bildungsberater, die Grundlagen für eine Angebotserstellung mit Hilfe von Zieldefinition und Problemformulierung im Rahmen eines Folgegespräches festzulegen.
Mit dieser Maßnahme soll das Seminarkonzept an die Bedürfnisse der Unternehmen angepaßt werden. Die Bildungsberater in Ingolstadt haben durch ihre Kundenkontakte festgestellt, daß das Angebot maßgeschneiderter Bildungskonzepte und einer perfekten Kundenbetreuung viele Vorableistungen bzw. Investitionen vom Bildungsträger verlangen. Die Konzepte müssen auf Wunsch der Unternehmensleitung mehrfach überarbeitet werden, obwohl eine Problem- und Zieldefinition vorausgegangen war.
Die Erfahrungen der Ingolstädter Bildungsberater im systematischen Aufbau von Firmengesprächen liefern wichtige Informationen darüber, welche Beratungsleistungen als Vorleistung für ein qualitativ hochwertiges und deshalb teures Produkt von den Unternehmen erwartet werden und welche Beratungsleistungen gesondert in Rechnung gestellt werden können.

Sämtliche weiteren Instrumente und Maßnahmen des kommunikationspolitischen Mixes werden dazu eingesetzt, den Kundenkontakt aufrechtzuerhalten und zu befördern: Werbemittel wie der Versand von Informationsmaterialien oder das Telefongespräch haben generell die Funktion, die Informationsflüsse aufrechtzuerhalten, verfolgen aber meist im System der Kundenbetreuung einen ganz konkreten Zweck. Der persönliche Brief wird dazu eingesetzt, weitere Anknüpfungspunkte für erneuten Kontakt zu formulieren. Das Telefongespräch dient zur Information über eine konkrete Veranstaltung, von der angenommen wird, daß sie den Kunden interessiert. Terminvereinbarungen werden immer telefonisch getroffen.

Auch für den Einsatz der Werbemittel gilt der Grundsatz, daß eine personenbezogene Ansprache zwar zeitaufwendig, aber für die Kundenbetreuung unbedingt notwendig ist. Begleitschreiben werden so weit wie möglich auf konkrete Betriebsdaten bezogen. Durch den Anspruch, den Kundenkontakt so individuell wie möglich zu gestalten, konzentrieren sich die Mailingaktionen auf eine begrenzte Zahl ausgewählter Unternehmen. Massenversand ohne persönlichen Bezug paßt nicht in die Ingolstädter Strategie.

Der Erfolg regelmäßig durchgeführter Mailingaktionen mit aktuellen Informationen wird dadurch gesteigert, daß anschließend mit Hilfe eines telefonischen Kontaktes die Aufmerksamkeit der potentiellen Kunden erhöht wird. Viele Terminvereinbarungen zu Erstgesprächen kamen auf diesem Wege zustande. Altkunden werden im Zuge der Kundenbetreuung regelmäßig in die Informationsflüsse mit einbezogen.

Die Maßnahmen der Kundenbetreuung in Form von kontinuierlichen Informationen werden durch intensive Kontaktpflege zu sämtlichen Kursteilnehmern ergänzt. In jedem Seminar wird Wert darauf gelegt, das bfz als Bildungsinstitut mit maßgeschneiderten Seminarleistungen vorzustellen. Daneben sollen die persönlichen Gespräche während der Seminarpausen die Bereitschaft zu weiteren Kooperationen fördern.

Ingolstadt ist dazu übergegangen, Informationsmappen in Form von Imagebroschüren als Werbeträger einzusetzen. Die zentralen Gedanken der Bildungsmarketingkonzeption von maßgeschneiderten Bildungsprodukten und zusätzlichen Serviceleistungen lassen sich im Rahmen einer Imagebroschüre wesentlich effektvoller darstellen als im konventionellen Seminarprogramm.

Die zeitintensive Kontaktpflege verlangt einen ökonomischen Einsatz personeller Ressourcen. Die Ingolstädter Bildungsberater nutzen deshalb für den Auf- und Ausbau der Kundenbeziehungen bereits existierende Kommunikationsflüsse von bfz-Kollegen zu Unternehmen.

Verschiedene Modelle zur kontinuierlichen Mitarbeit der Kollegen im Informationstransfer sind diskutiert und erprobt worden. Die Probleme der Mitarbeitermotivation

für die Übernahme von Zusatzaufgaben, trotz Arbeitsauslastung im eigenen Tätigkeitsfeld, konnten dadurch gelöst werden, daß die Anforderungen so gering wie möglich gehalten wurden und unterstützende Hilfsmittel bereitgestellt wurden. Die Kollegen konnten dazu gewonnen werden, regelmäßig Informationsmaterialien in die Firmen mitzunehmen. Von einer differenzierten Darstellung des Unternehmensservice durch die Kollegen muß wegen der Komplexität der Produkte abgesehen werden.
Ergänzt werden die Maßnahmen der personenbezogenen Kommunikation, die zu einem dichten Beziehungsnetz zwischen Unternehmen und Bildungsträger führen, durch Pressearbeit und Anzeigenwerbung sowie Vorstellungen des Unternehmensservice im Regionalprogramm des Rundfunks.
Anzeigenwerbung wird für bestimmte überbetriebliche Seminarthemen eingesetzt, die sich vom üblichen Standardangebot abheben. Die Resonanz ist deshalb auch zufriedenstellend. Die Pressemitteilungen zu konkreten Anlässen im redaktionellen Teil der regionalen Tageszeitungen beinhalten immer eine Darstellung des bfz und des Unternehmensservice. Die Bildungsberater schätzen regelmäßige Repräsentanz in der Presse als sehr wichtig für die Imagebildung ein und wollen sich deshalb in Zukunft stärker auf die Pressearbeit konzentrieren.
Verkaufsneutrale PR-Maßnahmen aus dem Bereich der direkten Kommunikation liegen nicht in der unmittelbaren Linie der Ingolstädter Strategie, werden aber beiläufig wegen ihrer imagefördernden Wirkung wahrgenommen. Die Bildungsberater nahmen zusammen mit Firmenvertretern an einer Gesprächsrunde des Marketinglehrstuhls der örtlichen Universität teil.
Ingolstadt wird sich aber, dank der bisher positiven Ergebnisse zur Markterschließung, weiterhin auf dem Schwerpunkt des sukzessiven Auf- und Ausbaus enger Kundenbeziehungen durch persönliche Kundenbetreuung stützen.

5.4 Die kommunikationspolitische Strategie von Würzburg und ihre Umsetzung

Obwohl die Strategie von Würzburg in ihrer Zieldefinition wie in ihrer Mittelauswahl viele Parallelen zu den drei anderen Versuchsregionen aufweist, führt dieser Ansatz zu ganz eigenständigen Zieloperationalisierungen.
Die zentrale Idee lautet folgendermaßen: Eine qualitativ hochwertige Produktgestaltung in Form von zielgruppenorientierten, bedarfsspezifischen Weiterbildungskonzepten ist das wirksamste Mittel für den Aufbau eines positiven Images. Kundenzufriedenheit erhöht den Bekanntheitsgrad, schafft weitere Kontaktmöglichkeiten und insgesamt ein günstiges Klima für den Verkauf.

Die Bemühungen zur Optimierung einer zielgruppenorientierten Produktgestaltung müssen durch werblich gut aufbereitete und präzise formulierte Informationsmaterialien unterstützt werden. Die inhaltliche wie auch die formale Gestaltung des Seminarprogrammes wird mit besonderer Aufmerksamkeit behandelt.

Die Würzburger Strategie geht davon aus, daß die Kommunikation mit den Unternehmen durch ein Produkt wesentlich erleichtert wird, das sich durch Qualität und Service von den Wettbewerbern positiv abhebt. Dabei bezieht sich der Begriff der Produktqualität auf folgende Leistungsdifferenzierungen: Seminarinhalte werden durch Bedarfserhebung betriebsspezifisch ausgerichtet, d.h. maßgeschneidert. Weiterhin wird Qualitätssicherung durch zuverlässige, korrekte Leistungserstellung im Rahmen der Seminardurchführung und durch aufmerksame Auswahl der Dozenten garantiert. Der Dozent muß den Qualitätsanspruch nicht nur im Seminar methodisch und fachlich einlösen, sondern seine Fachkompetenz wird bereits zur bedarfsorientierten Konzeption der Seminare herangezogen.

Die wechselseitige Abhängigkeit von Produktgestaltung, Marktkommunikation und Marktbeobachtung wird bei diesem Ansatz besonders deutlich. Kundenforschung ist der notwendige Ausgangspunkt für die Produktgestaltung. Marktkommunikation, die durch klar definierte Produkte erleichtert wird, ist eine Bedingung für den Absatz der Leistungen.

Sämtliche kommunikationspolitischen Mittel und Aktivitäten haben in diesem Zusammenhang die Aufgabe, die Zielgruppe ausreichend mit Informationen zu versorgen und die Image- bzw. Vertrauensbildung zu befördern.

In der Reihe der kommunikationspolitischen Mittel hat das Firmengespräch einen zentralen Stellenwert. Es erlaubt einerseits, die Informationen am Bedarf des Ansprechpartners flexibel zu orientieren, und ermöglicht auf direktem Weg die Abklärung möglicher Kooperationsformen. Die Auswahl der Firmen für ein persönliches Gespräch erfolgt sehr gründlich. Hinweise über Weiterbildungsinteresse von Unternehmen stammen entweder von Kollegen oder werden der Firmendatenbank entnommen. Der Erstkontakt dient zum Aufbau eines Vertrauensverhältnisses durch gegenseitiges Kennenlernen. Die Würzburger Erfahrungen raten zu einer behutsamen Vorgehensweise, die erst in der Folge weiterer Kontakte verkaufsoffensiv werden soll.

Der Kontakt mit dem Unternehmen ist nach dem Seminarbesuch nicht beendet. Durch Nachbetreuung und vor allem in Gesprächen mit der Unternehmensleitung wird nicht nur die Sicherung des Weiterbildungserfolges garantiert, sondern weitere Kooperationsformen ventiliert. Qualitätssicherung der Weiterbildungskonzepte verlangt Serviceleistungen wie Bedarfserhebung und Nachbetreuung.

Der Bildungsberater von Würzburg formulierte zuerst, daß ein gut organisiertes Seminar der beste Einstieg zur Markterschließung der KMU ist. Die Produktgestaltung ist bemüht, durch Spezialisierung in verschiedenen Themenbereichen Marktnischen zu besetzten und damit ein Image als Fachpartner aufzubauen.
Alle weiteren kommunikationspolitischen Mittel sind bereits bekannt. Die Eigenschaften der Produkte *Bildung* und *Bildungsberatung* führen immer zu einem ähnlichen Mitteleinsatz, um potentielle Kunden zu informieren und in eine kontinuierliche Kommunikation zu integrieren.
Die Gesprächstermine werden auch in Würzburg durch Werbemittel wie *Mailing* und *Telefonaktion* hergestellt. Die Effizienz des Briefversandes versucht der Bildungsberater, durch persönliche Ansprache im Anschreiben und durch eine vorab durchgeführte telefonische Interessenabfrage zu erreichen. Altkunden werden in diese Informationsflüsse regelmäßig mit einbezogen.
Für den Bildungsberater von Würzburg ist eine gute Präsentation der Produkte das notwendige Pendant zur qualitativ hochwertigen Produktgestaltung, deshalb wird für eine präzise, werbetechnisch professionelle Darstellung der Informationsmaterialien viel Zeit aufgewendet. Bereits aus den Informationsmaterialien muß für den potentiellen Kunden klar ersichtlich sein, in welcher Weise sich das bfz von anderen Bildungsträgern unterscheidet. Die Botschaft, daß Kundenwünsche besonders berücksichtigt werden, muß deutlich formuliert werden.
PR-Maßnahmen aus dem Bereich der direkten Kommunikation haben innerhalb der Würzburger Strategie mehr Bedeutung als vergleichsweise in Augsburg und Ingolstadt. Im Gegensatz zu Bamberg stellen sie aber nicht den zentralen Ausgangspunkt der kommunikationspolitischen Strategie dar. Die Veranstaltung einer Ausstellung erleichtert noch sechs Monate später die Kontaktherstellung zu den Firmen. Zusätzlich werden auch in Würzburg vorhandene Gesprächsrunden für mittelständische Unternehmen zur aktiven Teilnahme und Kontaktherstellung genutzt.
Die Würzburger Anzeigenwerbung ist überdurchschnittlich erfolgreich. Zahlreiche Anfragen beziehen sich auf diese Informationsquelle. Pressemeldungen zu konkreten Anlässen unterstützen die Anzeigenwerbung. Der Bildungsberater führt diese Tatsache einerseits darauf zurück, daß die Gestaltung der Anzeigen darum bemüht ist, sich von den üblichen Präsentationen in Form und Inhalt positiv abzuheben. Zum anderen inseriert der Bildungsberater ausschließlich in regionalen Tageszeitungen des ländlichen Umfeldes von Würzburg, in dem Anzeigen wesentlich mehr Beachtung finden als im städtischen Bereich.
Das Würzburger bfz mit einem großen Einzugsbereich hat das Auslegen von Prospektmaterialien hinsichtlich seiner Wirksamkeit in ländlicher Umgebung analy-

siert und systematisch eingesetzt. Es gehört zum festen Bestandteil der Strategie, daß flächendeckend an zentralen Plätzen mit viel Publikumsverkehr, wie z.B. Bibliotheken, Banken, Buchläden, Stadtverwaltungen, Seminarprogramme ausliegen.
Zur Verstärkung der Informationsflüsse zwischen Unternehmensservice und mittelständischen Unternehmen nutzt auch der Bildungsberater von Würzburg die vorhandenen Firmenkontakte seiner Kollegen. Dabei werden die Kollegen in sehr effektiver Weise auf dem informellen Weg eines persönlichen Gespräches zur Kooperation motiviert.
Würzburg legt sehr viel Wert auf regelmäßige Kontrolle der eingesetzten kommunikationspolitischen Mittel in Form von Kunden- bzw. Interessentenbefragung. Eine genaue Dokumentation soll die Effizienz der einzelnen Instrumente ermitteln. Dabei kann als vorläufiges Ergebnis festgehalten werden, daß die hier vorgestellte kommunikationspolitische Strategie mit ihrer engen Verknüpfung zur Produktgestaltung den Aufbau kontinuierlicher Kommunikations- und Kooperationsformen begünstigt. Der strategische Ansatz wird in der zweiten Feldphase durch kleine Akzentverschiebungen bezüglich der Mittelauswahl ergänzt, aber im großen und ganzen beibehalten.

6 Schlußbemerkungen

Dieser Beitrag dokumentiert zunächst den Versuch, das Aufgabengebiet der Bildungsberater zur Erschließung des Marktsegmentes *mittelständische Unternehmen* marketingtechnisch zu systematisieren.
Zielgruppenorientierung als Handlungsmotiv und Prinzip der Unternehmensführung für Bildungsträger verweist auf den Einsatz von Marketing und ist in seiner konsequenten Umsetzung sicher ein Novum in der Bildungsträgerlandschaft. Zentrales Element einer zielgruppenorientierten Vorgehensweise von Bildungsträgern ist der Aufbau kontinuierlicher Kommunikation zwischen mittelständischen Unternehmen und Bildungsträgern.
Das kommunikationspolitische Konzept liefert dazu die notwendige Grundphilosophie und das Beispiel einer darauf aufbauenden Strategieentwicklung als konkrete Handlungsanweisung. Rahmenbedingungen und Stellenwert der Kommunikationspolitik werden aufgewiesen, die hauptsächlich durch die Eigenschaften der Dienstleistungen *Bildung* und *Bildungsberatung* bestimmt sind. So wurde z.B. im Verlauf der Konzeptentwicklung immer deutlicher, daß sämtliche Formen direkter Kommunikation den indirekten Werbemitteln vorzuziehen sind. In diesem Zusammenhang muß darauf hingewiesen werden, daß vorliegender Beitrag einen Entwicklungsprozeß vorstellt. Die

wesentlichen Aussagen wurden in enger Verschränkung von Konzeptentwurf und unmittelbarer Umsetzung in die Praxis gebildet. Es handelt sich also um einen Prozeß, der nicht abgeschlossen ist. Verschiedene Entwicklungsschwerpunkte warten auf ihre Gestaltung in der zweiten Feldphase.

Bildungsmarketing ist aber nicht nur ein konkretes Handlungskonzept für Bildungsträger, die neue Geschäftsbereiche erschließen wollen, Bildungsmarketing ist vielmehr ein Beitrag zur Lösung der Qualifizierungs- und Weiterbildungsprobleme mittelständischer Unternehmen. Nur im gemeinsamen Dialog von KMU und Bildungsfachkräften können, unserer Auffassung nach, die notwendigen und wirksamen Formen der Mitarbeiterqualifizierung entwickelt werden. Das kommunikationspolitische Konzept weist Wege auf, wie der Dialog aufzubauen und aufrechtzuerhalten ist.

Spannend in diesem Entwicklungsprozeß ist die Umsetzung einer kommunikationspolitischen Strategie in die Praxis, die in vier Versuchsregionen bei produktbezogen ähnlichem Mitteleinsatz doch zu verschiedenen Grundsatzüberlegungen und Handlungsansätzen führt.

Die dazu entwickelte Konzeption befindet sich noch in der Testphase, so daß am Ende des Projektes weitere Differenzierung der hier vorgestellten Ansätze zur Markterschließung und klare Aussagen zu folgenden Fragen zu erwarten sind:

o Welche Maßnahmen und Mittel sind zum Aufbau der Kommunikationsbeziehungen als Voraussetzung für Kooperationsformen notwendig?

o Wie müssen Maßnahmen effizient zu einer logischen und systematischen Handlungsabfolge vernetzt werden?

o Wie müssen die Mittel gestaltet sein, damit sie die Zielgruppe ansprechen?

Literatur

BALFANZ, D.: Öffentlichkeitsarbeit öffentlicher Betriebe, Regensburg 1983

BERGER, W.: Schaffung eines Modells für Personalentwicklung bei mittelständischen Unternehmen, Bericht zu den 4. Betriebspädagogischen Theorie-Praxis-Tagen an der Universität der Bundeswehr Hamburg, 15. März 1992

BORSCHBERG, E.; STAFFELBACH, B.: Marketing für kleine und mittlere Unternehmen, Bern 1990

BRUHN, M.; STRAUSS, B. (Hrsg.): Dienstleistungsqualität, Konzepte - Methoden - Erfahrungen, Wiesbaden 1991

CARSTEN, H.: Dienstleistungsmarketing - Elemente und Strategien, in: Jahrbuch der Absatz- und Verbrauchsforschung, 35. Jahrgang 1/89, S. 23 ff.

GEISSLER, H.: Neue Qualitäten betrieblichen Lernens, Frankfurt am Main 1992

HILKE, W. (Hrsg.): Dienstleistungs-Marketing, Banken und Versicherungen - Freie Berufe - Handel und Transport - Nichterwerbswirtschaftlich orientierte Organisationen, Wiesbaden 1989

KAILER, N.: Betriebliche Weiterbildung in Österreich, Bd. 1, Empirische Ergebnisse und Schlußfolgerungen, Wien 1990

KAILER, N.: Handbuch für die Bildungsarbeit in Klein- und Mittelbetrieben, Wien 1987

KAILER, N. (Hrsg.): Neue Ansätze der betrieblichen Weiterbildung in Österreich, Bd. I: Organisationslernen, Forschungsbericht 53, Wien 1987

KAPFER, L.: Das Gammamodell, Ganzheitliches Marketing Managementmodell, Graz 1992

KOTLER, P.: Marketing-Management, Stuttgart 1989, 4. Auflage

KOTLER, P.: Marketing für Nonprofit-Organisationen, Stuttgart 1978

MEYER, A.: Dienstleistungs-Marketing: Erkenntnisse und praktische Beispiele, Augsburg 1983, 1. Auflage

NAGEL, K.: Strategische Bildung/Personalentwicklung - Ein betriebswirtschaftlicher Imperativ - Bericht zu den 4. Betriebspädagogischen Theorie-Praxis-Tagen an der Universität der Bundeswehr Hamburg, 15. März 1992

NIESCHLAG, R.; DICHTL, E.; HÖRSCHGEN, H.: Marketing, Berlin 1988, 15. Auflage

PAULSEN, B.: Arbeitsorientiertes Lernen im Weiterbildungsverbund - neue Ansätze zur Lernortkombination in der betrieblichen Weiterbildung, in: Berufsbildung in Wissenschaft und Praxis (BWP), Heft 1/1991

PAULSEN, B.: Marketing für Weiterbildung - Anstöße zur Innovation, in: Lernfeld Betrieb, Heft 3/1991

PREISSLER, P.; HÖFNER, P.; STROSCHEIN (Hrsg.): Marketing, Landsberg/Lech 1989, 2. Auflage

SATTELBERGER, TH.: Anforderungen und Aufgabenstellung einer strategischen Personalentwicklungsfunktion, Bericht zu den 4. Betriebspädagogischen Theorie-Praxis-Tagen an der Universität der Bundeswehr Hamburg, März 1992

SCHEUCH, F.: Marketing, München 1987, 2. Auflage

SCHWALBE, H.; ZANDER, E.: Verkaufsförderung durch Public-Relations, Freiburg im Breisgau 1988

STAHL, TH.; STÖLZL, M.: Modellversuch: Bildungsmarketing und neue Technologien in Klein- und Mittelbetrieben, 1. Zwischenbericht, Vorläufige Resultate der Expertenbefragung, Regensburg 1990

STAHL, TH.; STÖLZL, M.: Zweiter Zwischenbericht zur Vorbereitung der Feldphase und Materialentwicklung, München 1991

STAHL, TH.: Bildungsmarketing und neue Technologien in Klein- und Mittelbetrieben, in: Materialien zur beruflichen Bildung Erwachsener, BIBB, Heft 5/Berlin 1991

STAHL, TH.: Bildungsmarketing - Bericht zum EUROTECNET-Kongreß in Dresden am 23.01.92, in: Severing, E., Worschech, F.: Berufliche Weiterbildung in den neuen deutschen Bundesländern, Brüssel 1992

Wirtschaftsförderinstitut der Handelskammer Oberösterreich (WiFi), WiFi-Beratungsangebot, Linz 1990

ECKART SEVERING

Funktionen externer Bildungsberatung für die Bildungsplanung in kleinen und mittleren Unternehmen

Funktionen externer Bildungsberatung für die Bildungsplanung in kleinen und mittleren Unternehmen[1]

Betriebs- und Berufspädagogen sorgen sich um die geringe Planungsintensität von KMU in Fragen der Personalentwicklung und Weiterbildung. In zahlreichen Umfragen haben sie ermittelt, daß KMU im Vergleich zu Großunternehmen nur in geringem Umfang vorausschauende Weiterbildungsplanung betreiben. Wo große Unternehmen ganze Stäbe ausschließlich mit der Weiterbildungsplanung und -organisation beschäftigen, verfügen kleinere in der Regel nicht einmal über eine dezidierte Budgetierung von Weiterbildungsleistungen.[2]

Aus der geringen Intensität von Qualifikationsplanung in KMU hat sich für externe Weiterbildungsträger die Notwendigkeit ergeben, Bildungsberater bereitzustellen, deren Leistungen für KMU der Markterschließung für Weiterbildungsangebote vorausgesetzt sind. Bildungsberater in diesem Sinne sind keine bloßen Verkäufer: sie sollen KMU helfen, Personalentwicklung ähnlich erfolgreich wie große Unternehmen zu betreiben. Von dieser Aufgabenstellung her liegt nun für Bildungsberater die Versuchung nahe, Personalentwicklungs- und Bildungskonzepte, die sich in großen Unternehmen bereits bewährt haben, in KMU zu übertragen.

In der Tat leiten viele Betriebspädagogen aus der Zurückhaltung von KMU bei der Weiterbildung ihrer Mitarbeiter[3] die Aufgabe ab, auch für KMU ausgeklügelte prospektive Bildungsbedarfsanalysen und detaillierteste Maßnahmeplanungen vorzusehen. Inspiriert von oft aufwendigen Planungsmodellen in großen Unternehmen häufen sie immer neue komplexe Analyseinstrumente zur Erfassung des Bildungsbedarfs in KMU an, deren Anwendung allerdings nur geübten Sozialwissenschaftlern zugemutet werden kann und die als von KMU selbständig zu nutzende Hilfsmittel von vornherein

---

1 Die Darlegungen in diesem Beitrag beruhen auf Erfahrungen im Modellversuch "Bildungsmarketing und neue Technologien für kleine und mittleren Unternehmen", den die Beruflichen Fortbildungszentren der Bayerischen Arbeitgeberverbände e.V. seit 1989 durchführen.

2 Aus einer Umfrage unter 300 KMU in Bayern im Rahmen unseres Modellversuchs "Bildungsmarketing" ergab sich, daß 84% der befragten KMU (bis 1.000 Mitarbeiter) nicht über ausgewiesene Etats für Weiterbildung und Personalentwicklung verfügen (vgl. bfz e.V. (Hg.): Bildungsmarketing für kleine und mittlere Unternehmen, Nürnberg 1993). Andere jüngere Erhebungen bestätigen dieses Ergebnis. Die abgebildete Grafik beruht ebenfalls auf Befragungen des Modellversuchs. Die scheinbar höhere Planungsintensität ganz kleiner Unternehmen beruht vermutlich darauf, daß hier bei den Befragten größere Unklarheit über die Begriffe PE- und WB-Planung besteht.

3 Vgl.: Institut der deutschen Wirtschaft: Betriebliche Weiterbildung - Forschungsstand und Forschungsperspektiven - aus betrieblicher Sicht, in: Bundesminister für Bildung und Wissenschaft (Hg.): Schriftenreihe zu Bildung und Wissenschaft 88, Bonn 1990

nicht taugen. Nicht wenige dieser Instrumente überleben daher ihre Projektphase nicht. Es darf jedoch nicht verkannt werden, daß entsprechende Planungsverfahren in Großbetrieben neben der Bildungsplanung auch noch weitere Funktionen erfüllt: Funktionen der Zuweisung von Positionen und Gratifikationen und Funktionen der Implementation arbeitsorganisatorischer Veränderungen. Diese Funktionen werden in kleinen und überschaubaren Unternehmen meist auf weniger formalisierte Weise erfüllt. Weiterbildungsplanung ist dort zunächst also wirklich nur dies: Weiterbildungsplanung. Es ist daher zumindest fraglich, ob KMU mit aus großbetrieblichen Strukturen abgeleiteten dirigistischen Bedarfsanalyse- und Bildungsplanungsmodellen überzogen werden sollten. Gerade in bildungsungewohnten KMU kann die Anwendung überdimensionierter Planungsinstrumente Vorbehalte gegenüber der Weiterbildung der Mitarbeiter noch vergrößern.

Die geringere Planungsintensität in KMU bezieht sich auf nahezu alle Bereiche, auch auf die unmittelbaren Unternehmensziele und nicht nur auf die Weiterbildung. Wenn KMU sich im Wettbewerb trotzdem nicht generell schlechter behaupten als große Unternehmen, muß der Verzicht auf langfristige Planung auch Vorzüge mit sich bringen. Ein wesentlicher Wettbewerbsvorteil von KMU, um den sie große Unternehmen gerade heute beneiden, besteht in ihrer Flexibilität. Sie können auf Veränderungen von Märkten und Technologien oft schneller reagieren. In bezug auf ihre Mitarbeiter heißt das: sie benötigen Mitarbeiter, deren Qualifikation sicherstellt, daß sie auf Grundlage einer geringeren Ausdifferenzierung der Arbeitsteilung vielerlei verschiedene Funktionen ausüben können. Zur Herstellung solcher Qualifikationen brauchen KMU aber keine detaillierte Fünfjahresplanung aller Bildungsmaßnahmen, sondern eine kontinuierliche Entwicklung der Potentiale, d.h. der Flexibilität und Kreativität ihrer Mitarbeiter, verbunden mit fachlichen Schulungen, die ad hoc durch aktuelle Bedarfe ausgelöst werden.[4]

Das heißt sicher nicht, daß Bildungsberatung für KMU überflüssig wäre oder auch nur bereits in ausreichendem Umfang in Anspruch genommen würde. Gerade in KMU wird Weiterbildung oft unterlassen, weil Probleme in den betrieblichen Abläufen auf alle möglichen Ursachen personeller, organisatorischer und technischer Art zurückgeführt werden und erst zuletzt auf Mängel der Qualifikation der Mitarbeiter.[5] Zur Be-

---

4   Vgl. Staudt, E.: Unternehmensplanung und Personalentwicklung - Defizite, Widersprüche und Lösungsansätze, in: Bundesanstalt für Arbeit (Hg.): MittAB 3/89

5   Vgl.: Stahl, T.: Bildungsmarketing und neue Technologien in Klein- und Mittelbetrieben, Berlin 1990

stimmung solcher Mängel und zur Entwicklung passender Weiterbildungsmaßnahmen sind gerade KMU auf externe Bildungsberatung angewiesen, weil sie entsprechende Fachleute nur in Ausnahmefällen selbst beschäftigen.

Bildungsberatung für KMU muß sich aber daran messen lassen, ob sie auch handhabbare Konzepte für deren spezifische Anforderungen bereitstellt. Weiterbildungskonzepte für KMU sind keine abgespeckten Varianten von Vorlagen aus Großbetrieben, sondern haben anderen, eigenen Kriterien zu genügen. Was im Großbetrieb (noch) sinnvoll sein mag, führt in KMU leicht zu Bürokratisierung und Erstarrung. Einige Maximen guter Bildungsberatung für KMU können sein:

o Die Maßnahmen zur Bildungsbedarfserhebung und zur Seminarkonzeption müssen in angemessenem Verhältnis zu den finanziellen, personellen und sachlichen Ressourcen stehen, über die ein mittelständisches Unternehmen verfügt. Ihre Dimensionierung und die Exaktheit ihrer Ergebnisse ist nicht an akademischen Standards zu messen, sondern an den Qualifikationsproblemen, die behoben werden sollen.[6]

o Weiterbildungsbedarf äußert sich in der Regel nicht eindeutig und manifest. Wenn im betrieblichen Ablauf Probleme auftreten, können technische, organisatorische und viele andere Ursachen neben Qualifikationsmängeln vorliegen. Es erfordert Kenntnisse und Erfahrungen, Bildungsbedarfe zu erkennen. In KMU sind die Gesprächspartner der Bildungsberater überwiegend Inhaber und Geschäftsführer. Erst in den etwas größeren Unternehmen werden die Gespräche mit dezidierten Personalleitern geführt. Die Bildungsberater müssen sich daher auf eine breite Palette von Qualifikationen und Charakteren bei ihren Gesprächspartnern einstellen; können nicht von Vorkenntnissen zum Thema Qualifikation ausgehen. Bildungsberater dürfen daher nicht voraussetzen, daß ihre Partner in KMU vorhandene Bildungsprobleme immer erkennen. Sie können nicht von fertig formulierten Bildungsanforderungen ausgehen, sondern müssen im Dialog mit den Verantwortlichen in den KMU oft erst noch herausfinden, wo Problemen Qualifikationsdefizite zugrunde liegen. (Auf der anderen Seite sollten sie der Versuchung widerstehen, jedes betriebliche Problem auf einen Mangel an Weiterbildung zurückzuführen.)

o Selbst wenn bestimmte Qualifikationsnotwendigkeiten auf der Hand liegen, können Bildungsberater von KMU keine fertigen Pflichtenhefte für Qualifizierungsmaßnahmen erwarten, sondern müssen sich an der inhaltlichen und organisatorischen Entwicklung der Maßnahmen beteiligten. Diese Konzeptionierung darf sich von

---

6 Vgl.: Bundesvereinigung der Deutschen Arbeitgeberverbände (Hg.): Möglichkeiten zur Ermittlung des Weiterbildungsbedarfs im Betrieb, Köln 1988

der betrieblichen Problemlage nicht entfernen, etwa durch Orientierung an althergebrachten Seminarplänen. Die Angebote vieler Weiterbildungsträger sind nicht anwendungs-, sondern technik- oder wissenschaftszentriert. Weiterbildung orientiert sich oft noch am schulisch organisierten Erstausbildungswesen. KMU können den Bezug dieser Angebote zu ihren Qualifikationsbedürfnissen nicht erkennen. Anwendungsbezug heißt allerdings nicht, daß jede einzelne Maßnahme für jedes einzelne Unternehmen vollständig neu entwickelt werden müßte. Durch Typisierung lassen sich auch gute Standardseminare konzipieren, deren Angebot neben das maßgeschneiderter Seminare für individuelle Qualifikationsbedarfe tritt. Auch diese Standardseminare aber müssen anforderungsbezogen in jedem Einzelfall auf ihre Angemessenheit in überprüft werden.

o Ein Bildungsberater kann kein Experte für die fachinhaltliche Seite jeder Art von Weiterbildung sein. Er sollte daher auf ein Reservoir von Fachleuten zurückgreifen können, und er sollte selbstkritisch die Punkte fixieren können, bei denen er solches externe Wissen in den Beratungsprozeß einbringen muß.

o Herkömmliche Qualifikationen in KMU bewegen sich oft im Rahmen von Herstellereinweisungen und kurzen Anlernmaßnahmen und sind damit kaum geeignet, den selbständigen Umgang der so Qualifizierten mit neuen Arbeitsmitteln zu sichern. Damit Weiterbildung die Potentiale der Mitarbeiter dauerhaft fördert, muß sie über die bloß fachliche Qualifikation hinausgehen.[7] Die Vermittlung von Sozial- und Methodenkompetenzen setzt eine kontinuierliche Personalentwicklung voraus, die sich nicht nur auf Weiterbildungsseminare begrenzt, sondern die sich auch auf andere Elemente der Mitarbeiterförderung erstreckt.[8] Bildungsberatung kann hier auch einen Beitrag zur Organisationsentwicklung leisten.[9]

o Der Weiterbildungsmarkt stellt sich heute den Nachfragern sehr intransparent und unübersichtlich dar. Bildungsverantwortliche großer Unternehmen verbringen einen großen Teil ihrer Zeit mit der Sichtung, dem Sortieren und Beurteilen der Weiterbildungsangebote. Kleinere Unternehmen können sich das nicht leisten. Bildungsberater können hier einen Beitrag zur kompetenten Beurteilung und Selektion geeigneter Maßnahmen leisten. Ihre Seriosität beweist sich auch darin, daß sie

---

7 Vgl. Kailer, N.: Möglichkeiten der Kooperation zwischen Weiterbildungsinstitutionen und Unternehmen, in: ders.: Neue Ansätze der betrieblichen Weiterbildung in Österreich, Bd. II, Wien 1987, S. 123 ff.

8 Vgl.: Siehlmann, G.; Debener, S. und Ross, D.: Gutachten Lernorientiertes Arbeiten - Arbeitsorientiertes Lernen, hg. vom Bildungswerk der Hessischen Wirtschaft e.V., Frankfurt 1991

9 Vgl. Stahl, T.: D'Aloja, P.; Nyhan, B.: The learning organisation, Brüssel: Eurotecnet 1992

ggf. auch auf geeignete Fachseminare anderer als der Bildungsträger verweisen, bei denen sie selbst angestellt sind.

o KMU haben wegen enger Personalausstattung häufig Probleme, ihre Mitarbeiter für Bildungsmaßnahmen freizustellen. Weiterbildung wird folglich unterlassen oder der Privatinitiative der Mitarbeiter überlassen. Daher rührt die Ablehnung der Angebote vieler externer Bildungsträger, die Formen des arbeitsplatznahen Lernens kaum entwickeln, sondern ausschließlich auf konventionelle externe Seminare setzen. Bildungsberatung sollte mit den spezifischen bildungsorganisatorischen Schwierigkeiten von KMU umgehen können und Lernkombinationen, Kooperationen verschiedener Bildungsträger, Selbstlernkonzepte und die Gestaltung lernfreundlicher Arbeitsumwelten[10] als Elemente individueller Curriculumentwicklung kombinieren können.

o Die arbeitsplatzbezogene Evaluation von Weiterbildungsmaßnahmen in KMU dient zur Qualifikationssicherung und schafft die Voraussetzungen stabiler und dauerhafter Relationen zwischen Bildungsberatern und Unternehmen.

o Weiterbildung in KMU kann durch den Dialog und die Kooperation von Personalverantwortlichen verschiedener Unternehmen, auch disparater Branchen, gefordert werden. Externe Bildungsberater können als Initiatoren von entsprechenden Arbeitskreisen und Verbundprogrammen wirken.

Die Erfüllung der hier dargestellten Funktionen externer Bildungsberatung hat Voraussetzungen auf seiten des institutionellen Trägers der Bildungsberatung: er muß Grundlagen der Bildungsberatung schaffen, d.h. entsprechende Stellen einrichten, Mitarbeiter für diese Stellen gewinnen und qualifizieren und nicht zuletzt diese Funktionen finanzieren, und er muß geeignete Seminarangebote speziell für KMU entwickeln.

o Die Qualifizierung der Bildungsberater selbst ist ein Kernelement des erfolgreichen Bildungsmarketing. Die hergebrachten Kenntnisse auch guter Dozenten und Kurskoordinatoren reichen in der Regel nicht aus. Betriebswirtschaftliche, technische und arbeitsorganisatorische Qualifikationen müssen zur pädagogischen Ausbildung hinzutreten. Bildungsberatung muß als neue, eigenständige Berufstätigkeit verstanden werden.

o Lange Zeitverzögerungen zwischen Erstkontakt, Beratung und Verkauf von Bil-

---

10 Vgl. Koch, J.: Lernen am Arbeitsplatz durch Erkundung und Präsentieren; und: Selka, R.: Neue Methoden in der betrieblichen Weiterbildung, beides Referate zum Weiterbildungskon-greß des EG-Programms Eurotecnet am 23.01.92 in Dresden

dungsleistungen haben zur Folge, daß Bildungsträger im Bereich der KMU langen Atem benötigen. Beträchtliche finanzielle und personelle Vorleistungen des Bildungsträgers sind erforderlich. Für die Bildungsberater nicht immer einfach ist dabei der praktische Definierungsprozeß ihrer Tätigkeit: sie sehen sich in ihrer Schnittstellenfunktion disparaten Erwartungen von Unternehmen, Seminarteilnehmern und eigener Linienorganisation gegenüber. Die nur scheinbare Alternative Beraten oder Verkaufen, die die Diskussion über Bildungsberatung manchmal prägt, zeigt das Konfliktfeld, in dem Bildungsberater stehen: ihre Beratertätigkeit muß schließlich über den Verkauf von Qualifikationsmaßnahmen finanziert werden. Eine unmittelbare Finanzierung der Beratungsleistung selbst ist zwar wünschenswert, bei KMU aber bisher noch nicht immer die nötige Akzeptanz zu erwarten. Der Bildungsträger muß hier mit strategischen, langfristigen Konzepten steuernd wirken.

o Der Weiterbildungsträger muß Leitfäden, Informations- und Werbematerialien sowie organisatorische Hilfe bereitstellen, die den Bildungsberatern für ihre tägliche Arbeit Instrumente des Bildungsmarketings verfügbar machen. Hierzu zählen Mittel der Markterschließung ebenso wie Leitfäden zur Bildungsbedarfsanalyse und zur Weiterbildungsevaluation.

o Die Gestaltung von Bildungsprodukten für KMU muß sich in enger Zusammenarbeit zwischen den Bildungsberatern vor Ort und den Konzeptentwicklern beim Bildungsträger vollziehen.

Aus all dem ergibt sich, daß es für den Bildungsträger mit dem Beschluß, auch KMU mit Weiterbildungsleistungen zu versorgen, nicht getan ist. Er muß sich zunächst Klarheit über die besonderen Anforderungen an die Weiterbildung in den KMU seines Einzugsbereiches verschaffen und dann bei sich selbst die nötigen Voraussetzungen vorbereitender Bildungsberatung herstellen (Integration des externen Faktors heißt das bei den Soziologen des Projektes Bildungsmarketing). Nur dadurch ergibt sich ein dauerhafter Dialog zwischen KMU und Bildungsträgern, der die Chance bietet, die Qualifikation der Mitarbeiter von KMU zu verbessern.

Fallbeispiele

ERNST-MICHAEL AHLGRIMM

Vom Standardseminar zur Firmenschulung

1 Die Ausgangssituation beim Anbieter (Weiterbildungsträger)

1.1 Neu auf dem Markt

Das bfz Würzburg hat im Januar 1991 begonnen, mit berufsbegleitenden Lehrgängen, Abendkursen, Firmenseminaren u.ä. in den Marktbereich allgemeiner Weiterbildung vorzudringen. Zu diesem Zeitpunkt war der Markt bereits durch breite wie auch fachspezifische (z.B. EDV) Weiterbildungsangebote, z.T. mit anerkannten Abschlüssen, etablierter Weiterbildungsträger abgedeckt.

Für das bfz ging es in der Konstituierungsphase der neuen Abteilung "Unternehmensservice" darum, Marktnischen zu finden, die von den anderen Trägern nicht bedient werden.

Potentiellen Weiterbildungsinteressenten[1] - sowohl privaten wie Firmeninteressenten - war das bfz Würzburg bislang nur als Trainingsinstitut für arbeitslose Jugendliche und Erwachsene bekannt.

1.2 Berufsbegleitende Lehrgänge für "jedermann" und Seminar im "Unternehmensservice": Ein großer Unterschied?

Die vorliegende Fallstudie soll die konzeptionellen Unterschiede eines firmenspezifischen Kursangebots zu einem sog. "Jedermann-Kurs" deutlich machen. Es soll gezeigt werden, wie sich insbesondere die firmenspezifischen Planungs- und Fertigungsabläufe in einem derartigen Seminarkonzept niederschlagen müssen. Ebenso wird dargestellt, wie ein "Jedermann-Angebot" Ausgangspunkt zu einem firmenspezifischen Konzept werden kann. Die Fallstudie versucht, bei jedem erforderlichen Arbeitsschritt auf mögliche Fallstricke hinzuweisen; der anfallende Arbeitsaufwand wird diskutiert.

---

[1] Es ist uns bekannt, daß es neben Interessenten auch Interessentinnen gibt; aus Gründen einfacherer Schreib- und Lesbarkeit verwenden wir die männliche Form auch als allgemeine.

1.3 Hier: Der Standard-CAD-Kurs

1.3.1 Was die Teilnehmerinnen und Teilnehmer inhaltlich erwarten können

Den Ausgangspunkt der Fallstudie bildet ein "Nischenkurs" für den "Jedermann-Markt" im CAD-Bereich. Der Standard-CAD-Kurs ist als kompaktes und anwendungsorientiertes Angebot konzipiert.

Das Konzept des Standard-CAD-Kurses berücksichtigt unterschiedliche Anwendungsbereiche potentieller Teilnehmer; angesprochen werden sollten Interessenten aus dem Bauwesen, aus Architekturbüros, aus Konstruktionsbüros des Maschinen- und Anlagenbaus sowie der Elektrotechnik. Das Standard-CAD-Konzept schließt die Vermittlung des 2D-Konstruierens ein; 3D-Konstruieren ist Gegenstand eines Aufbaukurses. Die Teilnehmer sollen nach Abschluß des viermonatigen Kurses mit einer Dauer von 100 Unterrichtsstunden in der Lage sein, das CAD-Programm (Auto-CAD) selbständig anzuwenden, d. h. einfache 2D-Konstruktionen durchzuführen.

Der Lehrgang wird mit maximal 10 Teilnehmern besetzt; jedem Teilnehmer steht ein eigener PC zur Verfügung. Damit sind organisatorisch-technische Voraussetzungen geschaffen, daß der Dozent die angestrebte didaktische Integration von theoretischer Unterweisung (Frontalunterricht) und praktischer Übung nach individuellen inhaltlichen Schwerpunkten sowie lernleistungsspezifischen Besonderheiten der Teilnehmer umsetzen kann.

Zur Sicherung des Lernerfolgs sollen die Teilnehmer möglichst über eine abgeschlossene Berufsausbildung in einem technisch-gewerblichen Beruf oder wenigstens über einschlägige Berufserfahrung verfügen, damit sie mit der sachlichen Thematik und den Problemstellungen vertraut sind. Zum anderen sollten sie bereits Grundkenntnisse in MS-DOS besitzen.

1.3.2 Marketing konkret und die Folgen

Die Werbung für dieses Standard-CAD-Kurses erfolgte einerseits über Mailing an Konstruktions- und Architekturbüros. Außerdem wurde im Stadt- und Landkreis Würzburg in der Tageszeitung inseriert. Die Zeitungswerbung erbrachte die meisten Anfragen, insbesondere auch Teilnehmer, die nicht in angeschriebenen Architektur- oder Konstruktionsbüros beschäftigt waren.

2 Interessent: Firma!

2.1 Ein Mitarbeiter erkennt seinen Weiterbildungsbedarf ...

Ein Interessent diagnostizierte bei sich die Notwendigkeit einer CAD-Schulung aufgrund einer beruflichen Aufgabenstellung, die ihm bereits CAD-Anwendung abverlangte.

2.1.1 ... und nimmt Kontakt mit dem bfz auf ...

Dieser Interessent hat sich privat unter Bezugnahme auf seine beruflichen Aufgaben an das bfz gewandt: er war Interessent für ein "Jedermann-Seminar". Eine genauere Erkundung des beruflichen und betrieblichen Hintergrundes einer - privaten - Anfrage/Anmeldung kann bereits Ansatzpunkte für einen möglichen betrieblichen Schulungsbedarf liefern.

2.1.2 ... und fragt beim Personalchef um Übernahme von Kosten durch die Firma nach

In diesem Fall gab die Anfrage des Interessenten bei seinem Personalchef bezüglich einer Übernahme der Kursgebühren durch die Firma den Anstoß, betrieblicherseits über einen Schulungsbedarf nachzudenken. Auf diese Weise wurde aus einem potentiellen "Jedemann"-Kunden ein potentieller Firmenkunde.

2.2 Am Telefon der Bildungsberatung: Der Personalchef selbst

Der Personalleiter dieser Firma erfragte beim bfz die Konditionen bei Anmeldung einer größeren Gruppe von Mitarbeitern, d.h. insbesondere die Möglichkeit eines Preisnachlasses. Diese Anfrage wurde vom Bildungsberater genutzt, um beim Personalleiter für gewerblich-technische Bereiche einen Besuch zu vereinbaren.

3 Wichtig für die Firma: Persönliche Kontaktaufnahme

3.1 Erstgespräch und Firmenrundgang (Kennenlernen der allgemeinen Situation)

Das Erstgespräch soll einerseits dem Bildungsberater einige allgemeine Informationen über die Firma liefern, möglichst einige Rahmendaten, die für das weitere Vorgehen wichtig sind, zugleich den Betrieb für die Erwägung eines firmenspezifischen/-internen Kurses anstelle der Anmeldung beim Standard-Seminar aufschließen.

Beim Betrieb dieser Fallstudie handelt es sich um ein mittelständisches Unternehmen der Kunststoffindustrie, am Rande der Rhön gelegen, mit 500 bis 1000 Mitarbeitern. Gefertigt werden Kunststoffbedienelemente für die Automobilindustrie sowie Kunststoffteile für die Unterhaltungselektronik (Keyboards). Das Unternehmen besitzt neben der Fertigung (Kunststoffspritzerei und -formung) eine eigene Entwicklungsabteilung. Aufgaben dieser Entwicklungsabteilung sind Konstruktion und Änderung der Kunststoffteile.

3.1.1 Welche Schwierigkeiten sieht der potentielle Kunde?

In dieser Abteilung sind technische Zeichner beschäftigt. Neben herkömmlicher Ausstattung mit Reißbrettern etc. verfügt die Abteilung über 8 vernetzte PC-Arbeitsplätze mit CAD- und Zusatzsoftware. Die mit CAD-Konstruktion betrauten Mitarbeiter kommen mit dem CAD-Programm bisher nicht zurecht.

3.1.2 Existiert ein übergreifendes Weiterbildungskonzept?

Hier zeigte sich bereits, daß ein Weiterbildungs- oder Personalentwicklungskonzept nicht bestand, weil technische Ausstattung beschafft worden war, ohne vorausschauend sicherzustellen, daß die Mitarbeiter diese Ausstattung auch nutzen können.

3.1.3 Vorsicht Falle: Vorschnelles Agieren

Der Mangel an einem betrieblichen Weiterbildungskonzept soll jedoch nicht dazu verleiten, aus ersten Informationen vorschnell ein mündliches oder schriftliches Konzept eines Kursangebotes zu entwickeln.
Die Mitarbeiter, die die Zielgruppe der Weiterbildung sind, sollen möglichst persönlich befragt werden können, um genauere Informationen über ihre Aufgabenstellung und die darin angelegten Probleme zu gewinnen. Ein Erstbesuch in einem Unternehmen sollte nicht mit einer (Standard)Lösung abschließen, sondern einen zweiten Besuch zur Einbeziehung der zu schulenden Mitarbeiter und der involvierten Fachabteilungsleiter eröffnen. Dies ist ein wichtiges Merkmal eines maßgeschneiderten Angebots, das die Kompetenz des Bildungsträgers hervorhebt.

3.2　Der zweite Besuch: Befragung der Mitarbeiter an den CAD-Arbeitsplätzen
(Kennenlernen der besonderen Situation)

Auch den zweiten Firmenbesuch hat der Bildungsberater ohne Fachreferent absolviert, was sich in diesem Fall als völlig unproblematisch herausstellte. Die Mitarbeiter wurden nicht an den PCs, sondern an den Zeichenbrettern angetroffen. Insofern ging es bei dieser Mitarbeiterbefragung in erster Linie um die Erfassung der Ausgangssituation der Mitarbeiter noch vor der Erörterung programmspezifischer Fragen.

3.2.1　Widerstände gegen einen externen "Befrager"?

Den Mitarbeitern war bereits bekannt, daß eine Schulung in CAD-Anwendung mit einem externen Träger geplant ist. Insbesondere die Tatsache, daß einer der Mitarbeiter sich schon privat bei diesem Träger um Weiterbildung bezüglich CAD bemüht hatte, förderte auch bei dessen Kollegen die Einsicht, daß diese Weiterbildung in ihrem eigenen Interesse lag; ebenso wurde klar, daß die Fragen nicht von einer Institution kamen, die sie in ihrer Arbeitsplatzsicherheit bedrohen würde. Weil verständlich gemacht werden konnte, daß die Berücksichtigung ihrer Wünsche in der Schulung der Zweck der Befragung ist, gab es keinerlei Widerstände.

3.2.2　Mitarbeiterwünsche aufgreifen

Die Befragung erbrachte, daß bei Einführung der CAD-Arbeitsplätze eine Herstellerschulung stattgefunden hatte, die von der Firmenleitung als ausreichend bezeichnet worden war. Die Mitarbeiter hatten sich gegen die CAD-Einführung gesperrt. Sie waren der Auffassung, bei der Herstellerschulung zu wenig gelernt zu haben, weshalb sie sich in der Folge geweigert hatten, mit dem CAD-Programm zu arbeiten.
Selbst wenn bei einer Mitarbeiterbefragung inhaltlich zur Schulung keine umfangreichen Ergänzungen oder Änderungen anfallen, ist doch die Aufhellung des Kenntnisstandes und der Befindlichkeit der potentiellen Teilnehmer eine wichtige Grundlage für einen - auch adressatengerechten - Konzeptentwurf, was bei Standard-Seminaren erst im Kurs selbst - und daher nur bedingt - umgesetzt werden kann.

3.2.3　Nicht vergessen: Den Chef der konkreten Abteilung mit einbinden

Als ebenso wichtig wie die Mitarbeiterbefragung zeigte sich die Einbeziehung des Leiters der zuständigen Fachabteilung. Zum einen kommt es auf die Anerkennung der Person an, die auch gefragt sein will; zum anderen kennt er auch die Situation seiner

Mitarbeiter hinsichtlich Anforderung und Qualifikation. Der Abteilungsleiter kann dadurch - wie hier geschehen - seine Verantwortung für die Weiterbildung seiner Mitarbeiter wahrnehmen.

3.3 Ein vorläufiges Konzept wird verschickt

Ein vorläufiges Konzept als nächste Stufe unterschied sich vom Standard-Angebot in zweierlei Hinsicht: die zu vermittelnden Programmbefehle und -optionen wurden auf den Konstruktionsbedarf der Firma abgestimmt, ebenso die Wahl der Fallbeispiele.
In einem Begleitschreiben wurde die Vorläufigkeit des Konzeptes besonders hervorgehoben und die Maßschneiderung für die spezifischen Bedürfnisse der Firma durch Veränderungen wie Erweiterung, andere Gewichtung o.ä. ausdrücklich angeboten.

Vom Standard-Angebot zum maßgeschneiderten, intern durchgeführten Firmenseminar

Die weitere Darstellung der Fallstudie wechselt jetzt zunächst vom zeitlichen Ablauf zu einer eher systematischen Darlegung dreier wesentlicher Momente des Maßschneiderns von Weiterbildung:
Was bedeutet Maßschneidern hinsichtlich Inhalt, Dozentenauswahl und Organisation und Technik?

4 Maßgeschneidert - der Inhalt

4.1 Änderungen in der Gewichtung der einzelnen Bausteine (Module)

Die im vorläufigen Konzept vorgeschlagene - für CAD-Anwendung notwendige - Einführung in MS-DOS wurde ziemlich zusammengestrichen zugunsten einer ausführlichen Einführung in die Netzwerkverwaltung. Darüber hinaus waren in der Schulung Nutzungsmöglichkeiten und Schnittstellen einer CAD-Oberflächensoftware (CATIA) zu Auto-CAD zu berücksichtigen.
Die Änderungen bezogen sich also einerseits auf die in der Firma vorhandene Umgebung von CAD, zum anderen aber auf firmenspezifische Anforderungen hinsichtlich der benötigten Programmbefehle, -optionen und eingesetzten Übungsbeispiele.

4.2 Fallbeispiele mit firmenspezifischem Material und weitere Sonderwünsche

Die Firma hat Wert darauf gelegt, daß die Konstruktionsübungen in Anlehnung an ihre Konstruktions- und Entwicklungsaufgaben ausgewählt werden. Von der Firma wurde auch eine Verschränkung von Frontalunterricht und Selbstlernanteilen gewünscht. Dem sind wir durch Einsatz der sog. "FIT-Lernmethode"[2] nachgekommen: einzelne, auch noch rudimentäre CAD-Befehle werden sogleich auf die Gesamtheit eines einfachen Konstruktionsbeispiels bezogen, um die Logik des Befehls verständlich zu machen. Im Anschluß an die theoretische Einführung des jeweiligen Befehls wird dieser von den Teilnehmern in einer praktischen Anwendung eingeübt. Durch Simulation von (teil)fertigen Konstruktionen können die Teilnehmer Funktion und Leistungsfähigkeit einzelner Befehle somit am Beispiel verfolgen.

Diese Integration theoretischer Erläuterung und praktischer Anwendung hat es erlaubt, den Kernbegriff von CAD den Teilnehmern nachvollziehbar zu machen: CAD ist nicht einfach "schnelles Zeichnen", sondern entfaltet mit der prinzipiellen Änderbarkeit von Zeichnungen insbesondere bei Einbindung in Entwerfen, Konstruieren, Ändern und Fertigen als Gesamtprozeß seine spezifischen Potenzen. Die Umsetzung dieser Zielvorgabe entsprach einem weiteren Sonderwunsch der Firma.

4.3 Vorsicht Falle: Erbitten Lösungen für unmögliche Probleme

Bei firmeninternen Schulungen im EDV-Bereich besteht ein häufiges Problem in der mangelnden Zusammenarbeit der firmeneigenen Hard- und Software aufgrund von Installationsfehlern. Im vorliegenden Fall schlug sich dies in der Bitte um Arbeiten zur Optimierung der Zusammenarbeit von CATIA und Auto-CAD in das Weiterbildungskonzept nieder (Schnittstellenprobleme). Im Klartext bedeutet dies einen erheblichen Programmieraufwand von seiten des Dozenten und berücksichtigt in diesem Fall überhaupt nicht die (Anwendungs-)Bedürfnisse der Teilnehmer.

Hier ist vor der Gefahr der Überladung einer Weiterbildungsmaßnahme zu warnen: man sollte keinesfalls - etwa aus Kompetenz-Demonstrations-Erwägungen heraus - derartige Inhalte in die Weiterbildung aufnehmen, wenn sie nicht für die Zielgruppe ohnehin nötig sind. Im Konzept ist eine klare Trennung zwischen Installationsleistungen und Weiterbildungsveranstaltungen zu ziehen, um die Zielerreichung der Weiterbildung sicherzustellen.

---

[2] "FIT" = Fast Integrated Training; nach "C-Crash-Kurs", Einleitung S. 9, Georg Rudolph, Stefan Rudolph, Mc. Graw-Hill (Verlag), 1990

5 Maßgeschneidert - die Auswahl der Dozenten

5.1 Der Dozent - fachlich souverän

Als zweites tragendes Element in einem maßgeschneiderten Konzept muß der Dozent in der Lage sein, die Spezifika auch fachlich umzusetzen; das schließt ein, daß ihm die Schulungsinhalte auch in betriebspraktischen Anwendungen geläufig sind. Er soll der Firma - am Beispiel eines CAD-Kurses - nicht Konstruktionen abnehmen, aber er muß sich in die firmenspezifischen Anwendungen hineindenken, Übungs- und Fallbeispiele auf die betriebliche Situation zuschneiden sowie die Auswahl der Programmbefehle und -optionen nach den betrieblichen Aufgabenstellungen gewichten bzw. darauf konzentrieren können.

5.1.1 Verhältnis Bildungsberater/Dozent
I: Einbindung in die Konzepterstellung

Die Einbindung des Dozenten in die Konzepterstellung ist conditio sine qua non einer maßgeschneiderten Weiterbildung. Erst die fachliche Kompetenz des Dozenten kann den Anspruch "maßgeschneidert" mit Leben füllen. Umgekehrt kann die Konzepterstellung aber auch nicht einfach an den Dozenten delegiert werden. Der Bildungsberater verfügt über Informationen bezüglich Firma und Zielgruppe, auf die der Fachreferent angewiesen ist.

5.2 Der Dozent - mehr als nur ein "Fachmann"

Die Einordnung und Verwertung solcher Informationen des Bildungsberaters verlangt jedoch vom Dozenten über souveräne Fachkenntnis hinausgehende Kompetenzen. Er muß einen Betrieb und die Situation von Mitarbeitern aus der Praxis kennen, Verschwiegenheit gegenüber Firmeninterna bewahren, Sensibilitäten von Führungskräften wie Mitarbeitern bemerken, die besondere Situation von Teilnehmern einer firmenspezifischen Weiterbildung, die im Arbeitsalltag Kollegen sind, einschätzen können.

5.2.1 Verhältnis Bildungsberater/Dozent
II: Umfassende Information über das betriebliche Umfeld und die Ziele, die die Firma mit der (geplanten) Weiterbildung verfolgt

Eine maßgeschneiderte und erfolgversprechende Umsetzung betrieblicher Wünsche und Anforderungen ist nur als Resultat gemeinsamer Anstrengungen von Bildungsberater und Dozent erreichbar. Im Konzept müssen fachliche und didaktische Notwendigkeiten und betriebliche Wünsche in Einklang gebracht und unter Berücksichtigung der betrieblichen Bedingungen ausgearbeitet werden. Der Dozent muß diese gemeinsam entwickelten Vorgaben in der Weiterbildungsdurchführung praktisch umsetzen können.

5.2.2 Motivierendes Lernen - was heißt das?

Ein Aspekt dieser Vorgaben besteht darin, den Teilnehmern das Erlebnis motivierenden Lernens zu vermitteln: sie betrachten den Lehrgang als *ihre* Veranstaltung. Dies schließt ein, daß die Teilnehmer zum Selbstlernen angeregt werden. Im vorliegenden Fall konnte die Grundlage hierfür bereits in der Vorbereitungsphase des Lehrgangs durch die Befragung der Mitarbeiter gelegt werden.

5.2.3 Psychologisches Geschick

Weitere Aspekte der Umsetzung des Weiterbildungskonzeptes betreffen den Umgang mit den Teilnehmern selbst. Der Dozent muß die Teilnehmer als Erwachsene anerkennen, zugleich aber auch mit Sticheleien untereinander, die aus ihrem Verhältnis als Arbeitskollegen resultieren können, zurechtkommen; er muß einschätzen können, welche Teilnehmer er besonders fördern muß, gegen wen er sich gegebenenfalls ausdrücklich durchsetzen muß. Die sozialen Beziehungen der Teilnehmer müssen ihm als Rahmenbedingungen des Unterrichts geläufig sein.

5.2.4 Vorsicht Falle: Erfahrene Lehrkräfte kommen überall zurecht!

Der Dozent muß also mit der jeweils spezifischen Klientel umgehen können. Erfahrung aus der Unterrichtung von z.B. Jugendlichen, Auszubildenden, etc. sind nicht einfach übertragbar. Ebensowenig darf er im Stil von Befehl und Gehorsam unterrichten, selbst wenn dies den Umgang im Alltag dieser Firma kennzeichnet. Der Dozent muß fachliche Autorität besitzen; den Teilnehmern soll die Weiterbildung Spaß machen.

6 Maßgeschneidert - die Lösungen für Terminfragen, Raumgegebenheiten, Technikprobleme

6.1 Der Kunde ist König - seine Termine ungewöhnlich

Das dritte Element eines maßgeschneiderten Weiterbildungsangebots ist die Berücksichtigung der organisatorischen und technischen Gegebenheiten der Firma im Konzept. Mit dem Angebot der firmeninternen Durchführung hat man sich explizit auf die Terminwünsche des Unternehmens eingelassen; es erwartet, daß man diesen auch nachkommt. Im vorliegenden Fall wurden Freitag und Samstag als Schulungstage vereinbart.

6.2 Lernen am Arbeitsplatz?

Das Lernen am Arbeitsplatz ist ein Lernen unter den besonderen räumlichen, organisatorischen und technischen Gegebenheiten der Firma und entlastet die Umsetzung des Gelernten durch die Teilnehmer von diesbezüglichen Transferleistungen. Allerdings stellt diese Konzeption besondere Anforderungen an die Unterrichtsorganisation.

6.2.1 Räumlicher Aufbau der Mittel zur Arbeit vs. Unterweisung von Lernenden als Gruppengeschehen

Der räumliche Aufbau der PC-Arbeitsplätze entspricht nicht der idealen Unterweisung von Lernenden als Gruppengeschehen. Es ist ein erheblicher Aufwand damit verbunden, mit den Verantwortlichen der Firma die Weiterbildung zu organisieren, damit ein Gruppenlernprozeß in Gang gesetzt werden kann, in dem die gegenseitige Unterstützung der Lernenden gefördert und eine nur parallel geschaltete Unterrichtung von einzelnen Mitarbeitern vermieden wird.
Dazu waren einige Umbauten nötig, die allerdings nur in begrenztem Umfang von der Firmenleitung zugelassen worden sind. Sie vertrat den Standpunkt: wenn eine firmeninterne Durchführung angeboten wird, dann wird dies schon irgendwie gehen. Der Dozent muß dies ausbaden und mit diesen Einschränkungen zurechtkommen.

6.2.2 Verschiedene Lernabschnitte und -formen: Mehrere Räume nutzen?

Aufgrund unterschiedlicher Nutzungszeiten der verschiedenen Räume durch die Firma mußten im vorliegenden Beispiel die räumlichen Gegebenheiten zum Teil so berücksichtigt werden, daß theoretische Abschnitte als Gruppenunterricht und praktische

Übungen an den Arbeitsplätzen, die auf mehrere Räume verteilt waren, durchgeführt wurden.

Fragen der Gruppen- und Partnerarbeit, der Möglichkeit von Hilfestellungen für einzelne Teilnehmer etc. sind mit der Firmenleitung abzuklären, weil der Erfolg des didaktischen Konzepts von den organisatorischen und methodischen Bedingungen abhängt.

Im konkreten Fall stellte sich auch das Problem, daß wegen Besetzung des Seminars durch zusätzliche Mitarbeiter nicht genügend Einzelübungsplätze für alle Teilnehmer zur Verfügung standen. Die Firma hatte darauf letztlich keine Rücksicht genommen.

Abwechseln von Einzel- und Partnerarbeit sowie Gruppenunterweisung muß mit solchen organisatorischen Einschränkungen in Einklang gebracht werden, um für die Teilnehmer den optimalen Lernerfolg zu sichern. Dies stellt weitere Anforderungen an den Dozenten.

6.3   Technik und ihre Tücken

Bei firmeninterner Durchführung von Seminaren müssen technische Problem- und Fehlerquellen gesondert einkalkuliert werden. Diese können einmal in Mängeln der Programmzusammenarbeit oder Problemen der Hard- und Softwarekompatibilität liegen. In unserem Falle lagen Probleme in der Zusammenarbeit von Auto-CAD und Oberflächensoftware CATIA, in der Netzverwaltung und in der Plottersteuerung vor.

Darüber hinaus muß bei Nutzung von Arbeitsplatzrechnern und -peripherie damit gerechnet werden, daß an diesen Geräten tagsüber gearbeitet wird, daß sie hin- und hergetragen und umgesteckt werden, daß Verbindungs- und Anschlußkabel fehlen, etc.

6.3.1 *Vorherige Begehung und Kontrolle durch den Bildungsberater und den Dozenten*

Eine sorgfältige Vorbereitung kann zwar nicht alle Fehlerquellen ausschließen, aber immerhin den Schutz vor unliebsamen Überraschungen deutlich erhöhen. Dazu muß der Bildungsberater vorab klären, welche Mitarbeiter tagsüber an den Geräten arbeiten, ob andere Abteilungen Geräte auch mal abziehen u.ä. Um sicherzustellen, daß die zur Schulung vereinbarte Ausstattung jeweils verfügbar ist, empfiehlt sich dringend, einen Mitarbeiter *in* der Firma zu finden, der sich für die ordnungsgemäße Bereitstellung für *jeden* Schulungstermin mitverantwortlich fühlt. Der Dozent muß am jeweiligen Kurstermin selbst die Funktionsfähigkeit der Geräte überprüfen und gegebenenfalls herstellen.

6.3.2 Literatur über technische Abläufe erbitten

Eine - manchmal unabdingbare - Hilfe leisten schriftliche Angaben der Firma über technische Abläufe. Wenn es sich nicht gerade um ein Betriebsgeheimnis handelt, werden diese i.d.R. gerne zur Verfügung gestellt. Außerdem empfiehlt sich die Einbeziehung des zuständigen Fachabteilungsleiters oder Systembetreuers.

6.3.3 Wer ist der Ansprechpartner für technische Notfälle?

Neben diesen Vorbereitungen ist jedoch auch Vorkehrung für den Notfall zu treffen. Wenn die Schulungszeiten außerhalb der betrieblichen Arbeitszeit liegen, muß ein sachverständiger Ansprechpartner erreicht werden können. Dies muß vorweg geklärt sein, weil Ausfälle - auch wenn sie nicht durch den externen Bildungsträger verursacht sind - letztlich immer auf ihn zurückfallen.

6.4 Vorsicht Falle: Kleinigkeiten zur Unterrichtsdurchführung sind sicherlich vor Ort

Neben diesen technischen Tücken der Geräteausstattung ist auch sog. Kleinigkeiten der Seminardurchführung besondere Aufmerksamkeit zu widmen. Es ist davon auszugehen, daß die Firma gerade nicht als Lernort eingerichtet ist, daß insbesondere keine Lernmedien und -materialien vor Ort zur Verfügung stehen. Bei Kurszeiten außerhalb der Arbeitszeit sind möglicherweise nicht einmal Büromaterialien, die zum Unterricht verwendet werden könnten, greifbar, weil nicht zugänglich.

Auch bei Zusage bestimmter Materialien durch die Firma muß der Bildungsberater sicherstellen, daß diese zum jeweiligen Kurstermin auch vorliegen und zugänglich sind. Letzteres gilt allem voran für die Schulungsräume.

Eine Checkliste wird nur dann vor bösen Überraschungen schützen, wenn sie detailliert genug ist. Sie sollte durch Erfahrungen laufend ergänzt werden.

7 Konzeptvorstellung und Auftragsabschluß

7.1 Das schriftliche Konzept

Das schriftliche Konzept ist wichtig trotz aller persönlichen Vorkontakte, trotz Kundigmachen vor Ort, Befragung der Mitarbeiter, Einbindung des Fachabteilungsleiters. Das schriftliche Konzept ist das, was am nachhaltigsten wirkt, insbesondere in der Zeit, in der kein persönlicher Kontakt besteht.
Es sollte ausführlich abgefaßt sein. Ausformuliert - nicht auf Stichworte beschränkt - sollte es aufzeigen, was das Seminar erreichen will, welche Eigenleistung von den Teilnehmern gefordert wird, was das Resultat der Weiterbildung sein soll.

7.1.1 Motivation I: Was der Personalchef herauslesen soll

Das Konzept ist zunächst für den Auftraggeber abzufassen. Im vorliegenden Fall war dies der Personalleiter des gewerblich-technischen Bereichs, der es auch gegenüber der Geschäftsführung vertreten muß. Daher müssen wesentliche Elemente des Konzeptes für ihn verständlich formuliert sein. Die ausführlichen Vorkontakte können hierzu den nötigen Einblick vermitteln.
Da der Personalleiter i.d.R. den Inhalt der Weiterbildung nicht fachlich kompetent beurteilen kann, kommt es darauf an, Zielsetzung und Umsetzungsvorschlag der Weiterbildung für ihn nachvollziehbar darzustellen. Die Ausführungen müssen ihm vermitteln, was für die teilnehmenden Mitarbeiter an Qualifizierung resultiert, so daß der betriebliche Ablauf nach der Qualifizierung reibungsloser stattfindet. Die zur Arbeitsleistung motivierende Funktion der Weiterbildung aufgrund ihrer Anwendungsorientierung muß als integraler Bestandteil des Konzeptes sichtbar werden. Spezifika in Inhalt, Didaktik und Organisation, die den Besonderheiten der Firma Rechnung tragen, sind als solche hervorzuheben, weil dies die wichtigsten Beurteilungskriterien auf seiten des Personalleiters sind.

7.1.2 Motivation II: Wie man die Erwartungen des Entwicklungschefs befriedigt

Letzteres gilt in fachlicher Hinsicht auch für den zuständigen Fachabteilungsleiter, in unserem Fall für den Leiter der Entwicklungsabteilung. Da dieser ein fachkompetenter Beurteiler des Konzeptes ist, muß es fachlich absolut stimmig sein. Ausführlichkeit beweist hier Kompetenz des Bildungsträgers.
Der betriebliche Fachmann wird das Konzept sowohl danach überprüfen, inwieweit betrieblich - bzw. seiner Ansicht und ggf. Vorliebe nach - notwendige Bestandteile enthalten sind, als auch danach, ob die veranschlagte Zeitdauer dafür angemessen ist.

7.1.3 Vorsicht Falle: Großspurigkeit und Fachchinesisch

Großspurigkeiten sollten also tunlichst vermieden werden. Eine Beschränkung auf das wirklich Machbare zeugt von Seriosität und Kompetenz des Bildungsträgers. Die Ablehnung eines Konzeptes kann daher rühren, daß nach Auffassung der Firmenrepräsentanten zuviel hineingepackt wurde.

Gesprächs- und Verhandlungspartner in den Firmen sind möglicherweise auch in Weiterbildung erfahren und können ein Konzept fachlich und didaktisch beurteilen. Ihnen sind Übungselemente besonders wichtig, damit die Mitarbeiter das in der Schulung Gelernte im Arbeitsalltag auch selbständig umsetzen können. Das Konzept sollte im übrigen so verständlich formuliert sein, daß auch die Teilnehmer das Seminar anhand des Konzeptes verfolgen können.

7.2 Der dritte Ortstermin: Diskussionsrunde mit Firmenvertretern, dem Dozenten und dem Bildungsberater

Mit zunehmendem Interesse an der firmeninternen Erbringung der Weiterbildungsleistung wurden die Firmenvertreter vorsichtiger, und es wuchs das Bedürfnis nach Kontrolle des beauftragten Weiterbildungsträgers. Auch für das Unternehmen war es das erste Mal, daß ein externer Weiterbildungsträger mit der firmeninternen Durchführung eines Lehrgangs betraut worden ist.

Der Dozent sollte selbstverständlich vor Verhandlungsabschluß den Firmenvertretern vorgestellt werden; er sollte insbesondere zur Klärung von Fachfragen mit herangezogen werden. Umgekehrt lag der Firma auch sehr daran, ihn kennenzulernen. Die Repräsentanten wollten wissen, wer auf ihre Mitarbeiter losgelassen wird.

Auf der Basis einer Vorentscheidung innerhalb des Unternehmens für die Inanspruchnahme unserer Dienstleistung wurde eine große Diskussionsrunde mit sieben oder acht Firmenvertretern, dem Dozenten und dem Bildungsberater arrangiert. Auf Firmenseite waren der Leiter der Entwicklungsabteilung, der Fertigungsleiter, also der Verantwortliche der Abteilung, die der Entwicklungsabteilung im Ablauf nachgelagert ist, sowie Stellvertreter der Fachabteilungen, Personalleiter und Geschäftsführung vertreten. Für den Personalleiter ging es hier einerseits um Absicherung der Entscheidung gegenüber anderen Verantwortungsträgern, andererseits handelte es sich um die entscheidende Überprüfung der Kompetenz und Zuverlässigkeit des Auftragnehmers.

Nach der Versorgung des Bildungsberaters mit Vorinformation, einer Betriebsbegehung und der Zulassung der Mitarbeiter-Befragung war auf Firmenseite klar, daß der Bildungsträger mit seinem Dienstleistungsangebot für das Unternehmen interessant ist. Nach Zusendung eines ersten sowie eines zweiten, veränderten Konzeptes sollte in dieser Diskussionsrunde der Bildungsträger auf Herz und Nieren überprüft werden. Bei zunehmender Vernetzung betrieblicher Abteilungen wird eine derartige Gesprächsrunde auch sachlich sinnvoll sein, um - aufgrund und im Rahmen der Vernetzung - betroffenen Abteilungen Gelegenheit zu geben, ihre Ansprüche vorzubringen.

7.2.1 Das Konzept als Ergebnis der vorherigen Sondierungen verteidigen können

Hier wurden jedoch Sonderwünsche der Abteilungen geltend gemacht, deren Befriedigung sich z.T. wechselseitig ausschloß. Das Konzept ist nur dann überzeugend, wenn es als Resultat der vorangegangenen gemeinsamen Sondierungen verteidigt werden kann.

Ein Streit mit und zwischen den Abteilungsvertretern hat sich in diesem Fall gerade deshalb in Wohlgefallen aufgelöst, weil wir der Versuchung, allen Ansprüchen Rechnung zu tragen, widerstanden haben, die Abteilungsvertreter den Streit ein Stück weit überhaupt nur angezettelt hatten, um zu sehen, wie wir unser Konzept vertreten würden. Die Professionalität des Bildungsträgers beweist sich hier gerade in der Zurückweisung unangemessener Ansprüche von seiten des Kunden.

7.2.2 Änderungsvorschläge und Kritik kommen bestimmt

Die Entscheidungsträger des Unternehmens, die an einer solchen Gesprächsrunde teilnehmen, haben zum Nachweis ihrer eigenen Kompetenz vielfach das Bedürfnis nach kritischen Anmerkungen. In dieser Hinsicht ist prinzipiell mit Kritik zu rechnen. Auch Aspekte der Gewichtung von einzelnen Lehrgangsteilen, die in der Diskussion zur Sprache kommen, sollten beachtet werden.

Von den Firmenvertretern selbst wurde die Gesprächsrunde als sehr fruchtbar empfunden; es war möglicherweise das erste Mal, daß in dieser Zusammensetzung von Entscheidungsträgern das Problem CAD beleuchtet worden ist.

In Kritik und Diskussionsbeiträgen der Firmenvertreter sind konstruktive Elemente enthalten, die für die Konzipierung eines Aufbaukurses oder eines Kurses für eine andere Zielgruppe fruchtbar gemacht werden können. Daher sind diese Hinweise sehr ernst zu nehmen.

7.3　　Abschlußhindernis: Die Kosten

Erfahrungen aus dieser Fallstudie haben bestätigt, daß - sobald es um die Kosten der Weiterbildung geht - *scheinbar* alles von vorne beginnt. Nur scheinbar dann, wenn der Preisvorschlag realistisch ist, d.h. den Vergleich mit seriösen konkurrierenden Angeboten aus der Region sowie mit überregionalen Anbietern besteht. Dieser Vergleich muß vom Bildungsberater im Vorfeld auch durchgeführt worden sein.
Allerdings ist der Preisvorschlag *in jedem Fall* ein Abschlußhindernis, weil die Kosten *immer* zu hoch sind. Der Personalleiter steht immer auch in der Pflicht, die Kosten für Weiterbildungsaufwendungen zu minimieren.
Daraus folgt für den Bildungsberater, daß er die angeführten Kosten begründen können muß. Bei Transparenz für den Verhandlungspartner kann auf Grundlage von durchaus symbolischen Abschlägen sehr wohl ein Abschluß erreicht werden.
Beratungsleistungen sind im vorliegenden Beispiel nicht explizit in Rechnung gestellt worden. Jedoch wurde bei Begründung der Kosten auf den besonderen Beratungsaufwand verwiesen. Bei Nicht-Zustandekommen des Seminars hätte eine Vergütung nur der Beratungsleistung und/oder Angebotserstellung allerdings nicht zur Debatte gestanden.

8　　Wichtig: Gründliche Auswertung

Die Auswertung ist einerseits mit erheblichem Aufwand verbunden, andererseits aus zwei Gründen unabdingbar: der Bildungsträger benötigt Aufschluß darüber, ob das maßgeschneiderte Konzept bei Firma und teilnehmenden Mitarbeitern angekommen ist; dem Kunden gegenüber wurde mit einer Auswertung ein besonderer Service angeboten, er soll sich auch nach Seminarabschluß gut bedient fühlen.

8.1　　Schriftliche Befragung der Teilnehmer

Die Teilnehmer wurden am Ende des Seminars schriftlich befragt. Einige Aspekte aus den Ergebnissen dieser Befragung sollen im folgenden kurz angerissen werden.
Zunächst sei noch hervorgehoben, daß der Dozent noch vor der schriftlichen Befragung in einem Gruppengespräch die Weiterbildungsveranstaltung mit den Teilnehmern erörtert hat. Gerade dieses Gespräch hat wichtige Funktionen sowohl für die Teilnehmer wie für den Dozenten und den externen Bildungsträger. Die Teilnehmer erkennen darin die Möglichkeit, ihre Meinung offen darzulegen, weil sie nicht in das Korsett eines Fragebogens gezwungen sind, also von sich aus Problembereiche ansprechen können, und - sofern es Dozenten und Bildungsträger gelungen ist, ein entspre-

chendes Vertrauensverhältnis herzustellen - beide als neutrale Instanzen betrachten, deshalb freimütiger sind als im Gespräch mit Vorgesetzten.
Für den Bildungsträger ergibt sich aus den Kritikpunkten der Teilnehmer, die auch die Situation der Firma betreffen können, ein Fundus neuer Themen, die Gegenstand weiterer Dienstleistungen werden können.

8.1.1 Unterschiedliche Stellungnahmen gegenüber der Firma und gegenüber dem externen Träger

Die schriftliche Befragung der Teilnehmer bezog sich u.a. auch auf die Beurteilung der Dozentenleistung, die zeitliche Einpassung des Lehrgangs, die Geräteausstattung sowie die Raumsituation.
Das Unternehmen hat selbst ebenfalls eine Befragung der betroffenen Mitarbeiter durchgeführt. Dabei stellten sich Differenzen in der Beurteilung in beiden Befragungen heraus. In der Befragung durch den Bildungsträger war Kritik an Bereichen enthalten, für die die Firma verantwortlich war, die in der Firmenbefragung nicht zur Sprache gekommen ist. Offensichtlich spielt hier die formelle Autorität der Firma im Unterschied zur Neutralität des externen Bildungsträgers eine wichtige Rolle.
Anzumerken bleibt, daß sich in der Beurteilung der Dozentenleistung keine reziproke Tendenz eingestellt hat.

8.1.2 Konnten die Anforderungen in der gegebenen Arbeitssituation (Überstunden) erfüllt werden?

In der Durchführung des Seminars konnten nicht alle Ziele erreicht werden, was auf seiten der Teilnehmer jedoch nicht zu einer Kritik an Dozent oder Bildungsträger geführt hat.
Den Teilnehmern hat das Konzept vorgelegen. Sie haben die starke Belastung durch ihre Arbeitssituation dafür verantwortlich gemacht. Einerseits lag ein Seminartermin jede Woche am Ende eines *vollen* Arbeitstages, zum anderen fanden sie aufgrund der generellen Arbeitsbelastung keine Möglichkeit, den Lehrstoff zu Hause vor- oder nachzubereiten, was den Fortschritt im Seminar behindert hatte.

8.1.3 Wie die Motivation zu einem Folgekurs geweckt wird

Trotz dieser Belastung der Teilnehmer durch ihre Arbeitssituation hatten sie sich für einen Folgekurs ausgesprochen. Zu den wesentlichen Faktoren der Motivation zu einem Aufbaukurs zählen sicher die Qualität der Lehrgangsdurchführung und der Bezug auf das motivierende Lernen. Die Erfahrung, aufgrund des Seminars die vorhandenen Arbeitsmittel besser, d.h. effektiver und komfortabler nutzen zu können, löst den Anspruch des motivierenden Lernens ein. Dies zusammen mit der Einsicht, daß noch Themengebiete wissens- und/oder vertiefenswert sind, fördert wohl das Interesse an einem Folgekurs.

8.2 Gespräch mit der Personalleitung und der Abteilungsleitung

Um den für die durchgeführte Weiterbildung gewonnenen Kunden zu erhalten - ob als sporadischen oder kontinuierlichen Geschäftspartner -, ist eine gemeinsame Bilanz der bisherigen Aktivitäten erforderlich. Bei Personalleitung und betroffener Fachabteilung sollte um einen Gesprächstermin nachgesucht werden, dessen Resultat eine übereinstimmende Beurteilung des Lehrgangs sein sollte. Hierbei muß geklärt werden, ob die gesteckten Ziele auch aus Sicht der Firmenrepräsentanten erreicht worden sind. Gründe für den positiven wie für den negativen Fall sollten besprochen werden.

8.2.1 Welche betrieblichen Gegebenheiten standen einem noch größeren Erfolg im Wege?

Im vorliegenden Beispiel mußte klar werden, daß die Teilnehmer ihrer Vor- und Nachbereitung, die Bestandteil des vereinbarten Konzeptes waren, nicht im erforderlichen Ausmaß nachkommen konnten, weil sie durch die Arbeitsbelastung zu stark in Anspruch genommen waren. Der Auftraggeber muß einsichtig werden, daß eine Nichtberücksichtigung des Faktors Arbeitsbelastung den Lehrgangserfolg gefährden kann. Ein Schritt zur Verringerung dieser Gefahr wäre auch die Verkürzung der Arbeitszeit am jeweiligen Seminartag; Konzentrations- und Behaltensschwierigkeiten der Teilnehmer könnten dadurch reduziert und der Fortschritt im Lehrgang gefördert werden.

8.2.2 Beratung
  I: Welches Follow-Up ist betrieblich sinnvoll?

Überlegungen zu Follow-Up-Maßnahmen sollten Thema dieses Gesprächs sein. Dazu können Ergebnisse der schriftlichen Teilnehmer-Befragung, der Gespräche mit Teilnehmern sowie Resultate vorangegangener Gespräche mit den Firmenvertretern aufgegriffen werden. Ein Follow-Up könnte beispielsweise in einer Nachbetreuung einzelner Mitarbeiter in ihrem Arbeitsfeld oder in einem Aufbaukurs bestehen.

8.2.3 Beratung

II: Sind darüber hinaus Probleme in der Arbeitsorganisation, in der Handhabung der (EDV-)Technik sichtbar geworden?

Die o.a. Informationsquellen können darüber hinaus für andere Themenfelder ausgewertet werden. Sowohl die Gespräche als auch die Seminardurchführung gerade in ihrem inhaltlichen Bezug auf die Firmenspezifika liefern Anhaltspunkte für Probleme in Arbeits- und EDV-Organisation. An manchen Stellen hatten Firmenvertreter ganz offen über solche Probleme geklagt. Im vorliegenden Fall konnten dann auch für das Netzwerk-Management und die Speicherplatzausnutzung Verbesserungsvorschläge angebracht werden. Konstruktive Vorschläge anstelle der reinen Feststellung von Mängeln sollten der Weg sein, diesen sensiblen Bereich zu betreten.

Ideal wäre, wenn das (auch individuelle) Lernen der Teilnehmer zu einer neuen Beurteilung ihrer Arbeitsorganisation und zu konstruktiven Änderungsvorschlägen führen würde. Die Vergrößerung und Vertiefung des Wissens über CAD im Lehrgang kann hierfür durchaus eine Grundlage geschaffen haben. Im Fallbeispiel soll dieser Gesichtspunkt gegen Ende des derzeit laufenden Aufbaukurses aufgegriffen werden. Dies ist durchaus als Ausdruck eines geänderten Verhältnisses der Teilnehmer zu ihrer Arbeit und Arbeitsorganisation interpretierbar, das der Personalleiter als eine wesentliche Zielsetzung des Lehrgangs betrachtet hat.

8.2.4 Vorsicht Falle: Ein guter CAD-Kurs öffnet mir alle (Weiterbildungs-)Türen!

In diesem Feld muß sich ein externer Weiterbildungsträger klar darüber werden, ob er bereits einen solchen Stand in der Firma erreicht hat, daß er Themenbereiche, die üblicherweise nicht der Weiterbildung zugeordnet werden, ansprechen kann. Auch wenn er von seiten der Firma als kompetenter Partner betrachtet wird, beschränkt sich dieses Urteil aber erst einmal auf Weiterbildung.

Ein gutes Verhältnis zur Firma, erreicht aufgrund der guten Lehrgangsdurchführung, darf nicht dazu verleiten, sich in andere Bereiche ohne weiteres einzumischen. Fragen der Arbeitszeitregelung können beispielsweise zunächst einmal nur vom Standpunkt und unter dem Gesichtspunkt der Weiterbildung angesprochen werden.

8.3 Gespräch mit dem Dozenten: Ständiger Kontakt und Einbindung in die Auswertung

Im Hinblick auf einen reibungslosen Ablauf des Seminars ist über die gesamte Durchführungsdauer hinweg ein ständiger Kontakt zwischen Bildungsberater und Dozent erforderlich. Mit organisatorischen Problemen wie mit der Notwendigkeit inhaltlicher Verschiebungen ist zuallererst der Dozent konfrontiert; deren Beseitigung bzw. Regelung fällt in das Aufgabengebiet des Bildungsberaters, weil er Vertragspartner der Firma ist. Außerdem wird darin eine Serviceleistung des externen Weiterbildungsträgers sichtbar.

Für die Sicherstellung der Lehrgangsqualität ist eine Rückmeldung der Auswertung an den Dozenten nötig. Umgekehrt verfügt der Dozent über eine Reihe wichtiger Informationen zur Auswertung des Lehrgangs sowie über weitere Ansatzpunkte. Auf Einzelheiten hierzu wurde in den vorangegangenen Abschnitten bereits an jeweils geeigneter Stelle hingewiesen.

Fazit: Der Vorbereitungs-, Erbringungs- und Betreuungsaufwand ist hoch!

GERD BLUMENSCHEIN

Vom Erstkontakt bis zur Angebotserstellung

1 Kennzeichnung des Unternehmens

Bei dem im folgenden dargestellten Betrieb mittlerer Größe handelt es sich um eine Gesellschaft mit beschränkter Haftung. Das Unternehmen gehört zur Metallbaubranche (Leichtmetallbau, Stahlbau und Bau-Schlosserei). Der Schwerpunkt der Fertigungsaufträge liegt in der Herstellung von Fenstern und Fassaden. Derzeit werden ca. 95 Mitarbeiter beschäftigt. Die Mitarbeiterstruktur besteht aus: 2 Hochschulabsolventen, 1 Meister, ca. 50 Un- und Angelernten und ca. 40 Fachkräften (die Zahlen der Un- und Angelernten und der Facharbeiter wurden von dem Geschäftsführer geschätzt). Der Betrieb ist in folgende Abteilungen gegliedert:
- Konstruktion und Planung
- Fertigung
- Montage
- Verwaltung.

Aufgrund der Wiedervereinigung Deutschlands ist die Auftragslage bzw. die allgmeine Geschäftssituation relativ gut. Das Unternehmen arbeitet vor allem bei Aufträgen, die aus den neuen Bundesländern kommen, mit Subunternehmen zusammen.

1.1 Einige Daten zum Technikeinsatz

Im Arbeitsbereich der Konstruktion wird mit CAD-Programmen gearbeitet, die bereits vor zwei Jahren eingeführt worden sind. Bis die Mitarbeiter der Konstruktionsabteilung differenzierte Kenntnisse über das Programm hatten, verging fast ein Jahr. Anfangs konnten nur genormte, einfache Zeichnungen angefertigt werden. Extraanfertigungen wurden noch konventionell auf dem Reißbrett geplant.
Aufgrund der sehr unterschiedlichen Fenster und Fassadenkonstruktionen ist im Bereich der Fertigung nur eine geringe Automatisierung möglich. Die Herstellung der Fenster und Fassaden zeichnet sich noch durch viele manuelle Handarbeit, wie Zuschneiden, Schweißen, Schrauben, Einlegen von Dichtungen, aus, die aber durch moderne Maschinen wie Sägen, Biegemaschinen, Schrauber etc. erleichtert wird.

Im Verwaltungsbereich wurden 1991 für die Auftragsabwicklung die ersten PC-Arbeitsplätze installiert. Es wird mit der Software WORD PERFEKT gearbeitet. Der jetzige Geschäftsführer möchte aber auf das Textverarbeitungssystem Word 5.5 umsteigen sowie die Arbeitsplätze in nächster Zukunft vernetzen. Sein Ziel ist, die EDV in allen kaufmännischen Bereichen einzusetzen.

1.2   Weiterbildung und Personalentwicklung

In dem Unternehmen gab es einen Wechsel der Geschäftsleitung und damit verbunden einen Generationswechsel (Vater-Sohn). Erst durch diesen Wechsel ist Interesse für Personalentwicklung und eine Auseinandersetzung über ihre Möglichkeiten und Grenzen im Unternehmen entstanden. Von einer systematischen Personalentwicklung, die flächendeckend betriebliche Weiterbildung für alle Funktionsgruppen des Unternehmens vorsieht, kann nicht gesprochen werden. Personalarbeit beschränkt sich auf die personalverwaltungstechnische Abwicklung. Weiterbildung fand bisher nur in der Form statt, daß Mitarbeiter auf Herstellerschulungen geschickt wurden. Gegenwärtig existiert weder ein Weiterbildungsplan noch ein Weiterbildungsbudget.

1.3   Problemfelder des Unternehmens

Das Unternehmen ist dank der guten Auftragslage in den letzten Jahren von einem Kleinbetrieb zu einem Mittelbetrieb angewachsen. Der damalige Inhaber und gleichzeitige Geschäftsführer versäumte eine organisatorische Anpassung des Unternehmens an die sich ändernden Rahmenbedingungen.
Herr X führte sein Unternehmen wie einen kleinen Handwerksbetrieb weiter. Er nahm gerne vieles selber in die Hand und wollte als Geschäftsführer soweit wie möglich alles selbst entscheiden. Nach Aussagen von Herrn X-Junior kann der Führungsstil des Seniors als eher autoritär bezeichnet werden. Aufgrund des wachsenden Auftragsvolumen konnte Herr X nicht mehr alle anstehenden Arbeiten erledigen. Dieser Zustand führte zu organisatorischen Defiziten, zum Informationsstau, nicht zuletzt zu einer sinkenden Motivation der Mitarbeiter. Es kam zu Kettenreaktionen durch alle Betriebsebenen hindurch, dabei entstanden hauptsächlich folgende Problemfelder im Unternehmen:

o   Höherbezahlte und qualifizierte Mitarbeiter erledigten häufig nicht nur Routineaufgaben unter ihrem Qualifikationsniveau, sondern holten sich für jede größere Entscheidung, besonders im Rahmen der Angebotserstellung, den Segen der Geschäftsleitung ein. Die Eigeninitiative nahm stark ab, sobald ein Risiko vermutet wurde. Herr X war den steigenden Anforderungen trotz hohem Einsatz nicht mehr gewachsen.

o Die Kunden beklagten sich über mangelhafte Qualität der Produkte und vor allem über Lieferverzögerungen. Liefertermine konnten wegen der schlecht organisierten Arbeitsabläufe selten eingehalten werden.

o Die Kommunikationssituation im Unternehmen, vor allem zwischen den Abteilungen Konstruktion, Fertigung, Verwaltung und Montage wurde als unbefriedigend und unzureichend eingestuft. Bisher konzentrierten sich alle Informationen beim Geschäftsleiter. Es gab keine institutionalisierten Informationsflüsse und auch wenig informelle Kommunikation zwischen den Mitarbeitern der Abteilungen. Besonders auffällig wurden die Probleme der mangelhaften Kommunikation und Kooperation in Krankheits- und Urlaubszeiten. Eine termingerechte Aufgabenerfüllung wurde in diesen Fällen nahezu unmöglich.

o Wegen geringer Kenntnisse, aber auch mangelhafter Softwareausstattung konnten die Möglichkeiten der EDV nicht besonders effektiv zu rationellem Arbeiten genutzt werden. Die PC-Arbeitsplätze wurden nur für einfache Schreibarbeiten verwendet.

Die genannten Faktoren führten nicht nur zu ineffizienten Arbeitsabläufen, sondern zu einem generell schlechten Betriebsklima. Die Mitarbeiter fühlten sich frustriert. Eine überdurchschnittliche Mitarbeiterfluktuation war die Folge davon.

Seit Mitte 1991 übernahm der Sohn des Inhabers und Geschäftsführers die Geschäftsleitung. Der neue Junior-Chef hatte zwar schon während seines betriebswirtschaftlichen Studiums in der Geschäftsleitung mitgearbeitet, benötigte aber noch Einarbeitungszeit. Diese Tatsache wirkte sich ungünstig auf die Positionierung seiner Führungsrolle aus. Er wurde oder wird z.T. immer nur als Stellvertreter des Vaters gesehen. Im Zusammenhang mit dem Generationswechsel wurde ein neuer demokratischer Führungsstil eingeführt, der besonders bei den älteren Mitarbeitern zunächst Anlaß zu Irritationen gab.

2   Erstkontakt und weitere Anknüpfungspunkte zum bfz

Der *Erstkontakt* wurde durch meine Vorgängerin hergestellt. Es fand ein Gespräch mit dem Senior-Chef statt, in dessen Verlauf die Leistungen des 'Unternehmensservice' vorgestellt wurden. Herr X zeigte jedoch geringes Interesse an dieser Thematik und auch wenig Sensibilität für seine betrieblichen Probleme. Die Problemlösungsvorschlage von Herrn X bestanden aus dem Satz: *"Wem's nicht paßt, der kann ja gehen"*. Herr X zeigte damit deutlich, daß er an dem Thema Weiterbildung und Personalentwicklung keinerlei Interesse besitzt. Diesen ganzen Komplex kann sein Sohn bei der Übernahme der Geschäftsleitung neu einführen, war seine Meinung.

Ein *Zweitkontakt* fand im Juli 1991 mit dem Junior-Chef statt. Kontaktanlaß war die Darstellung des Projektes "Bildungsmarketing und neue Technologien in Klein- und Mittelbetrieben". Der neue Geschäftsführer zeigte ein reges Interesse, hervorgerufen durch die telefonische Kurzdarstellung, und ermöglichte eine schnelle Terminvereinbarung. In dem Gespräch schilderte er relativ realistisch die Probleme, die das Unternehmen und er selbst zu bewältigen haben.

Herr X-Junior hatte sich bereits erste Lösungsansätze zur Problembewältigung überlegt. Sie bestanden aus folgenden Ideen:

o Aufbau einer neuen Organisationsstruktur

o Einführung von Mitarbeiter- und Wochengesprächen

o Betriebliches Vorschlagswesen

o langfristige Personalplanung

o Mitarbeiterqualifizierung

o Finanzielle Förderung von Diplomarbeiten, welche die Organisationsstruktur des Unternehmens untersuchen sollten.

Diese Vorschläge blieben aber zunächst theoretisch. Herr X-Junior konnte die Umsetzung der einzelnen Organisationsschritte weder in zeitlicher Hinsicht konkretisieren noch angeben, wie sie installiert werden sollen. Bevor er detaillierte Konzepte zur Umsetzung entwickelt, will Herr X-Junior durch Problemanalysen in Form von Diplomarbeiten, die in seinem Hause durchgeführt werden, differenzierte Kenntnisse über den Ist-Stand der Firma und alternative Problemlösungsstrategien erhalten. Die einzige Maßnahme neben der Vergabe der Diplomarbeiten, die konkretisiert werden sollen, ist eine Schulung im Bereich der technischen Kommunikation.Die Schulung sollte deshalb erst im Jahr 1992 durchgeführt werden, weil Herr X-Junior seine Aktivitäten auf den Versuch der Einführung neuer Organisationsstrukturen konzentrieren möchte.

3   Weitere Kontakte und Angebotserstellung

Im Frühjahr 1992 erfolgte eine telefonische Nachfrage, die das Interesse von Herrn X-Junior an dem Seminar "Technische Kommunikation" wieder aktivieren sollte. Herr X-Junior war interessiert und bat gleich um ein schriftliches Angebot. Auf den Vorschlag, in einem persönlichen Gespräch die Grundinhalte zu definieren, ging Herr X-Junior nicht ein.

Das Erstangebot bezog sich ausschließlich auf eine Seminarkonzeption zur fachlichen Qualifizierung zum Thema "Technische Kommunikation". Entsprechend unserer Produktphilosophie von maßgeschneiderter Weiterbildung enthielt das Angebot:

o   Aufgabenstellung (Ziel des Seminars)

o   Vorgehensweise

o   Bedeutung der Bedarfsanalyse

o   mögliche Seminarinhalte

o   geplanter Zeitaufwand (Seminardauer)

o   Seminarpreis

Das Angebot gefiel Herrn X-Junior, und es wurde vereinbart, daß in einem persönlichem Gespräch vorliegendes Konzept erläutert und weitere Einzelheiten bzw. Probleme besprochen werden sollten.

Das Gespräch fand im August '92 statt, in dessen Verlauf Herr X-Junior nun doch Interesse signalisierte, die Seminarinhalte des weitgehend standardisierten Konzeptes durch eine Bedarfserhebung, zusammen mit einem Fachdozenten unseres Hauses, konkret auf die betrieblichen Bedürfnisse und den Kenntnisstand der Mitarbeiter anzupassen. Des weiteren artikulierte Herr X-Junior ein Interesse an unserem Seminarangebot aus dem Regionalprogramm für die Themen Buchführung, Word für Windows und NovellNetware.

Im September '92 fand die Bedarfserhebung in Form eines Gespräches zwischen Bildungsberater, Fachdozenten und Unternehmensleitung statt. Die Lehrgangsinhalte konnten relativ schnell eingegrenzt werden. Dabei kristallisierte sich jedoch heraus, daß die Probleme nicht nur in der fehlenden fachlichen Qualifikation liegen, sondern tiefergehende Gründe, wie fehlende Lernbereitschaft, Eigenverantwortung und Motivation, für die unbefriedigende Situation verantwortlich sind. Die Ergebnisse des Gespräches führten dazu, daß Herr X-Junior die Durchführung dieser Seminare verwarf und sich für ein umfassendes Angebot an verschiedenen Instrumenten der Personalentwicklung interessierte, das garantieren soll, daß die Motivation und Leistungsbereitschaft der Mitarbeiter ansteigen.

Das zweite wesentlich umfangreichere Angebot ist folgendermaßen aufgebaut:

Phase 1
Zielbestimmung der Qualifizierung
In dieser Phase soll eine allgemeine Situationsbestimmung des Unternehmens vorgenommen werden. Die Geschäftsleitung soll zunächst, methodisch unterstützt durch den Bildungsberater, kurz- und mittelfristige Ziele definieren. Im nächsten Schritt werden

die Schwerpunkte der Weiterbildung anhand der betrieblichen Zielsetzungen ermittelt bzw. davon abgeleitet. Die Geschäftsleitung muß grundsätzlich für sich abklären, welchen Stellenwert Weiterbildung im Unternehmen bekommen soll. Erst nachdem die Rahmenbedingungen der Mitarbeiterqualifizierung abgesteckt sind, kann an konkrete Umsetzung einzelner Maßnahmen gedacht werden. Durchgeführt soll diese Zieldefinition anhand von Leitfragen im Gespräch mit dem Bildungsberater werden. Die Ergebnisse werden protokolliert und bilden das Grundlagenpapier der neuen Unternehmensphilosophie.

Phase 2
Einbeziehen der Mitarbeiter und Erfassung des Qualifikationsbedarfs
Zunächst sollen die arbeitsplatz- und ablaufbezogenen Anforderungen als Qualifikationsbedarf (Soll) ermittelt werden, wofür die Mitarbeiter in die Gespräche mit einbezogen werden. Mit Hilfe einer Mitarbeitervollversammlung werden die Ziele der Unternehmensleitung für die Mitarbeiter transparent gemacht. In moderierten abteilungsbezogenen Treffen sollen die Mitarbeiter zur aktiven Mitgestaltung der Erhebungsprozesse zur Qualifizierung angeregt werden. Ein Fragebogen dient zur Dokumentation des Ist-Standes der Mitarbeiterqualifikation und als Grundlage für die Anforderungsprofile.

Phase 3
Festlegung des Qualifizierungsbedarfes
Hier werden durch den Vergleich von Ist- und Sollstand der Qualifikationen die Weiterbildungsdefizite ermittelt und formuliert. In diesem Schritt müssen bestimmt werden:
o   Zielgruppe/Mitarbeiter
o   Inhalte
o   Zeitpunkt / Lernort / Dauer

Phase 4
Organisation und Durchführung der Maßnahmen
In diesem Schritt müssen zunächst die organisatorischen Rahmenbedingungen für die konkreten Seminare festgelegt werden. Gegenwärtig hat sich Herr X-Junior auf folgende Trainingsmaßnahmen festgelegt: Technische Kommunikation, EDV-Schulungen. Seminarform und Lernort sind noch nicht festgelegt. Ob es sich um eine rein firmenspezifische Schulung handelt oder ob, gerade im EDV-Bereich, die Mitarbeiter

des Unternehmens an einem überbetrieblichen Standardseminar teilnehmen, ist letztendlich eine finanzielle Entscheidung.

Phase 5
Bildungskontrolle
Der Erfolg der Bildungsveranstaltungen soll mittels Fragebögen, die die Teilnehmer ausfüllen, überprüft und mit der Leistungsbeurteilung des Dozenten verglichen werden. Das Ergebnis wird im Anschluß der Geschäftsleitung vorgelegt und mit ihr diskutiert. Bei noch bestehenden Qualifikationslücken soll evtl. nach ca. 3 bis 5 Monaten nachgeschult werden.
Dieses Modell einer Weiterbildungskonzeption wird dem Unternehmen in den nächsten Tagen zugesendet werden.

4   Anmerkung

Der Fall ist zum Zeitpunkt der Berichterstattung noch nicht abgeschlossen.
Herr X-Junior zeigte bereits Sensibilität für seine betrieblichen Probleme. Unter dem Druck der Ereignisse konnte durch Gespräche verdeutlicht werden, wie wichtig Mitarbeiterbindung bzw. Mitarbeitinformation für umfassende unternehmerische Veränderungen, vor allem auch im Bereich der Weiterbildung, ist. Daneben erkannte Herr X-Junior, daß eine *maßgeschneiderte Weiterbildungskonzeption* für sein Unternehmen wünschenswert und wichtig ist, denn nur durch vorgeschaltete Maßnahmen wie die der Qualifikationsbedarfserhebung können Weiterbildungsmaßnahmen Erfolg zeigen. Er konnte auch davon überzeugt werden, daß diese Maßnahmen finanziert werden müssen bzw. höhere Kosten verursachen als das anfänglich geplante *technische Kommunikationsseminar*. In nächster Zukunft wird entschieden, ob Herr X-Junior sich zu unserem umfassenden Weiterbildungsangebot und den damit verbunden Kosten entschließen kann.

R. KERLER

"Beratung? Gerne, nur kosten darf sie nichts!"

1 Darstellung des Betriebes

Rechtsform:	GmbH & Co. KG
Branche:	Feinwerktechnik
Produkte:	mechanische und elektronische Schalter
Abnehmer:	ausschließlich zivile und militärische Luftfahrtindustrie
Größe:	55 Mitarbeiter/-innen
Personalstruktur:	8 Hochschulabsolventen 10 Mitarbeiter/-innen mittlerer Qualifikation 22 Fachkräfte 15 Un- und Angelernte (v.a. Elektromontiererinnen)
Organisationsstruktur:	Der Betrieb ist in folgende Abteilungen gegliedert: - Entwicklung - Mechanik - Elektronik - Verwaltung/Vertrieb - Qualitätssicherung - Product Support (entspricht in etwa Dokumentation)
Wettbewerbssituation:	Ähnlich den Zulieferern zur Automobilindustrie hat der Betrieb nur einige wenige Kunden (Airbus, Kraus-Maffei, Dornier, KUKA), die entsprechend starken Preis- und Qualitätsdruck ausüben.

Geschäftslage: Der Betrieb ist gerade dabei, zu rationalisieren und Personal abzubauen. Ursächlich für die angestrengte wirtschaftliche Situation ist der Verdrängungswettbewerb zwischen den Anbietern und der starke Preisdruck der Abnehmer. Zudem hat der Betrieb seine Produktpalette zu spät um elektronische Schalter erweitert, die mehr und mehr die mechanischen verdrängen. Der dadurch entstandene Rückstand gegenüber der Konkurrenz und bezüglich des technischen Know-hows ist noch nicht ganz aufgeholt.

2   Neue Technologien

Im Fertigungsbereich beschränkt sich der Einsatz neuer Technologien auf eine CNC-Maschine. In der Konstruktion (Abteilungen Entwicklung, Mechanik, Elektronik) wird zum Teil mit einem CAD-Programm gearbeitet.
Seit 1988 sind insgesamt 20 PC-Arbeitsplätze installiert. An allen PC's wird u.a. mit dem Textverarbeitungsprogramm WordPerfect (WP) gearbeitet. Der durchgängige Einsatz eines Textverarbeitungsprogrammes auch in technischen Abteilungen ist bedingt durch die von den Abnehmern geforderte ausführliche Dokumentation der produzierten Teile.
Die 1988 getroffene Beschaffungsentscheidung für WP fiel nicht aufgrund eines fundierten Leistungsvergleichs zwischen verschiedenen Programmen, sondern ist das Ergebnis einer Vorliebe des damaligen Entwicklungsleiters, der (nur) WP kannte und dessen Anschaffung durchsetzte.

3   Weiterbildung/Personalentwicklung

Zuständig für Personalentwicklung war bis Mai diesen Jahres der Vertriebsleiter (zugleich Mitglied der Geschäftsführung). Seit Mai ist diese Aufgabe dem Geschäftsführer zugeordnet. Von Personalentwicklung im eigentlichen Sinne kann allerdings nicht gesprochen werden. Die bisherigen Aktivitäten beschränkten sich auf fallweises Entsenden von Mitarbeitern zu externen Seminaren, die der jeweilige Abteilungsleiter oder der betroffene Mitarbeiter für zweckdienlich hielt oder deren Besuch durch Auflagen des Abnehmers nötig wurde. Es existiert weder ein Personalentwicklungs- bzw. Weiterbildungsplan noch ein Weiterbildungsbudget. Sollvorstellungen, welche Qualifikationen an welchen Arbeitsplätzen jetzt oder zukünftig nötig sind, sind ebenso unsystematisch entwickelt wie der Überblick über den derzeitigen Ist-Zustand der Mitarbeiterqualifikationen bzw. -potentiale. Entsprechend diesem reaktiven und dürftig koordinierten Weiterbildungsmanagement verlief die Qualifizierung der Mitarbeiter/-innen bei der Anschaffung der PC's und der Installierung von WordPerfect im Jahr 1988:

Nur eine Mitarbeiterin wurde auf eine WP-Kurzschulung geschickt und auch das erst geraume Zeit nach Anschaffung von Hard- und Software.

4 Qualifizierungsanlaß

Als Folge des oben beschriebenen Vorgehens bei der Installierung von Word-Perfect bestand ein großes Defizit bez. der fachgerechten Nutzung dieses Programmes. Da nur eine Mitarbeiterin kurz geschult wurde, waren keine Multiplikatoren vorhanden, um den anderen ca. 20 Anwendern bei der Beherrschung des Programmes Hilfestellung zu geben. Durch learning-by-doing und "Wälzen" des Handbuches erreichten die Betroffenen einen Kenntnisstand, der es ihnen erlaubte, mit dem Programm zu arbeiten. Wesentliche Textverarbeitungsfunktionen, wie Serienbriefgestaltung, Textbausteine etc., wurden jedoch nicht genutzt. Vielmehr wurde der PC wie eine etwas komfortable Schreibmaschine gehandhabt. Bedienungsfehler führten häufig zu Störungen. Erst auf Drängen der betroffenen Mitarbeiter erklärte sich die Geschäftsführung bereit, eine Schulung zu veranlassen.

5 Kontaktaufnahme zum bfz

Nachdem beschlossen war, eine WP-Schulung durchzuführen, erkundigte sich der Betrieb bzw. die Chefsekretärin (Frau M.) im März dieses Jahres telefonisch bei den wichtigsten Augsburger Bildungsträgern, ob und zu welchem Preis ein entsprechendes Seminar angeboten wird. Kontakte zum bfz bestanden bis dahin nicht, Frau M. kannte es aber aus der Presse und Anzeigenwerbung.
Von Interesse für Frau M. war bei diesem ersten Gespräch nur, welche Kosten für eine 18stündige WP-Schulung für ca. 20 Personen anfallen. Konkretere Angaben zum Schulungsinhalt und -niveau konnte Frau M. nicht machen, da eine Bedarfserhebung unter Einbeziehung der betroffenen Mitarbeiter/-innen nicht durchgeführt und nicht beabsichtigt war. Sie war aber einverstanden, einen Gesprächstermin mit dem für die Weiterbildung zuständigen Vertriebsleiter zu arrangieren.

6 Schulungs- und Beratungsangebot

Bei dem bald darauf erfolgten Treffen zwischen Bildungsberater bfz, Vertriebsleiter Herrn S. und Frau M. wurde dem Betrieb folgendes Angebot unterbreitet:

1. Unterstützung bei der Erhebung des konkreten Qualifizierungsbedarfs bez. WordPerfect

2. Konzipierung und Durchführung eines auf die ermittelten Defizite abgestimmten Seminars

3. Unterstützung bei der Transferkontrolle

4. Nachbetreuung durch eine telefonische "hot line"

Herr S. ließ sich zwar von der Sinnhaftigkeit eines solchen Vorgehens überzeugen, war aber nicht bereit, den dadurch entstandenen höheren Seminarpreis zu bezahlen. Nachdem über die entsprechend nach unten korrigierten Seminargebühren Einigkeit erzielt war, wurde deshalb folgendes Vorgehen vereinbart:

1. Firmeninterne Bedarfserhebung durch Befragung der betroffenen Mitarbeiter/-innen (ohne externe Unterstützung)

2. Besprechung der erhobenen Ergebnisse unter Einbeziehung eines EDV-Experten des bfz

3. Konzipierung und Durchführung der Schulung durch das bfz

7 Ergebnisse der Bedarfserhebung

Zwei Wochen nach dem ersten Gesprächstermin fand die Auswertung für die inzwischen firmenintern durchgeführte Bedarfserhebung statt. Daran nahmen von seiten des Betriebes der Vertriebsleiter, der Leiter der Abteilung Product Support und Frau M. teil und von seiten des bfz ein EDV-Experte und der Bildungsberater. Als wesentliche Resultate ergaben sich:

- Der Grad der Beherrschung von WordPerfect durch die einzelnen Mitarbeiter ist sehr unterschiedlich und reicht von kaum über Anfänger-Niveau hinausgehendem bis zu fortgeschrittenem Kenntnisstand.
- Nicht allein die Beherrschung des Programmes stellt für die Mitarbeiter ein Problem dar, sondern auch die Übertragung von betrieblichen Aufgabenstellungen (z.B. Dokumentation) in die Textverarbeitung.
- Nur ca. 10 betroffene Mitarbeiter sind bereit, an einer berufsbegleitenden Schulung teilzunehmen.

Basierend auf diesen Ergebnissen wurde das ursprüngliche Schulungskonzept wie folgt verändert:

1. Statt wie vorgesehen 18 wird die Schulung auf 32 Stunden ausgedehnt.

2. An der ersten Hälfte des Seminars werden v.a. die Quasi-Anfänger teilnehmen. Die Mitarbeiter/-innen mit fortgeschrittenen Kenntnissen brauchen erst ab der zweiten Hälfte teilzunehmen, wobei es ihnen jedoch freisteht, schon früher einzusteigen.
3. Trotz der mangelnden Bereitschaft von ungefähr der Hälfte der betroffenen Mitarbeiter/-innen, an einer berufsbegleitenden Schulung teilzunehmen, wird das Seminar nicht in die Arbeitszeit verlegt.
4. Zusätzlich zu der geplanten Schulung soll im Sommer ein Workshop mit einigen Abteilungsleitern und Anwendern stattfinden. Das bfz organisiert den Workshop und entsendet einen EDV- und einen Betriebswirtschaftsexperten, die moderierend und bez. evtl. nötigen organisatorischen Umstellungen beratend tätig sein sollen. Ziel ist es, effiziente Bearbeitungswege für die mit WordPerfect zu lösenden Aufgabenstellungen zu finden und abteilungsübergreifend eine einheitliche Dateiindizierung zu schaffen, um den Datentransfer zu vereinfachen.

8 Realisierung

Im März und April fand die Schulung statt. Zehn Personen nahmen insgesamt daran teil. Der Schulungserfolg wurde am Ende des Seminars von den Teilnehmern mit gut bis sehr gut beurteilt; die Übertragbarkeit des Gelernten auf die konkrete Tätigkeit im Betrieb wurde fast durchgängig als sehr hoch eingeschätzt. Als Indiz dafür kann auch angesehen werden, daß die Mitarbeiter/-innen, die nicht am Seminar teilgenommen haben, nun eine nochmalige Schulung fordern. Diese wird voraussichtlich im Herbst stattfinden.
Der für Sommer geplante Workshop ist auf Wunsch des Betriebes ebenfalls auf Herbst verschoben, da momentan die Arbeitsbelastung sehr hoch sei.

9 Fazit

Der Betrieb hat es versäumt, bei der Anschaffung der PC's und WordPerfect vor vier Jahren die Bediener ausreichend zu schulen. Die Folge war, daß die typischen Rationalisierungsvorteile einer derartigen Investition nicht bzw. nur unzureichend genutzt wurden. Erst jetzt, wo wirtschaftlicher Druck jeden einzelnen Mitarbeiter zum effektiveren Arbeiten zwingt, wird versucht, dieses Defizit aufzuarbeiten.
Weiterbildung und Personalentwicklung führen ein Schattendasein. Es sind keine personellen Kapazitäten vorhanden, um sich ausreichend um diese Aufgabenstellungen zu kümmern. Eine gewisse Sensibilisierung für diese Themen wird allerdings durch den

Übergang des Weiterbildungsmanagements auf den Geschäftsführer signalisiert.
Typisch ist die Haltung des Betriebes zur Qualifizierungsberatung: Fällt es schon schwer, die Schulungen selbst nicht nur als notwendiges Übel zu betrachten, so ist es fast undenkbar, sich dann auch noch gegen Entgelt beraten zu lassen.
Immerhin war der Betrieb aber - nach einigem Drängen - dazu bereit, die notwendigen Vor- und Nacharbeiten (Bedarfserhebung, Transferkontrolle) selbst zu übernehmen. Die gewonnenen Erkenntnisse führten dann auch zu gravierenden Veränderungen des ursprünglichen Schulungsplans (Ausweitung der Inhalte und Dauer, Workshop).
Interessant war, daß trotz der Skepsis des Betriebes gegenüber der Qualifizierungsberatung gerade das Angebot einer solchen ausschlaggebend für den Schulungszuschlag war. Bei der Angebotsabfrage des Betriebes bei verschiedenen Bildungsträgern lag das bfz preislich deutlich über den anderen. In den abschließenden Verhandlungen mußte der Preis zwar nach unten korrigiert werden, war aber trotzdem noch etwas höher als bei den anderen Angeboten. Laut Auskunft des Betriebes waren es die durch das Beratungsangebot demonstrierte Kompetenz und die gezeigte Flexibilität, die zur Vergabe des Schulungsauftrages an das bfz führten.

UTA LINKE

Coburger Fachtagung -
Eine PR-Maßnahme zur Markterschließung im Segment KMU

1 Einführung

Die bfz sind seit 1983 im Bereich der "Auftragsmaßnahmen für arbeitslose Jugendliche und Erwachsene" der Bundesanstalt für Arbeit tätig und in den bayerischen Regionen bekannt. Mit Gründung des Geschäftszweiges "Unternehmensservice" bieten sie Beschäftigten der bayerischen Unternehmen ein Spektrum an beruflichen Weiterbildungsmöglichkeiten. Synergien aus den Erfolgen der Verknüpfung von Unterricht und dem Lernort Betrieb in den Arbeitslosenprogrammen bildeteten die Basis zur Zielrichtung dieses Geschäftszweiges, Partner in Weiterbildungsfragen für die Unternehmen zu werden.

Mit dem seit 1989 vom bfz durchgeführten Projekt "Bildungsmarketing und neue Technologien für kleine und mittlere Unternehmen (KMU)" ergab sich für die beteiligten Versuchsregionen die Chance, Strategien systematisch zu entwickeln und zu erproben, die dem Imageaufbau des bfz als kompetenter Partner der Wirtschaft dienen.

So zeigte sich nach Projektbefragungen in KMU im Rahmen der Entwicklung eines speziell auf Bildungsträger abgestimmten Marketingkonzeptes, daß gezielte PR-Aktionen innerhalb einer umfassenden Kommunikationsstrategie eine Möglichkeit bieten, sich der Öffentlichkeit als Fachpartner für betriebliche Weiterbildung positiv darzutellen und sich gleichzeitig von der breiten und teilweise bereits etablierten Konkurrenz abzuheben.

Auf der Basis einer kommunikationspolitischen Langzeitstrategie, die in der Region Bamberg Grundlage aller Marketingüberlegungen ist, sollte ein Teil der praktischen und konsequenten Umsetzung die Konzeption, Durchführung und Evaluation einer Fachtagung sein, die das bfz durchführte. Erklärte Ziele dieser PR-Maßnahme waren:

- Erhöhung des Bekanntheitsgrades
- Imagebildung
- Vertrauensbildung in die Kompetenz und Leistungsfähigkeit des Bildungsträgers
- Etablierung des Weiterbildungsgedankens in Unternehmen

- Erkennen möglicher Kooperationsfelder zwischen mittelständischen Unternehmen und kompetenten Bildungsträgern
- Aufbau einer Austauschbeziehung zwischen Bildungsträger und Unternehmen in der Weiterbildung
- Installation gemeinsamer Aus- und Weiterbildungskreise in der Region als Kontaktforum, zum Erfahrungsaustausch, zur Bearbeitung fachlicher und berufspezifischer Fragen.

Die Umsetzung der Ziele mit ihren Abläufen und Problemen sowie die erreichten Ergebnisse werden nachfolgend im einzelnen beschrieben.

2 Konzeption

Die differenzierte Anwendung des marketingtechnischen Schemas bedeutete für die Pl-Tagung folgende Planungsschritte:

- Festlegung der Ziele
- Strategieentwicklung
- Pretest: Entscheidungsgrundlagen durch Marktanalyse
- Genaue Zielgruppendefinition
- Konkretisierung
- Umsetzung
- Erfolgsbeurteilung

2.1 Planungs- und Durchführungsverbund

Zu Beginn der Umsetzungsphase wurde im Projektkreis die Frage diskutiert, ob ein bfz die Fachtagungsidee allein realisieren kann oder ob es sinnvoller wäre, wenn sich bfz aus mehreren Regionen zu einem Planungsverbund mit folgenden Vorteilen zusammenschließen würden:

- Erweiterung des Einzugsbereiches mit gleichzeitiger räumlicher Nähe zum Tagungsort bedingt größeres Teilnehmerpotential.
- Planung und Umsetzung wird durch Kooperation und Arbeitsteilung erleichtert, zumal im Bereich Tagung keine praktischen Erfahrungen vorlagen.
- Relation zwischen Aufwand, Mittel und Ergebnis fällt bei Verteilung auf mehrere Regionen positiver aus.
- Kostenanteile werden für die verschiedenen bfz geringer.

- Gemeinsame Ideensammlung und "Bündelung" erhöht im Vergleich zu Einzelaktionen die Erfolgswahrscheinlichkeit.
- Verteilung der Verantwortung entlastet den einzelnen.
- Ausnutzung der Zuständigkeit der Bildungsberater in den einzelnen Regionen erleichtert die Teilnehmergewinnung.

Über die Nachteile eines Zusammenschlusses waren sich die Bildungsberater im klaren:

- Koordinierung der Regionen ist mit erheblichem Mehraufwand verbunden.
- Für die Bildungsberater ergibt sich durch die Notwendigkeit von Koordinationstreffen ein erhöhter zeitlicher Aufwand (Reisetätigkeit).
- Durch ungeschickte Gewichtung kann sich eine überregionale Struktur aufbauen; dies läge nicht im Sinne der einzelnen bfz.
- Unterschiedliche Regionalbedingungen im Hinblick auf KMU müssen "unter einen Hut" gebracht werden.
- Die Fächerung der Einzelmaßnahmen erschwert die korrekte Evaluation.

Nach Abwägung aller Vor- und Nachteile entschlossen sich die Regionen Bamberg und Coburg zur Bildung eines Regionalverbundes, dem sich die nicht am Projekt beteiligten bfz Schweinfurt und Kronach anschlossen. Zusätzlich beteiligte sich aktiv die Zentralabteilung Bildungsforschung München.

Erklärtes Ziel des Teams war die systematische Anwendung der Marketingtechnik für die Planungsstrategie der Tagung mit folgenden Planungsschritten:

2.2 Festlegung der Ziele, Zielgruppendefinition

Als Zielgruppe wurde, bedingt durch das Bildungsmarketingprojekt, der Kreis KMU vorgesehen. Nach vorsichtiger Schätzung hielt die Planungsgruppe die Teilnahme von 40 regionalen Unternehmen für möglich.

Die in Tagungen oft praktizierte "Einweg"-Kommunikation war im Hinblick auf unseren zentralen Dialoggedanken unbedingt zu vermeiden. Bereits im Pretest und der anschließenden Werbung mußte der besondere Charakter der Veranstaltung verdeutlicht werden: Gewünscht war der Erfahrungsaustausch zwischen Unternehmern und Bildungsträger anstelle sonst oft üblicher universitärer Vorträge. Einschätzungen und Werturteile zum Thema Weiterbildung sollten durch Konfrontation mit eventuell provokanten Thesen in Erfahrung gebracht werden (Meinungsforschung), um mit differenzierten Informationen über den Bewußtseinsstand der KMU die Qualität der Beratungs- und Informationsgespräche der Bildungsberater zu fördern.

Langfristige und übergeordnete Ziele dieser PR-Maßnahme waren, einen positiven Einstellungswandel der KMU im Hinblick auf Weiterbildung anzuregen und gemeinsame regionale Aus- und Weiterbildungkreise (AWK) für Unternehmensleitungen und Personalverantwortliche zu gründen. Ausgehend von der These "Notwendigkeit zur Langzeitstrategie und zu vertrauensbildenden Maßnahmen" im Bereich Weiterbildung sind AWK wesentlicher Bestandteil unserer kommunikationspolitischen Konzeption. Das bfz strebt dabei eine dauerhafte Partnerschaft an, um

- Sensibilität für Probleme betrieblicher Weiterbildung zu wecken,
- Probleme und Bedarf der betrieblichen Weiterbildung im Dialog zu klären (zugleich Marktforschungseffekt),
- gemeinsam mit Firmen Bildungsberatung durchzuführen,
- geeignete AWK-Mitglieder als Dozenten zu gewinnen (Referentenpool) und
- weitere PR-Maßnahmen und gemeinsame Projekte mit den Unternehmen zu planen.

Ergebnis dieser Tagung sollte die Übereinstimmung der Teilnehmer mit unserer These sein: Realisierbare, praxisnahe Lösungsansätze zum Problem Personalbeschaffung/ -entwicklung/-weiterbildung können am effektivsten im Dialog mit dem Bildungsträger gefunden und umgesetzt werden.

2.3 Strategie

Da es genügend Beispiele für Veranstaltungen dieser Art gibt, die mangels Teilnahme der KMU in ihrem Vorhaben mehr oder weniger scheiterten, sollte die Fachtagung gezielt strategisch geplant, organisiert und umgesetzt werden, weil nur diese Vorgehensweise erfolgversprechend schien.

Bei Gesprächen mit Unternehmern war aufgefallen, daß Weiterbildung (die eigene und die der Mitarbeiter) zwar teilweise als notwendig erachtet, ihr aber kaum ein fester Stellenwert in der Betriebsorganisation zugemessen wird.

Um über obengenannte Zusammenhänge mit den KMU in vertiefende Gespräche zu kommen, baute die Strategie auf der Beantwortung der Frage "Wo stehen die Unternehmen?" auf. Bei der Strategieentwicklung konnte die Planungsgruppe u.a. auf die Resultate aus der Expertenbefragung im Bildungsmarketingprojekt und die dabei festgestellten Defizite zurückgreifen. Besondere Bedeutung kam deshalb der Formulierung der Strategie zu, die sich nach folgenden Zieldefinitionen richtete:

- Die Strategieentwicklung für die erfolgreiche Umsetzung hatte thematische und methodische Grundsatzentscheidungen zu berücksichtigen, die im weiteren die

Auswahl der Mittel zur Zielerreichung bestimmen sollten. Ein strategisch abgerundeter, logisch aufgebauter Ansatz erleichtert die Umsetzung und macht den Erfolg wahrscheinlicher.

- Strategie bedeutete in diesem Fall die zeitlich konsequente Abfolge richtiger Handlungsweisen zu planen, wobei folgende drei Anforderungen zu erfüllen waren:
  * Inhaltlich mußte die Tagung auf die Bedürfnisse und Erwartungen der Zielgruppe eingehen.
  * Die Botschaft mußte verständlich und umsetzbar dargestellt werden, zu detaillierte Spezialinformationen waren zu vermeiden.
  * Inhalt und Botschaft mußten glaubwürdig, überzeugend und handlungsmotivierend präsentiert werden.
- Zur Umsetzung mußten geeignete Mittel ausgewählt und ablauforganisatorisch aufeinander abgestimmt werden.

Im Rahmen der Strategie mußten folgende Fragen geklärt werden:
- Aktualität des Themas und regionalspezifische Belange
- Durchführungsart, z.B. Vorträge, Einzelworkshops etc.
- Motto, Themen
- Referenten
- äußere Rahmenbedingungen, Umfeld
- Werbung, PR-Maßnahmen.

Dabei stand die Gesamtstrategie zur Tagungsplanung und -organisation im Rahmen des kommunikationspolitischen Konzeptes: Ziel - Mittelauswahl - Botschaft - Umsetzung.

Im folgenden werden die einzelnen Schritte, wie Pretest, Botschaftsformulierung, Mitteleinsatz wie Mailing usw., der Strategie in ihrem zeitlichen Ablauf vorgestellt.

2.4 Pretest

Als ersten Schritt der Strategie, aber auch zur Chancenbeurteilung (Tagung soll etwas bieten; ist Bedarf vorhanden; wie sieht er aus) führten die Beteiligten jeweils in ihren Regionen telefonische Vorabbefragungen bei KMU durch, die nach dem Zufallsprinzip ausgewählt wurden. Dabei wurden folgende Schwerpunkte angesprochen:

- Bewußtseinsstand der KMU zur Weiterbildung
- Interesse am Thema Weiterbildung allgemein bei Unternehmen bzw. bei den für Weiterbildung Verantwortlichen

- Interesse an einer Fachtagung zum Thema Weiterbildung als geeignete Form zur Gewinnung von Grundlagenwissen und zum Informations- und Erfahrungsaustausch
- Möglichkeit der Gründung von AWK in den Regionen.

Auftretende Fragen der KMU zum Themenbereich sollten als Grundlage unserer Themenauswahl für die Fachtagung erfaßt werden.

Im Pretest erhärteten sich nochmals die Feststellungen, die schon bei der Expertenbefragung zutage getreten waren: Das Spektrum zum Stand der Weiterbildung in KMU reicht von grundsätzlichem Desinteresse über unterschwellig bewußtem bis hin zu konkret formuliertem Bedarf an Informationen zu Weiterbildungsfragen und zum Interesse an einer Tagung. Besonders die Interessierten erkannten von sich aus die Bedeutung eines solchen Forums zum Erwerb von Wissen, Sicherheit und zur Möglichkeit des Gedankenaustausches.

Da auch bei ablehnender Reaktion von etlichen Firmen Fragen zur Problematik der Weiterbildung in KMU formuliert worden waren, interpretierten wir die Resonanz als eher positiv. Die vorab formulierten folgenden Fragen wollten wir in unsere weiteren Überlegungen einbeziehen:

- Informationen über Weiterbildung - regionale Möglichkeiten speziell für KMU
- Warum Weiterbildung?
- Handlungsbedarf durch die Arbeitsmarktsituation im ehemaligen Grenzland latent vorhandenen
- Facharbeiterqualifikation im Haus
- Mangel an Auszubildenden
- Darstellung des Projektes "Bildungsmarketing"

Nach Auswertung aller Ergebnisse hielten wir die Gewinnung von ca. 40 teilnehmenden Firmen für wahrscheinlich, wobei unserer Meinung nach folgende Problemfelder Berücksichtigung finden sollten:

- Da Weiterbildung als Thema an und für sich kein starkes "Zugpferd" darstellt, müssen von uns ausgewählte Tagungsthemen zum Interesse führen.
- Die personelle Besetzung der Redner kann die Teilnahme für KMU attraktiv machen ("regionale Größen", Personalentwickler).
- Die methodische Gestaltung muß so organisiert sein, daß sich die KMU aktiv beteiligen können und sich zur Diskussion über die Probleme betrieblicher Weiterbildung angesprochen fühlen.
- In der Zielsetzung ist die Tagung so aufzubereiten, daß interessierte Teilnehmer die Vorteile eines AWK erkennen können und Bereitschaft zur Mitarbeit entwickeln.

Allein durch Versand des Tagungsprogrammes wäre schwerlich eine genügend große Teilnehmeranzahl zu gewinnen. Unserer Meinung nach kam der Gestaltung eines speziellen Mailings mit evtl. telefonischer Vorankündigung besondere Bedeutung zu. Erfahrungsgemäß wandern viele Mailings entweder sofort und damit ungelesen in den Papierkorb oder erreichen den gewünschten Ansprechpartner nur über Umwege und meistens zu spät.

2.5 Organisation und Detailplanung der Tagung

Es muß nicht besonders darauf hingewiesen werden, daß bei der erstmaligen Planung einer Tagung bei allen Bemühungen zur Strukturierung Rückschläge und Fehlgriffe in Kauf genommen werden mußten und daß sich bei der Organisation der interne Kommunikationsverkehr teilweise aufwendig gestaltete.

Der Zeitraum von Idee, Planung und Realisierung der Tagung umfaßte sechs Monate. Diese Spanne war im Grunde genommen sehr kurz bemessen und wurde aus gegebenem Anlaß im April kontrovers diskutiert. Es ging hier um die Frage, ob alle organisatorischen Probleme parallel zur Teilnehmerakquise in diesem Zeitraum zu lösen wären Als Alternative wurde von der bfz-Zentrale München vorgeschlagen und dringend gewünscht, die Tagung im Herbst durchzuführen und damit Zeit zu gewinnen. In der Region Oberfranken sollte zu dieser Zeit eine Fachausstellung stattfinden. Diese hätte den Rahmen für die Fachtagung abgeben können, und man vermutete, daß dadurch die Teilnehmergewinnung leichter fiele.

Da der Fachtagungsgedanke bereits Anfang des Jahres konkrete Formen angenommen hatte, war der Zeitpunkt der Tagung auf Juli festgesetzt worden. Dieser Termin wurde im Pretest bereits den Firmen genannt. Dem Image des bfz wäre es nicht zuträglich gewesen, einen im Pretest genannten Termin zu verschieben. Die Planungsgruppe lehnte deshalb nach gründlicher Diskussion die Verbindung von Fachtagung und Fachausstellung ab. Im Interesse des Projektes wollten wir auch eine klare Abgrenzung, um eine saubere Evaluierung durchführen zu können.

Die Gruppe entschied sich für den Julitermin mit der klaren Erkenntnis, daß die Entscheidung für den früheren Termin von jedem Bildungsberater überdurchschnittliches Engagement verlangte. Eine zusätzliche Rechtfertigung für diese Terminfestlegung ergab sich auch aus der Tatsache, daß wichtige politische Funktionsträger und mögliche Referenten bereits angesprochen und eine Vorreservierung des Tagungsraums erfolgt war.

Nach der Festsetzung des Tagungstermins galt es, den geeigneten Wochentag zu finden. Zu Wochenbeginn planen oftmals die Unternehmer den Wochenablauf und werden sich somit kaum Zeit für eine Tagung nehmen. Auch der letzte Tag der Woche schien der Planungsgruppe ungeeignet, da viele Unternehmen am Freitag bereits mittags schließen. Die Gruppe bestimmte den Mittwoch als den Tag, der dem Unternehmer am ehesten gelegen sein würde.

Die Zeitspanne sollte sich von 10 bis 16 Uhr erstrecken: Beginn um 10 Uhr, damit auswärtige Teilnehmer morgens anreisen konnten, Ende um 16 Uhr, um die Aufmerksamkeit nicht zu überstrapazieren.

Erst nach der Themenfindung (s. 2.5.1) erfolgte die Abstimmung des zeitlichen Tagungsablaufs. Am Vormittag sollten neben der Begrüßungsrede fünf Vorträge zu je 20 Minuten gehalten werden, für die Mittagspause war eine Stunde eingeplant, nachmittags waren zwei Praxisberichte von je 15 Minuten und v.a. ein zweieinhalbstündiges Diskussionsforum mit den Referenten vorgesehen.

2.5.1 Titel- und Themenfindung

Die Teilnehmergewinnung war wesentlich durch vier Faktoren beeinflußbar:
- durch das Tagungsmotto
- durch die Auswahl der Themen
- durch die Auswahl der Referenten
- durch die Auswahl des Tagungsortes.

Zusätzlich mußten als erklärtes kommunikationspolitisches Ziel der Tagung alle Beiträge den Teilnehmern Vorteile eines AWK nahelegen und die Bereitschaft zur Mitarbeit wecken. Über die Tagungsart konnte die Planungsgruppe relativ leicht eine Entscheidung fällen: Die Tagung sollte Informationen im Rahmen von Referaten bieten, sollte aber auch sehr viel Raum lassen zu Austausch und Diskussion. Dagegen erwies sich die Themenfindung als schwierig; sie wurde von den Planern kontrovers diskutiert.

Um eine Abgrenzung zu schaffen und um Grundkonsens herzustellen, stellten wir uns die Frage, welche Faktoren die Unternehmen hindern könnten, Weiterbildung als wesentliche unternehmerische Aufgabe zu begreifen und sie folglich hindern könnte, den Besuch der Fachtagung als lohnend zu betrachten: "Was hindert Unternehmen am Engagement für Weiterbildung?"

Als Resultat dieses Brainstormings hielten wir folgende Punkte fest:
- mangelndes Problembewußtsein, mangelnde Sachkenntnis
- mangelnde Kontakte zum bfz
- mangelnde Zeit, da keine Priorität für Personalarbeit im Geschäftsablauf vorhanden

- fehlende strategische Planung (Marketing, Organisationsplanung, Personalplanung, Weiterbildungsplanung)
- Kosten von Weiterbildung und Beratung
- Problematik bei Höher- und Besserqualifizierung von Mitarbeitern
- derzeit zu gute Auftragslage.

Aus dieser Negativsammlung ergaben sich unmittelbar interessante Motivationsgründe für die Teilnahme der KMU:
- langfristige Sicherung der Effizienz des Unternehmens durch gezielte, fundierte und erfolgreiche Weiterbildung
- Arbeitsmarktentwicklung
- Darstellung von Kosten und Nutzen von Weiterbildung
- Modernes Management/Sachkenntnis

Darauf aufbauend erstellten wir nachfolgend dargestelltes Arbeitspapier zur Veranschaulichung der Ziele und Schwerpunkte

"Neue Wege in der Weiterbildung"		
Mindestens 40 TN	Ziel AWK	weitere Ziele
Begrüßungsrede	Vorbereitung, Einstimmung	Meinungsforschung
Plenarvorträgelung	Grundlagenvermittlung	Imagebildung
Snack	erster Austausch/Dialog	Bekanntheitsgrad
Praxisberichte	Unternehmensnähe	Potentieller Partner
Diskussion	Austausch/Dialog	Gewinn für: Bildungsberater Marktforschung Weiterbildung Referentenpool Projekt

Im Strategiepapier wurden ergänzend folgende Punkte festgehalten:

o Der Zusammenhang zwischen wirtschaftlicher Effizienz und Notwendigkeit der Personalplanung und Weiterbildung ist herzustellen, wobei die Möglichkeiten ökonomischer Evaluation der Weiterbildung besonders interessant sein dürften. Der Nachweis einer Kosten-/Nutzenrelation läßt möglicherweise die Bereitschaft zu Investition in Mitarbeiterqualifizierung wachsen.

o Prognosen über mangelndes Wirtschaftswachstum bei fehlendem Engagement im Personalbereich können, entsprechend dargestellt, "aufschrecken".

o Besondere Bedeutung im Hinblick auf unser Ziel AWK kommt der Begrüßungsrede und der Moderation der Veranstaltung zu, sie muß

* das Motto - Dialog mit KMU - deutlich machen,
* den methodischen Ablauf vorstellen
* und sollte nur eine knappe Vorstellung des bfz enthalten (kein Werbecharakter).

o Alle Beiträge sollten Sinn und Bewertung von dauerhaftem Dialog zwischen KMU und Bildungsfachleuten in Form von AWK hervorheben, und zwar

* auf dem Hintergrund betrieblicher Erfahrung
* über Empfehlungen von staatlicher Seite
* durch Darstellung einer gezielten Personalentwicklung eines regionalen Unternehmens
* mit einem engagierten Moderator bei der Podiumsdiskussion.

o Im Anschluß an die Tagung muß mit einer entsprechenden Nachbereitung in Presse und bei Unternehmen für AWK geworben werden.

Den Plenumsvorträgen kamen also zwei Aufgaben zu:

- Einstieg in das Thema Weiterbildung in prägnanter Form (Überblick, evtl. Provokation)
- Direkte Anknüpfung bei den Problemen der KMU.

Die Grobstrukturierung und Vorformulierung der Themen diente gleichermaßen als Grundlage für die definitive Auswahl der Referenten und entsprechende Themenzuweisung und war im Mai weitgehend abgeschlossen. Die Gruppe entschied sich für die Schwerpunkte

- Darstellung der wirtschaftlichen Situation in der Region,
- staatliche Initiativen (Rahmenrichtlinien, finanzielle Unterstützung, Modellversuch "Bildungsmarketing" im Interesse der KMU),

- grundlegende und beispielhafte Darstellung eines Personalentwicklungsmodells für KMU,
- evtl. Praxisbeispiele.

Nach Festlegung der einzelnen Beiträge wurde der bisherige Arbeitstitel endgültig formuliert: *"Wirtschaftsentwicklung und Weiterbildung - Neue Wege in der Weiterbildung für den Mittelstand"*
Der Prozeß der Themenfindung wird hier deswegen so ausführlich dargestellt, weil er tatsächlich sehr langwierig war. Dies war bedingt durch die Unsicherheit der Gruppe gegenüber der Aufgabe, eine Tagung zu gestalten, sowie wegen mangelnder aktiver Unterstützung und durch den Erfolgszwang, dem sich die Gruppe ausgesetzt sah.

2.5.2 Referenten

Die Diskussion über die Auswahl der Referenten verlief parallel zur Themenfindung, war aber nicht so ausufernd. Zwei Pole standen sich gegenüber: Ein Teil unserer Gruppe vertrat die Ansicht, daß die Referenten vor allem als "Zugpferde" dienen müßten (z.B. Titelträger, lokale Berühmtheiten etc.), unter Vernachlässigung der Qualität der fachlichen Inhalte, die vermittelt werden sollten. Die andere Seite sah in der fachlichen Qualität der Referate die absolute Priorität. Für die Teilnehmergewinnung vertraute sie auf die Überzeugungskraft der Bildungsberater bzw. der Werbung. Nur fachkompetente Referenten und überzeugende Referate würden der Erreichung der Ziele "Imagebildung" und "Bereitschaft zur Teilnahme an AWK" dienen.
Als Ergebnis der Diskussion entschied sich die Projektgruppe für eine Mischform; sowohl "Zugpferde" als auch Fachleute und Praktiker sollten als Referenten gewonnen werden.
Für die konkrete Referentenanfrage verfertigten wir ein Informationspapier, das eine Einführung in unsere Projektarbeit wie auch in die Gesamtkonzeption der Tagung gab. Dazu erhielten die eingeladenen Referenten unsere vorläufigen Themenvorschläge sowie unsere Vorstellungen zur Zielausrichtung:
- Anknüpfen an unternehmerisches Interesse (z.B: Wirtschaftsentwicklung)
- Provozierende Thesen als Zündstoff für die Diskussion

Die endgültige Themenformulierung wurde mit den Referenten abgestimmt, der Zeitrahmen von maximal 20 Minuten genannt. Als Termin für die Einreichung von Abstracts, die in der Tagungsmappe zusammengefaßt erscheinen sollten, wurde Ende Juni vereinbart. Es kann an der knapp bemessenen Zeit gelegen haben, daß die letzten Abstracts erst einen Tag vor dem Tagungstermin eingegangen sind!

2.5.3 Mailing

Die potentiellen Interessenten für die Fachtagung wurden durch das Mailing angesprochen und informiert. Die Ansprechpartner in den Firmen fanden wir über die jeweilige bfz-Datenbank, soweit sie den Bildungsberatern nicht ohnehin bekannt waren.

Das Mailing wurde in allen Regionen durch Telefonate vorbereitet, wobei sich dieser Vorabaufwand unserer Meinung nach lohnte: Ein Großteil Unternehmer und für Weiterbildung Verantwortliche, die ihr Interesse mündlich bekundet hatten, meldeten sich unmittelbar nach dem Mailing tatsächlich an. Das Mailing begann bereits vor der definitiven Themenfestsetzung, so daß ihm nur die Grobgliederung beigelegt werden konnte. Daher erbaten sich einige Interessenten vor ihrer Anmeldung erst die Zusendung des endgültigen Tagungsprogramms.

Im Mailinganschreiben versuchte die Gruppe mit Bezug auf das Bildungsmarketingprojekt die Aktualität der Tagung für die KMU zu verdeutlichen. Sie zeigte Schwerpunkte für die allgemeine Wirtschaftsentwicklung des Mittelstandes, auch unter Berücksichtigung des zukünftigen Binnenmarktes, auf, so z.B.
- Fachkräftemangel als Innovationshindernis
- Qualifizierungsbedarf etc.

Zusätzlich wurden als Referenten Experten aus der Wirtschaft, Vertreter aus Unternehmen, eines Ministeriums etc. angekündigt.

Unser Hauptinteresse. nämlich den Dialog mit den Unternehmen aufzunehmen, wurde im Mailing deutlich zum Ausdruck gebracht, um von vornherein diesen Gedanken zu festigen.

Die Information über Tagungsort, Datum, Beginn und die Bitte um verbindliche Anmeldung sowie der Hinweis, daß die Teilnahme an der Veranstaltung kostenfrei sei, schlossen den Mailingbrief ab. Dem Brief wurde eine Antwortkarte beigelegt. Zum Zeitpunkt des Mailings wurden auch regional bedeutende Persönlichkeiten wie Landräte, Bürgermeister etc. sowie Vertreter öffentlicher Ämter angesprochen.

Um jederzeit den aktuellen Stand der angemeldeten Teilnehmer übersehen zu können, wurde der Mailingrücklauf nicht regional, sondern ausschließlich an einem Ort gesammelt. Von da wurden die aktuellen Zahlen per Fax in die anderen beteiligten Regionen übermittelt. Die Bildungsberater konnten so Namen und Anzahl der für ihren Ort gemeldeten Teilnehmer ersehen und bei Bedarf durch zusätzliche Telefonate weitere Teilnehmer gewinnen.

2.5.4 Presse

Zum Zeitpunkt des Mailings nahmen die Bildungsberater Kontakt zu den regionalen Presseorganen auf. Zu diesem Zweck wurde ein ausführliches Informationspapier erstellt. Es enthielt die Hintergrundinformationen zum Tagungsgedanken, die Grobinhalte der Tagung sowie den Termin. Der zur Veröffentlichung vorbereitete Text wurde zwar von allen kontaktierten Zeitungsverlagen gebracht, teilweise aber leider in sehr gekürzter und damit entstellter Form.Für die Teilnehmergewinnung erwiesen sich diese Ankündigungen als nicht erfolgreich, denn es gingen daraufhin überregional nur vier Anfragen ein!
Selbstverständlich wurden die Vertreter von Tageszeitungen der beteiligten Regionen eingeladen, es erschien jedoch nur eine örtliche Vertreterin aus Coburg.
Die Möglichkeit der Veröffentlichung eines Fachartikels mit Hinweis auf die Fachtagung in einem Unternehmerrundbrief nahm die Gruppe wahr; möglicherweise diente dies der Entscheidungsfindung einiger Teilnehmer.

2.5.5 Technische Organisation

Als Tagungsort standen Bamberg und Coburg zur Auswahl. Die Gruppe wählte Coburg, weil das dortige Kongreßhaus perfekte Professionalität versprach und im finanziellen Rahmen lag. Da bei der Buchung die endgültige Teilnehmerzahl noch nicht bekannt war, wurden zwei nur durch eine Faltwand getrennte Säle gewählt, so daß wir 50 oder bis zu 130 Personen unterbringen konnten.
In einem der Säle sollte ein Podium für die Diskussionspartner installiert werden. Die übliche Konferenztechnik wurde komplett angemietet, um die Arbeitsgruppe von dieser Organisationsarbeit zu entlasten.
Im Kongreßrestaurant wählte die Planungsgruppe ein gemischtes Buffet für die Mittagspause aus. Man hoffte, die Tagungsteilnehmer durch diese zwanglose Form zur Kommunikation anzuregen. Für die Nennung der genauen Gästezahl wurde bis eine Woche vor dem Tagungstermin Zeit gegeben.
Im Vorraum des Tagungssaales sollte ein Empfangs- und Begrüßungstisch stehen, an dem die Teilnehmer registriert und die Unterlagen ausgegeben werden sollten.
Abhängig von der Teilnehmerzahl wollte die Gruppe Infowände (mit Projektinformationen) und Infotische (mit Seminarprogrammen etc.) im Saal oder im Vorraum aufstellen.

2.5.6 Tagungsmaterial

Es galt, für die Tagungsteilnehmer eine Tagungsmappe zu erstellen, die so viel Informationen liefern mußte, daß die Inhalte der Tagung in Kurzform nachvollzogen und eine evtl. spätere Aufarbeitung möglich wurde. Aus diesem Grund mußte die Tagungsmappe folgendes enthalten:
- Deckblatt
- Tagungsprogramm
- Abstracts der Referate
- einführende Literatur in den Themenbereich Personalentwicklung und Weiterbildung
- Teilnehmerverzeichnis
- Notizblätter.

Zusätzlich wurden bfz-Notizblocks und Kugelschreiber bereitgelegt. Als Mappen wurden bfz-Schnellhefter gewählt, wobei ein zusätzlich eingeklebtes Einsteckfach in der vorderen Innenseite für Regionalprogramm und Visitenkarte vorgesehen war. Diese Schnellhefter stellen eine relativ preiswerte Lösung dar und dienen zugleich als Werbemittel. Die Mappe sollte den Teilnehmern zusammen mit ihrem Namensschild, auf dem auch die Firma bezeichnet war, persönlich ausgehändigt werden.

2.5.7 Wirtschaftliche Gesichtspunkte

Grundsätzlich ging die Gruppe davon aus, daß durch die Fachtagung keine unmittelbaren finanziellen Einnahmen möglich waren. Vielmehr wurde mit Ausgaben gerechnet, die sich nach folgenden Kostenarten aufgliedern ließen:
- Kosten für Referenten, wie Honorare, Reisekosten, Unterkunft, Verpflegung
- Kosten für Tagungsraum, technische Ausstattung und Teilnehmerverpflegung
- Kosten für Tagungsunterlagen
- Kosten für Projektgruppe, wie Reisekosten, zusätzliche Arbeitszeit
- Nebenkosten für Telefon, Porto, Kopien, Programm, Schreibmaterialien

Den in das Tagungsprojekt involvierten Bildungsberatern war klar, daß sie sehr viel ihrer privaten Freizeit einbringen mußten, da zur Durchführung dieser Maßnahme keine Freistellung von den laufenden Aufgaben möglich war.

Auf zahlenmäßige Angaben der Kosten muß aus Datenschutzgründen verzichtet werden.

3   Tagungsablauf

Der Tagungsablauf soll hier nur in seinen Besonderheiten geschildert werden. Entgegen allgemeiner Annahmen und Befürchtungen war das Interesse an der Tagung sehr groß. Bereits vor 9.00 Uhr trafen die ersten Teilnehmer ein, und es kam trotz sehr sorgfältiger Vorbereitung (Teilnehmerliste, zum schnellen Auffinden alphabetisch geordnete Namensschilder, Tagungsmappen nach Regionen sortiert) am Empfangstisch zu Gedränge und Warteschlangen: Um für die Auswertung eine Basis zu erhalten, baten wir jeden Teilnehmer um Unterschrift auf der Teilnehmerliste, was zusätzlich Zeit benötigte. Eine Person war zur Ausgabe der Materialien bei dieser Teilnehmerzahl zu wenig, man hätte mindestens zwei, wenn nicht drei Helfer benötigt.

Ganz gezielt begrüßten die Mitglieder der Planungsgruppe jeden einzelnen Teilnehmer persönlich. Damit sollte von Anfang an der Dialoggedanke praktische Umsetzung erfahren und die Teilnehmer für Diskussionen aufgeschlossen werden. Mit dieser vielleicht nebensächlich erscheinenden Aktion sollte demonstriert werden, daß der Dialoggedanke nicht nur Theorie bleibt, sondern wirklich praktiziert wird. Da die veranstaltenden Bildungsberater für diese Aufgabe nicht ausreichten, wurden sie dabei von Kollegen aus den bfz unterstützt, die mit ersten Fragen die Einstimmung auf die Tagung positiv beeinflußten und den Diskurs in Gang brachten.

Die ausgewählten Themen kamen allgemein gut an, wobei von verschiedenen Seiten unterschiedliche Prioritäten gesetzt wurden. Einen Teil der Zuhörer interessierten ganz vorrangig die wirtschaftlichen Fakten der Region und die Haltung des Staates zum Thema "Betriebliche Weiterbildung". Eine andere Fraktion sah die Praxisbeispiele als besonders motivierend an. Diese unterschiedliche Interessengewichtung kam der Diskussion zugute.

Bereits in der Mittagspause entstand ein reger Diskurs zwischen Teilnehmern, Referenten und bfz-Mitarbeitern. Diese Pause wurde auch dazu genutzt, mittels Fragebogen eine Kurzbefragung durchzuführen. Die Ergebnisse waren zur Einführung für das am Nachmittag geplante Forum mit den Referenten gedacht. Die Teilnehmer sollten hierbei eine persönliche Wertung über die Stellung von Weiterbildung in ihren Unternehmen abgeben, wie z.B. Rahmenbedingungen, Umfang, Budget, Mitarbeitergruppen etc. Die in aller Eile bis zur Diskussion von der Planungsgruppe ausgewertete Befragung stellte dann zu Beginn des Diskurses den aktuellen Bezug her. (Auf die Diskussion wird in 3.1 gesondert eingegangen.)

Die "gemischte Zusammensetzung" der Referenten erwies sich als ebenso geglückt wie die ausgewählten Themen. So sprachen:

- zur Einführung der bfz-Geschäftsführer

- zur Lage des Mittelstandes der Geschäftsführer des fränkischen Unternehmerverbandes
- über staatliche Maßnahmen zur Wirtschaftsförderung ein Ministerialrat des Bayerischen Staatsministeriums für Wirtschaft und Verkehr
- zum Modellversuch "Bildungsmarketing" ein Abteilungsleiter des Bundesinstituts für Berufsbildung Berlin
- zum Thema Produktivitätssteigerung durch Personalentwicklung der Personalentwickler eines großen mittelständischen Betriebes
- zur Personalentwicklung aus Sicht der Bildungsträger der Leiter des Bildungswerkes der Bayerischen Wirtschaft Niederbayern/Oberpfalz
- über Ansatzpunkte für Zusammenarbeit von KMU mit Bildungsträgern im Bereich Personalentwicklung ein wissenschaftlicher Mitarbeiter der Universität Bamberg
- über praktizierte Beratung zur Personalentwicklung aus Sicht der Unternehmensleitung der Geschäftsführer eines mittelständischen Betriebes.

Auf Informationstischen waren für die Teilnehmer Materialien wie Seminarprogramme, bfz-Broschüren, Projektinformationen ausgelegt. Diese Angebote stießen nur auf geringes Interesse, lediglich vor Beginn der Veranstaltung bedienten sich einige Teilnehmer. Vielleicht fehlte infolge des dichtgedrängten Programms und des bevorzugten Interesses an persönlichem Austausch und Diskussion die Zeit, sich in Ruhe mit den angebotenen Informationen zu befassen.

Die vom Kongreßzentrum übernommene Organisation am Tagungsort, angefangen bei der Bestuhlung (Reihen) über die technische Ausstattung und Betreuung klappte perfekt, was die Bildungsberater stark entlastete. Die Dienstleistung wurde durch das Mittagsbuffet abgerundet.

3.1 Diskussion

Die Diskussion entwickelte sich wider Erwarten besonders lebhaft und wurde so zum Kernpunkt der Veranstaltung. Damit bestätigte sich die Anfangsthese der Projektgruppe, daß Weiterbildung gerade für KMU einen Bereich darstellt, der mit vielen Fragen und Unsicherheiten behaftet ist. Durch die unterschiedlichen Beiträge wurden Schwierigkeiten und Bedürfnisse der Unternehmensleitung und auch der Personalentwickler deutlich.

Der Bewußtseinsstand der KMU und der für die Weiterbildung Verantwortlichen läßt sich in einer wertfreien, sinngemäßen Wiedergabe der Fragen und Statements am ehesten erläutern.[1] Dabei lassen sich die Beiträge grob unter die folgenden drei Überpunkte einordnen:

1. Marketing zur Weiterbildung/für Weiterbildung: Mit welcher Marketingmethode kommen KMU und Weiterbildungsträger ins Gespräch/Dialog
2. Qualitätssicherung in der Weiterbildung: Kriterien, Möglichkeiten, Anforderungen, Grenzen
3. Optimierung von Weiterbildung in KMU, Mittel, Wege, Möglichkeiten, Kommunikation und bedarfsgerechte Beratung

Zu 1: Weiterbildung...

"Transparenz auf dem Weiterbildungsmarkt fehlt."; Unternehmer kommen zum Weiterbildungsträger, weil dieser mangelhaftes Marketing betreibt. U

"Wie wollen Weiterbildner mit KMU ins Gespräch kommen?" U

"Marketing der Weiterbildner kann nicht Problem der Unternehmer sein (Marketinggeschwätz!)." U

"Dialoggedanke ist angekommen, beidseitiger Dialog ist dringend nötig." U

"Gutes Marketing muß Argumentationshilfen für Aus- und Weiterbildungsmitarbeiter eines Unternehmens (Personalentwickler) bieten die damit bei den Unternehmern eher Vorstellungen durchsetzen können." P

"Schriftliches Werbematerial ist Argumentationshilfe, daher prüfen Personalentwickler ganz genau, was der Weiterbildner schreibt und anbietet." P

"Bei der Flut der Mailings und Angebote, die KMU bekommen, ist der erste Eindruck, d.h. die Aufmachung von größter Wichtigkeit, wobei ein Mailing nur dann Entree sein kann, wenn es optimale Aufmerksamkeit weckt." P

"Gutes Marketing beinhaltet persönliche Kontakte zwischen Weiterbildungsträger und Betrieb." U

---

1 Die hinter den Statements aufgeführten Kürzel bedeuten:
 U = Unternehmer und Geschäftsführer
 P = Personalverantwortliche
 R = Referenten

"Eine Fachtagung dieser Art ist als Marketinginstrument wichtig." R

"Erfolgsnachweise des Bildungsträgers erleichtern erste Kontakte zu den KMU." R

"Angebotsgestaltung/Werbung der Bildungsträger ist oftmals mangelhaft und unqualifiziert." U

"Organisationsstruktur des Bildungsträgers sollte offengelegt sein." P

"Kosten, Referenten und Imageprofil fehlen oft in Seminarangeboten." P

"Anbieter sollten mehr Mühe in bessere Darstellung investieren." U

"Marketing im Weiterbilungsträger ist ein weiter Weg." R

Zu 2: Qualitätssicherung...

"Mangelnde Transparenz der Angebote." P

"Qualitätsstandards fehlen, nach denen KMU Weiterbildungsangebote bewerten können." R

"Netzwerk unter Kollegen (Unternehmen, Verantwortlichen) kann Hilfe sein: Bei der Auswahl von Weiterbildung empfiehlt sich ein Rundruf über Preis, Referentenqualität etc." R

"Qualitätsbeurteilung ist leichter nach persönlichem Kennenlernen des Weiterbildungsträgers, der Referenten etc." U

"Weiterbildungsangebote sind undurchsichtig; allerdings ist oft der Bedarf der Betriebe auch nicht klar." R

"Betriebsspezifische Angebotsgestaltung im Seminarangebot ist nicht möglich; vielleicht sollte der Bildungsträger sich branchenspezifisch orientieren." R

"Qualitative Auswahl ist möglich nach Gespräch mit dem Bildungsträger/-anbieter." P

"Eigene Analyse im Betrieb fehlt oft." U

"Eine Ist-Soll-Analyse sollte in jedem KMU vorgenommen und daraufhin ein Pflichtenheft konzipiert werden." R

"Ein zentrales Problem ist die Frage der Beurteilung der Weiterbildungsträger hinsichtlich Qualität, Preis, Effektivität." U

"Nachfrager haben oft selbst Schuld an schlechtem Angebot, da sie ihren speziellen Bedarf gar nicht kennen." R

"Pauschalkonzepte verurteilen zu Mißerfolg." R

"Referentenprofil kann Hilfestellung geben." P

"Weiterbildungsangebot ist undurchsichtig." R

Zu 3: Optimierung...

"Bedarfsgerechte Beratung ist sicher der neue Trend!" P

"Dialog Anbieter/Nachfrager ist wichtig." R

"Offene Seminarangebote mit Themenbenennungen sollten die Grundlage bieten, darauf aufbauend kann spezielle Konzeption und bedarfsorientierte Ausarbeitung erfolgen." U

"Mittel- und langfristige Zusammenarbeit der KMU mit dem gleichen Weiterbildungsträger/Referenten erleichtert die ganze Weiterbildung." U

"Empfehlung: Auswahl von wenigen Partnern, mit denen man langfristig zusammenarbeitet." P

"Pilotseminar zum Testen, bei Bewährung Vertrauensverhältnis aufbauen." P

"Bildungsberater als Mittler bei Auswahl von Weiterbildung." R

"Weiterbildungsberatung ist ein optimaler Weg, weil darüber zugleich Aufklärung über die Wichtigkeit systematischer Weiterbildung laufen kann." P

"Qualifikation des Trainers muß transparent sein, Qualifikationsmaßstäbe müssen festgelegt sein, d.h. Anforderungsprofil ist nötig." P

"Kunde muß aus seiner eher passiven Haltung herauskommen. Er will das Seminar in ganz kurzer Zeit auswählen und verzichtet daher auf ein ordentliches Konzept, weil das etwas kostet." R

"Aufklärungsrolle des Bildungsberaters: Gesprächsführung mit Mitarbeitern, z.B. wie verhindert man Demotivation und Leistungsabbau bei einem Mitarbeiter, der in einen anderen Geschäftsbereich versetzt wird?" U

"Wenn KMU nicht zum Bildungsträger kommen, ist das wohl ein Mentalitätsproblem." R

Da die Diskussion mit den Teilnehmern als geeignetes Instrument für einen Dialog stark in Frage gestellt worden war:

- Teilnehmer könnten/werden in Passivität versinken
- Fachtagung ist zu klein für eine Forumsdiskussion

bestätigte die außergewöhnlich hohe Beteiligung und das Engagement der Tagungsteilnehmer die Richtigkeit der Annahmen der Projektgruppe, daß im kommunikationspolitischen Konzept besonders der Dialog mit den KMU eine große Rolle spielt.

4 Ergebnisse und Bewertung der Tagung

4.1 Teilnehmer

Wie vorab bereits erwähnt, hatte die Planungsgruppe mit mindestens 40 Teilnehmern gerechnet. Tatsächlich nahmen 112 Personen teil, und zwar 86 Vertreter aus KMU und 26 VIPs, Referenten und bfz-Mitarbeiter.

Jede Region wollte 100 bis 150 Mailings verschicken und zusätzlich je nach Bedarf auch mehrfache Telefonate mit den KMU führen.

Nur ca. 25 % der angemeldeten Teilnehmer erschienen nicht zum Tagungstermin, etliche davon sagten vorher ab, dafür kamen fast ebenso viele Nichtangemeldete.

Eine kurze Darstellung soll das Ergebnis hinsichtlich gewonnener Teilnehmer und ihre zahlenmäßige Verteilung verdeutlichen:

	angemeldet	davon erschienen	ohne Anmeldung erschienen
Bamberg	24	21	4
Coburg	28	20	6
Kronach	29	23	7
Schweinfurt	8	3	2
Insgesamt	89	67	19

Die geringe Teilnehmerzahl aus Schweinfurt erklärt sich aus der Tatsache, daß die verantwortliche Bildungsberaterin lange Zeit erkrankt war. In dieser Region wurde daher lediglich der Mailingversand durchgeführt. Hier wird die Bedeutung des persönlichen oder telefonischen Kontaktes mit den KMU überaus deutlich.

4.2 Resonanz der Teilnehmer

Bereits während der Tagung waren die Bildungsberater mit den Teilnehmern im Gespräch, danach führten die Vertreter der Planungsgruppe in ihren Regionen bei einigen Unternehmern eine kurze Ergebnisbefragung durch:
Die Beurteilung über Form und Inhalt der Tagung von seiten der Unternehmer war durchweg positiv. Die befragten Teilnehmer waren der Meinung, daß wichtige Themen der betrieblichen Weiterbildung behandelt worden waren. Von der Idee des kommunikativen Austausches war man sehr angetan; ganz klar bestätigt wurde dies durch das erklärte Interesse an regionalen AWK. Die an den Bildungsträger gestellten Erwartungen schienen hierbei relativ hochgesteckt, es entstand teilweise der Eindruck, daß jegliche Initiative von ihm ausgehen müsse (vgl. hierzu Diskussion 3.1).
Die Ziele, nämlich den Bekanntheitsgrad zu erhöhen und das Image zu verbessern, wurden voll erreicht: "Man weiß jetzt, wer das bfz ist, und daß es ein kompetenter Gesprächspartner auf dem Sektor Weiterbildung für KMU ist."
Aufgrund der Tagung gab es in den Regionen einige Anfragen zu Schulungen, und die Arbeitsgruppe rechnet langfristig, v.a. auch nach der Installation der angekündigten AWK, mit vermehrten Nachfragen.
So wurden z.B. in der Region Bamberg kurz nach der Tagung ausführliche Beratungsgespräche mit zwei der beteiligten Unternehmen geführt, die bisher noch keinen Kontakt zum bfz gehabt hatten. Hierbei wurden sehr wohl geänderte Einsichten, wie Bereitschaft zu längerfristiger Weiterbildungsplanung, deutlich. Vereinbarungen über Firmenschulungen kamen nicht zustande, da diese "maßgeschneiderten Seminare" doch noch als zu teuer empfunden wurden.

4.3 Interne Resonanz

Im eigenen Haus fiel die Resonanz tendenziös, teilweise eher negativ gefärbt aus. Dies beruht möglicherweise darauf, daß "Fachleute" aus den eigenen Reihen die für eine derartige Fachtagung ausgewählten Beiträge kritischer und voreingenommener sehen als praxisorientierte KMU, v.a., weil sich diese Art von Tagung nicht direkt umsatzsteigernd auf das Weiterbildungsgeschäft auswirkt. Bemängelt wurden auch einige Vorträge, die zu stark auf Eigenwerbung abzielten und die damit die inhaltliche Diskussion verkürzten.

4.4 Presseresonanz

Zwei Zeitungen sowie ein Unternehmer-Anzeiger brachten ausführliche Berichte über die Fachtagung. Die Gewichtung des Berichtes im Unternehmerblatt lag in der Betonung der wirtschaftlichen Entwicklung. Im Hinblick darauf sei Weiterbildung der Unternehmen eine Investition in ihre Zukunft und müsse daher fester Bestandteil der beruflichen Qualifikation werden.

Die Zeitungsberichte hoben besonders den Gedanken des Erfahrungsaustausches hervor und sahen erst in zweiter Linie die Informationen über wirtschaftliche Trends und neue Modelle der Personalentwicklung.

4.5 Abschließende Beurteilung der Planungsgruppe

Die Fachtagung als wichtiges Element innerhalb einer regionalen Werbestrategie läßt sich folgendermaßen bewerten: Das Thema "berufliche Weiterbildung" bzw. "Personalentwicklung" ist bei mittelständischen Unternehmen zur Zeit sehr aktuell. Über die positiven Ergebnisse der Telefonaktion im Vorfeld der Tagung hinaus war die gute Beteiligung der Unternehmen doch überraschend und wirkte sich motivierend auf die Zukunftsplanung der Bildungsberater aus.

Ein wichtiger Grund für das Interesse wurde in Pausengesprächen von den Unternehmern selbst genannt: Der Fachkräftemangel zwingt zur Suche nach Lösungsmöglichkeiten, die über die bisherigen Praktiken der Personalrekrutierung hinausgehen. Informationsangebote zu diesem Thema werden daher gerne wahrgenommen. Themen zur Personalwirtschaft stellen gerade in ländlich strukturierten Gebieten mit ihrem schmalen Informationsangebot eine Marktlücke dar.

Eigene Qualifizierungsprobleme in den Betrieben und die aktuellen Hinweise zur Bedeutung der Personalwirtschaft für die moderne Unternehmensführung in der einschlägigen Presse haben zur Aufgeschlossenheit der Unternehmen beigetragen. Diesen Trend sowie die Erfahrungen der Fachtagung können die Bildungsberater nutzen und mit Informationsveranstaltungen und AWK die Imagebildung des bfz vorantreiben.

Die Annahme, daß eine repräsentative Veranstaltung dieser Art zur Erhöhung des Bekanntheitsgrades in der Region beiträgt und daß sie ein geeignetes Mittel zur Kontaktherstellung und für weitergehenden Dialog ist, hat sich als richtig erwiesen. Die Kontaktaufnahme ist gelungen und kann zur Verstetigung in Form von kleinen, inhaltlich informativen Veranstaltungen (z.B. im Rahmen von AWK) genutzt werden. Die Bedeutung von strukturiertem Planen und Vorgehen nach Marketinggesichtspunkten hat sich bei der Durchführung dieser Fachtagung nachweisen lassen und in den

Ergebnissen bestätigt. Die intensive Vorbereitung, z.B. Entwicklung von Strategiepapieren, Kundenorientierung bei Themen- und Referentenauswahl, aufeinander abgestimmte Werbe- und Presseaktionen, ist ausgesprochen arbeitsintensiv, zeigt aber gute Ergebnisse.

Für die berichtende Region Bamberg bleibt zu erwähnen, daß die Fachtagung in die Konzeption der Kommunikationspolitik sehr gut hineinpaßte und daß sie die These "Langzeitstrategisch angelegtes Bildungsmarketing lohnt sich." untermauerte.

Veronika Struhar

Das Verhältnis von Bildungsberatung und betrieblicher Weiterbildung

1 Beratungsverlauf

Die Firma dieses Fallbeispiels ist ein größeres, mittelständisches Unternehmen mit etwa 500 Mitarbeitern. Die Rechtsform ist die einer GmbH. Intern besteht eine hierarchische Gliederung in Geschäftsführung - Bereichsleitung - Abteilungsleitung.
Der Kontakt mit der Firma ergab sich durch telefonische Akquisition in der Personalabteilung im Februar 1991. Der Leiter der Personalverwaltung war sehr interessiert an dem gesamten Spektrum eines Bildungsträgers vor Ort. Da die Firma keine spezifische Weiterbildungsabteilung hat und Weiterbildungsangelegenheiten auch nicht einzig in der Personalabteilung angesiedelt sind, wurde eine Gesprächsrunde mit den Weiterbildungsverantwortlichen der verschiedenen Abteilungen vereinbart.
Bei diesem Gespräch waren neben dem Leiter der Personalverwaltung der Leiter der EDV-Abteilung (Rechenzentrum), der Leiter Training (Produktion) und der Ausbildungsleiter zugegen. Hervorzuheben war, daß die Herren sich schon im Vorfeld ganz konkrete Vorstellungen dazu gemacht hatten, welche Themen sie schulen wollten. Sie betrachteten sich selbst als eine Art "Abteilungspersonalentwickler", die genau wissen, was sie brauchen, und die nur noch externe Angebote koordinieren bzw. in ihr Konzept einfügen. Demzufolge stieß das Angebot einer systematischen Weiterbildungsstrategie mit Bedarfserhebung, Konzeption, Durchführung und Kontrolle auf wenig interessierte Ohren.
Bei einer Bedarfsermittlung mit Fragebogen und Interviews wurden vor allem Probleme in der Ablauforganisation gesehen, die im Vier-Schicht-System organisiert ist. Es würde zuviel Unruhe entstehen, außerdem könne man nie alle betreffenden Personen an einem Ort versammeln.
Generell hielt man nicht viel von einer Mitarbeiterbefragung. Ob diese Einstellung nun in der persönlichen Überzeugung, in der Firmenkultur oder der komplizierten Ablauforganisation begründet liegt, ist schwer einzuschätzen. Wahrscheinlich spielen alle diese Faktoren zusammen.
Ein weiteres Problem wurde in der Altersstruktur der Mitarbeiter gesehen. Das Durchschnittsalter liegt bei 45 Jahren. Da die meisten Mitarbeiter auch schon seit 25 Jahren bei der Firma beschäftigt sind, wird eine gewisse Unflexibilität ab Facharbeiterniveau

befürchtet. Man sah eine resignative Stimmung unter den Mitarbeitern der Produktion, ein "Warten auf die Rente". Die Mittel einer extrinsischen Motivation der Mitarbeiter über den Faktor Geld sind erschöpft, und von der Ankurbelung der intrinsischen Motivation der Mitarbeiter über umfassende Personalentwicklungsmaßnahmen verspricht man sich aufgrund des Alters nicht viel, wenngleich auch das Problem der inneren Kündigung als ein gravierendes erkannt wurde.

In der Runde herrschte eine gewisse Skepsis gegenüber einem externen Bildungspartner, der die Firmenstruktur nicht kennt und auch noch mit einem umfassenden Bildungspaket und neuen, vielleicht auch aufwendigen Methoden aufwartet. Weiterbildung in Form von Seminaren für ein ausgesuchtes Klientel war die Methode der Wahl. Man war nicht prinzipiell gegen Weiterbildung eingestellt. Dies wird auch durch die Zahlen der Personalverwaltung belegt, die jährlich rund 500 TDM für Weiterbildungsmaßnahmen ausgibt. Zusätzlich war auch die Geschäftsleitung zu diesem Zeitpunkt dabei, ein "Firmenkultur-Programm" zu initiieren, das zunächst top-down durchgeführt werden sollte, jedoch zum Ziel hatte, auch die unterste Ebene der Mitarbeiter anzusprechen und auf eine gemeinsame Firmenphilosophie einzuschwören. Man hat sich also durchaus auf der Geschäftsführerebene Gedanken gemacht, wie Personalentwicklung betrieben werden sollte. Zu dieser Thematik wurde auch ein Gesprächskreis zwischen Führungskräften und Gesamtbetriebsrat ins Leben gerufen.

Zusammenfassung der Gesprächsrunden:

Der Abteilungsleiter des Rechenzentrums und der Projektleiter "Schulung" haben Interesse an diversen Seminaren in DV-Standardprogrammen. Der Leiter "Schulung Produktion" möchte folgende Angebote:

1. **Angebot zum Seminar "Sicherheitsbeauftragter"** für eine externe, überbetriebliche Schulung mit fixen Terminen (Themen: explosive Gemische, Benzindämpfe und Gesundheitsprobleme, Statische Aufladung, Feuerschutz).
    Bis jetzt wurde diese Schulung bei der Berufsgenossenschaft durchgeführt. Der Leiter "Schulung Produktion" glaubte, daß zusammen mit einer Tochterfirma und mit Mitarbeitern der Konkurrenz ein Seminar zustande kommen könnte. Die Firma selbst hat Bedarf für zwei Personen pro Jahr, die Tochterfirma für 12 bis 15 Personen pro Jahr.
2. **Angebot "Schichtführer-Qualifikation"** (Themen: Personalführung - Rolle des Vorgesetzten, Autoritätsprobleme, Leistungsbeurteilung/Aufrechterhaltung der Leistung, Überwachung und Einhaltung der Sicherheitsvorschriften, "Corporate Identity").

Es ist mit ca. 40 Schichtführern zu rechnen, die entweder ausgebildet werden sollen oder eine Auffrischung in Form eines Aufbaukurses benötigen.

3. **Angebot "Einsatzplanung im Schichtbetrieb"** (Themen: kurzfristige Planung, langfristige Planung, Berücksichtigung der Problematik eines Fünf-Schicht-Betriebes)
In Kürze wird in der Firma das Vier-Schichtsystem in ein Fünf-Schichtsystem umgestellt.

4. **Angebot "Sachkunde Umwelt"** (Themen: Umweltschutzbeauftragter, Gefahrstoffverordnung, Abfallbeseitigung)
Ca. zehn Personen sollten geschult werden; sie sollten hauptsächlich aus der Instandhaltung kommen.

5. **Angebot "Referent"**
Es ist ein Seminar "Formulierung von schriftlichen Anweisungen" für Vorgesetzte geplant. Sie sind verantwortlich für Personen, Material, Produktionsabläufe etc. und müssen daher schriftliche Anweisungen geben, die *verständlich* sind. Man erwartet von uns einen Referenten, der auch das Gebiet "Arbeitsrecht" abdeckt.

6. **Angebot "Schulung der Betriebsräte"**
Dieses Angebot wird erst nach der nächsten Betriebsratswahl aktuell. Man möchte sich jedoch orientieren.

2 Seminarplanung

Ein Angebot für EDV-Schulungen war relativ leicht zu erstellen. Die Firma teilte uns Terminwünsche, Gruppengröße und Personenkreis (ca. 60 Personen) mit.
Kennzeichnend für eine "lernende Organisation" und die damit unvermeidbare organisatorische "Grauzone" war, daß das EDV-Angebot in einer Schublade verschwand, obwohl gerade EDV-Schulungen mit Priorität versehen waren. Letztendlich prüfte dann der Bereichsleiter, dem auch das Rechenzentrum unterstellt ist, nochmals das Angebot und gab sein Einverständnis, wobei die Seminarorganisation, d.h. die Gruppenzusammenstellung und Terminierung, dem Rechenzentrum übertragen wurde.
Parallel dazu wurde an den Angeboten für den technischen Bereich gearbeitet, bis eines Tages der Anruf des Schulungsleiters "Produktion" kam, all diese Wünsche müßten zurückgestellt werden, da man erst die Fertigstellung des neuen Schulungszentrums abwarten wolle und müsse, um eine konkrete Planung vorzunehmen. Er äußerte

jedoch das dringende Vorhaben, branchenfremde, angelernte Facharbeiter in Prozeßtechnologie soweit fit zu machen, daß sie Meßdaten zumindest interpretieren können. Nach einem ausführlich Gespräch über eine mögliche Vorgehensweise wurde aber von dem zuständigen Abteilungsleiter die Schulungskonzeption als undurchführbar verworfen, da die anzusprechenden Mitarbeiter im Schichtbetrieb arbeiteten, also nie gesamt zugegen waren und während der Arbeitszeit nicht abkömmlich waren. Die Freizeit der einzelnen Mitarbeiter konnte aufgrund einer Betriebsvereinbarung auch nicht teilweise für die Schulung herangezogen werden. So wurde auch dieses Schulungsangebot vertagt, bis das neue Schulungsgebäude stehen würde.

Nach einem fast halbjährigen, intensiven Kontakt mit den verschiedensten Ansprechpartnern in den einzelnen Abteilungen stand zumindest die EDV-Schulungsreihe, die vom Rechenzentrum organisiert wurde. Die Bedarfserhebung war jedoch recht willkürlich durchgeführt worden. Die Themen der Schulungen (Lotus 1-2-3, dBASE IV und Microsoft Word für Windows, jeweils Einführung und Aufbau) lagen fest, da die Firma mit diesen Programmen arbeitete.

Die Teilnehmer der einzelnen Seminare sind nach firmeninternen Kriterien ausgewählt worden. Der Abteilungsleiter im Rechenzentrum nutzte unsere Angebote zur Bildungsbedarfserhebung nicht.

So kam es denn des öfteren vor, daß Teilnehmer Programme lernten, mit denen sie nicht arbeiteten und umgekehrt, daß Teilnehmer zu Aufbaukursen nicht zugelassen wurden, weil sie diese aus den verschiedensten Gründen (auch persönlichkeitsbedingte) nicht brauchen würden, obwohl diese Teilnehmer ihr ausdrückliches Interesse an einer Fortsetzung äußerten. Sehr häufig sagten Teilnehmer auch ein Seminar kurzfristig ab, oder die Freistellung für die Seminarteilnahme wurde von ihren Linienvorgesetzten zurückgezogen. Von einer EDV-Bildungsoffensive, die mit ca. 30 Schulungstagen flächendeckend geplant war, konnte somit nur die Hälfte realisiert werden.

Unabhängig vom Rechenzentrum und dem Bereich Produktion bat die Personalabteilung um eine Konzeption "Führen von Vorstellungsgesprächen" für Führungskräfte.

Wie eingangs bereits erwähnt, ist die Mitarbeiterstruktur der Firma überaltert. In den nächsten fünf Jahren wird ein großer Teil der Stellen neu zu besetzen sein. Damit das vorhandene Know-how der älteren Mitarbeiter nicht gänzlich verlorengeht und das "Rad wieder neu erfunden werden muß", sollten jetzt bereits Nachwuchsführungskräfte neu eingestellt oder in den Abteilungen rekrutiert werden. Dies konnte jedoch nicht von der Personalabteilung alleine, sondern nur in Zusammenarbeit mit den jeweiligen Führungskräften geschehen. Ein erster Schritt in diese Richtung sollte eine "Sensibilisierung" der Führungskräfte für diese Problematik sein. Da nur die Vorgesetzten die Fachkompetenz der jeweiligen Bewerber beurteilen können, war ihre Mitarbeit zwingend notwendig. Die nötigen Techniken für ein solches Einstellungsgespräch sollten ebenso vermittelt werden, wie auch mögliche Ängste abgebaut werden sollten.

Da die Führungskräfte bereits in das eingangs erwähnte Firmenkultur-Programm eingebunden waren, war dieses Seminar ein Baustein, der ihnen mehr Sozialkompetenz vermitteln sollte in dem Sinne, daß sie mehr Transparenz zulassen und ihr Wissen an geeignete Mitarbeiter, an deren Auswahl sie beteiligt sind, weitergeben. Dieses Seminar war leicht zu organisieren und hatte auch den gewünschten Erfolg. Der Bereichsleiter, der grünes Licht für den EDV-Schulungszyklus gegeben hatte, hatte auch die Verantwortung für das Firmenkultur-Programm übernommen.

Knapp zusammengefaßt: Dieses Programm sollte bewirken, daß sich jeder einzelne Mitarbeiter nicht nur für seinen Arbeitsplatz, sondern auch für sein gesamtes Arbeitsumfeld interessierte und verantwortlich fühlte. Eine typische Corporate-Identity-Maßnahme also, die mit Begeisterung aufgegriffen wurde, deren Umsetzung den Verantwortlichen jedoch nicht einfach erschien.

Die Vorschläge des bfz wurden diskutiert. Zum einen sollte dieser Umdenkprozeß effektiv sein, zum anderen sollte er wenig kosten und natürlich auch eine Öffnung und Durchbrechung von erstarrten Strukturen bewirken. Es standen mehrere Vorschläge zur Wahl:

Vorschlag 1:

Das bfz moderiert einen Workshop, den die Führungsspitze besucht. Dieses sozial mächtige Gremium erarbeitet dann eine verbindliche Firmenphilosophie mit Grundsätzen, die als Leitlinien "von oben nach unten" weitergegeben werden. Vorteil dieses Verfahrens ist, daß der Prozeß gesteuert von sich geht und daß nur diejenigen Ideen weitergegeben werden, die tatsächlich auch erwünscht sind.

Der offensichtliche Nachteil liegt aber auch auf der Hand. Die unteren Hierarchien können sich mit den Ideen nicht identifizieren und halten sie für wenig praktizierbare Anordnungen, die zudem auch noch schwer einklagbar und überprüfbar sind, da sie in den Bereich der Sozialkompetenz ("Soft Skills") fallen.

Vorschlag 2:

Das bfz moderiert einen Ideenfindungsprozeß, an dem jeder Mitarbeiter beteiligt ist. Ein pragmatischer Weg könnte ein Vorgehen von Abteilung zu Abteilung sein. Die einzelnen Ergebnisse könnten dann in einem Plenum zusammen mit der Geschäftsführung diskutiert werden.

Der Vorteil hierbei wäre, daß ein wirklich kritischer und innovativer Denkprozeß bei allen Mitarbeitern initiiert werden könnte, wenn es den Moderatoren gelänge, die Ernsthaftigkeit des Anliegens überzeugend zu vermitteln. Dazu müßten sie aber die Rückendeckung der Geschäftsführung haben, die auch bereit sein müßte, unorthodoxe und unbequeme Mehrheitsentscheidungen mitzutragen.

Das Risiko des ungewissen und vielleicht auch "unliebsamen" Ausganges eines solch breit angelegten Prozesses ist als Hauptnachteil dieses Vorgehens zu bezeichnen. Die erarbeiteten Vorschläge und Ideen könnten von der Geschäftsführung abgeschmettert werden. Zudem bereitet die lange Dauer eines solchen Vorgehens große Probleme.

Vorschlag 3:

Die Führungsebene formuliert Punkte, die sie auf keinen Fall haben möchte, und stellt diese auch gar nicht zur Disposition. Ansonsten erklärt sie ihre ausdrückliche Bereitschaft, Ideen und Vorschläge auch tatsächlich umzusetzen. Somit hätte man ein zielgerichtetes Verfahren, das nicht mehr unendlich viele Freiheitsgrade hat. Der Vorteil ist, daß vorgegebene Rahmenbedingungen den Prozeß, der wiederum nach Abteilung organisiert werden sollte, effektiv gestalten.

Als nachteilig könnte sich ein gewisses Grundmißtrauen der Mitarbeiter herausstellen, die in dem Denken "oben - unten" verharren und sich nicht ernsthaft beteiligen, da sie an eine Realisierung ihrer Vorschläge sowieso nicht glauben.

Den letzten beiden Vorschlägen ist ein Punkt gemeinsam, nämlich daß sie sehr teuer und aufwendig sind. Externe Moderatoren haben zwar den Vorteil, daß sie einen wirklich ehrlichen Prozeß hervorrufen können, da sie keinerlei mächtige Hierarchie vertreten. Andererseits ist aber genau dies ihr Manko, da sie nicht über glaubhafte Mittel verfügen, das Erarbeitete auch gegenüber der Geschäftsführung zu vertreten und durchzusetzen. Zudem kennen sie das unausgesprochene Betriebsklima nicht persönlich und bewegen sich somit quasi in einem luftleeren Raum.

In einem langen Gespräch zwischen dem bfz und dem "Firmenkultur-Manager" wurden all diese Punkte ausführlich erörtert. Der Kostenaspekt stand immer im Mittelpunkt. Trotzdem wurde versucht, eine gangbare und effektive Lösung zu finden. Schließlich einigte man sich auf folgendes Vorgehen:

o   Leitsätze werden positiv formuliert (der "Firmenkultur-Manager" macht dies mit der Geschäftsführung);

o   das bfz bildet ausgesuchte Mitarbeiter der Firma zu Moderatoren aus;

o   diese Moderatoren führen ca. 50 eintägige Workshops durch, wobei jeder Mitarbeiter, auch der auf der untersten Hierarchiestufe, angesprochen werden soll;

o nach diesem Durchlauf wird das bfz als Berater für ein weiteres Vorgehen hinzugezogen.

3 Erfahrungen

Da die Aufgabe eines Beraters nicht darin besteht, auf Biegen und Brechen soviel wie möglich zu verkaufen oder stur seine Konzeption durchzudrücken, sondern gemeinsam mit den Verantwortlichen realistische Möglichkeiten zu erarbeiten, war dieses geplante Vorgehen ein Kompromiß, der "keine Bauchschmerzen" verursachte, auch wenn er wohl symptomatisch für die Firma ist, deren verantwortliche Führungskräfte Kompetenzen nicht aus der Hand geben wollen.

Der Berater als Externer wird anfangs immer die Schwierigkeiten haben, daß ihm mit Mißtrauen begegnet wird und er in langwierigen vertrauensbildenden Gesprächen von seiner Fachkenntnis überzeugen muß. Zudem besteht die Gefahr, daß er als billiger Problemlöser herangezogen wird, der seine Ideen nur so aus dem Ärmel schüttelt. Oft werden Zaubertricks erwartet. Werden sie nicht gebracht, scheint sich unbewußt die Meinung festzusetzen, daß Weiterbildungsberatung und -konzeption ja ganz einfach seien und auch von der eigenen Person nebenbei erledigt werden können. Der Bildungsberater hat hier noch viel Aufklärungsarbeit zu leisten.

Durchgängig rangiert in dieser Firma der Stellenwert der Weiterbildung noch ganz hinten, trotz der hohen Summe, die für Fortbildungen ausgegeben wird. Der Personalleiter und der Leiter des Rechenzentrums sind einzelne Rufer in der Wüste.

Der "Firmenkultur-Manager" ist als Bereichsleiter hoch in der Firmenhierarchie angesiedelt und daher mit seinem Projekt und vor allem mit dessen Umsetzung auch erfolgreich. Ihm gelingt es, in einem strikten Zeitplan ca. 620 Mitarbeiter von ihren Arbeitsplätzen für einen Workshop wegzuholen, wobei er manchmal ganze Abteilungen für einen Tag lang stillegt.

Einem Personalleiter hingegen gelingt es nicht, zehn Führungskräfte zu einem zweitägigen Seminar "Zeitmanagement" einzuladen. Dieses Seminar "Zeitmanagement" war als nächster Baustein für Führungskräfte gedacht mit dem Ziel, ihnen die Technik zu vermitteln, ihre Arbeitsorganisation rationell zu gestalten, damit ihnen mehr Zeit für Sozialmanagement bleibt.

Das Scheitern der Durchführung dieser Schulungssequenz erklärt sich vielleicht auch aus einem gewissen Überschulungseffekt, denn die Firma arbeitet seit langem auf der Managementebene mit einem bekannten Trainingsunternehmen zusammen.

Doch hängt gerade fachliche Weiterbildung im EDV-Sektor oder im gewerblich-technischen Bereich von der Einstellung und der Kooperationsbereitschaft des Linienmanagers ab. Als Beispiel kann das Rechenzentrum gelten, das als Serviceleistung für die verschiedenen Abteilungen die Organisation der EDV-Schulungen übernahm. Es gelang dem Rechenzentrum nicht, die EDV-Schulungen im geplanten Umfang zu realisieren, obwohl die finanziellen Mittel bereitstanden. Ein Grund dafür war die bereits erwähnte unsystematische Auswahl der Teilnehmer. Ein weiterer ebenso wichtiger Grund war die Blockade der Kursteilnahme durch den direkten Linienvorgesetzten in den einzelnen Abteilungen. Der Vorgesetzte betrachtete die geplante und rechtzeitig angekündigte Weiterbildungsveranstaltung für einen oder mehrere Mitarbeiter stets als zweitrangig. Das Tagesgeschäft ging vor. Das Rechenzentrum wollte nach diesen Erfahrungen für 1992 die frustierende und langwierige Organisationsarbeit nicht mehr übernehmen.

Von unserer Seite wurde das Angebot gemacht, die gesamte Seminarorganisation zu übernehmen. Der verantwortliche Ansprechpartner begrüßte diesen Vorschlag. Er unterstützte uns durch eine komplette Liste der anvisierten Teilnehmer mit Nennung der entsprechenden Abteilung und einer Telefonliste.

In Absprache mit unserem EDV-Dozenten erfolgte sodann die Terminfestlegung für die einzelnen Seminare. Die Dauer war auf jeweils zwei Tage festgelegt. Die Gesamtzahl der Teilnehmer belief sich auf etwa 70 Personen und die Mindestteilnehmerzahl für ein Seminar sollte bei fünf Teilnehmern liegen.

Nachdem alle Seminare mit Terminen versehen waren, wurde die Einladung der Teilnehmer vorbereitet. Jeder für ein Seminar vorgesehene Mitarbeiter bekam eine Einladung und eine verbindliche Seminaranmeldung, die er unterschrieben an uns zurückschicken sollte. Schon nach kurzer Zeit wurde klar, daß wir nicht den erhofften Rücklauf an verbindlichen Seminaranmeldungen bekommen würden. Zusätzlich wurden wir mit Telefonanrufen überhäuft, mit der Bitte um einen Ersatztermin, da die potentiellen Teilnehmer andere Verpflichtungen an dem von uns festgesetzten Termin hatten. Infolgedessen fielen von vier anberaumten Seminaren innerhalb von zwei Wochen drei aufgrund mangelnder Teilnehmer sofort aus. Die Ursache dafür lag in unserer Unkenntnis der betrieblichen Abläufe. So gab es im April, Mai und Juni einen sogenannten Betriebsstillstand. Dabei werden die Rohrleitungen des Werkes gewartet und überprüft. Ein Großteil der Seminarteilnehmer war hierbei im Einsatz und konnte so nicht an unseren Seminaren teilnehmen. Unsere ursprüngliche Semiarplanung endete Anfang Juni. Von den vorgesehenen 20 Seminartagen hatten wir bis Ende Mai lediglich sechs Tage abgehalten.

Das war für uns Anlaß genug, über den bisherigen Verlauf der Seminarorganisation in dieser Form nachzudenken und uns Alternativmethoden zu überlegen. Angeregt durch zahlreiche telefonische Gespräche mit Mitarbeitern, kristallisierte sich nach und nach eine erfolgversprechendere Methode heraus. Sehr oft kam nämlich der Vorschlag, jedes Seminar gleich mit einem Alternativtermin anzubieten.

Diese Anregung wurde von unserer Seite aufgegriffen und in die Tat umgesetzt. Alle bisher ausgefallenen Seminare wurden neu terminiert und gleichzeitig mit einem Ausweichtermin versehen. Dabei bestand allerdings die Vorgabe, daß sich für jeweils einen Termine eine Mehrheit von fünf Teilnehmern finden sollte. Diese Listen zirkulierten in der Hauspost der Firma.

Der Rücklauf der Listen war stockend, und auch mit dieser Methode ließ sich kein nennenswerter Erfolg erzielen; fünf bis acht Personen konnten sich nicht auf einen der zwei vorgeschlagenen Termine einigen.

Um dieses Terminproblem in den Griff zu bekommen, wurde inzwischen bei den Interessenten für die Schulung des Programmes Freelance ein Organisator bestimmt, der sich mit seinen Kollegen abstimmt und dem bfz einen verbindlichen Termin nennt. Ob sich dieser Weg der Selbstorganisation als gangbar erweist, wird sich zeigen.

Im Moment bleibt die Aufklärung und die Förderung der Selbstmotivation der Teilnehmer als einzige Möglichkeit der Seminarorganisation bestehen. Der Schulungsrahmen ist abgesteckt, organisatorische Probleme gilt es zu lösen. Ein Kursteilnehmer beschrieb die Situation treffend: *"Die Produktion geht vor."*

Weiterbildung wird wohl eher als Sozialleistung betrachtet und hat selbstverständlich hinter betrieblichen Belangen zu stehen. Daß dieses Kalkül langfristig nicht aufgehen könnte, läßt sich aber naturgemäß nur schwer prospektiv beweisen.

**WINFRIED HACKER,
WOLFGANG SKELL**

LERNEN IN DER ARBEIT

Berlin 1993
421 Seiten, 35,00 DM
ISBN 3-88555-525-5
Bestell-Nr. 10.270

Lebenslanges Lernen im Zusammenhang mit dem Arbeitsprozeß ist durch die gesellschaftliche und technische Entwicklung vom Schlagwort zum Alltagsbestand geworden. Arbeitsorientiertes Lernen und lernorientiertes Arbeiten mit neuen Methoden sind unerläßlich. Die Autoren beschreiben ausführlich Inhalte und Aufgaben der berufsbezogenen Lernpsychologie, stellen in einer wissenschaftlich fundierten Analyse fehlende Grundlagen betrieblicher sowie beruflicher Weiterbildungsarbeit dar und entwickeln Ansätze zur Umsetzung lernpsychologischer Erkenntnisse in unterschiedliche Lernprozesse.
Sie wenden sich dabei an alle die Pädagogen, Psychologen, Lehrerbildner, Trainer, Arbeitswissenschaftler, Ingenieure, Informatiker u.a., die regelmäßig mit oder ohne systematische Vorbildung andere beim Lernen direkt oder über ihre Arbeitsergebnisse unterstützen.

▶ Sie erhalten diese Veröffentlichung beim Bundesinstitut für Berufsbildung - K3/Vertrieb
10 702 Berlin
Telefon: 030-8643 2520/-2516
Telefax: 030-8643 2607

**RENATE NEUBERT,
HANS-CHRISTIAN STEINBORN
(HRSG.)**

**PERSONALQUALIFIZIERUNG IN
DEN NEUEN BUNDESLÄNDERN**

STAND UND PERSPEKTIVEN

BAND 1

Berlin, 1993, 218 Seiten, 15,00 DM
ISBN 3-88555-527-1
Bestell-Nr. 10272

▶ Sie erhalten diese Veröffentlichung beim
Bundesinstitut für Berufsbildung-K3/Vertrieb
10702 Berlin
Telefon: 030-8643 2520/-2516
Telefax: 030-8643 2607

Mit dem vorliegenden Band beginnt eine Reihe von Veröffentlichungen über die Durchführung des vom Bundesministerium für Bildung und Wissenschaft angelegten Programms zur Förderung der Personalqualifizierung in den neuen Bundesländern (PQO). Darin werden Aussagen zu Ziel, Stand und Perspektiven des Programms sowie zu ersten Erfahrungen der Träger bei der Durchführung der Maßnahmen getroffen. Die wissenschaftliche Begleitung (Freie Universität Berlin) informiert in zwei Beiträgen über Formen und Methoden der Evaluation. Berichte zu den Erfahrungen der einzelnen Träger, die die Ausgangssituation als auch die darauf aufbauenden Qualifizierungskonzepte berücksichtigen, schließen sich an.

WOLF SCHLUCHTER
UMWELTSCHUTZ IN METALLBERUFEN
BERICHTE ZUR BERUFLICHEN BILDUNG, HEFT 155

Berlin, 1992, 200 Seiten, 19,00 DM
ISBN 3-88555-506-9

Betrieblicher Umweltschutz stellt eine strategische Herausforderung für die Unternehmen dar. Umweltbewußte Unternehmensführung, ökologisches Arbeiten und Wirtschaften, Verbindung von Ökologie und Ökonomie sind für viele Unternehmen keine Utopien mehr, sondern konkrete Ziele. Ein wichtiger Schritt ist die Qualifizierung von Mitarbeiterinnen und Mitarbeitern. Kenntnisse und Fertigkeiten für umweltgerechte Berufspraxis sind deshalb Inhalte betrieblicher Aus- und Weiterbildung.

Die vorliegende Untersuchung ist die erste breite Erhebung zum Umweltschutz in der beruflichen Ausbildung. Die dargestellten Ergebnisse stecken den Rahmen ab, in dem nunmehr konkrete "metallspezifische" Materialien für die Umsetzung umweltrelevanter Ausbildungsinhalte erarbeitet werden.

▶ Sie erhalten diese Veröffentlichung beim
Bundesinstitut für Berufsbildung
K3/Vertrieb
Fehrbelliner Platz 3
10707 Berlin
Telefon: 030-8643-2520/-2516
Telefax: 030-8643-2607